JN410258

조병환의 세상 이야기

조병환의 세상 이야기

1판 1쇄 인쇄 | 2012년 10월 25일
1판 1쇄 발행 | 2012년 10월 30일

지은이 | 조병환
펴낸이 | 우희정
펴낸곳 | 도서출판 소소리

등록 | 제300-2007-21호
주 | 110-521 서울 종로구 혜화로 35길 경주이씨 중앙회빌딩 302-1호
전화 | 02-765-5663 팩스 | 02-766-5663
E-mail | sosori39@hanmail.net
홈페이지 | www.sosori.net

값 13,000원

ISBN 978-89-97294-23-7 (03810)

함께 만드는 행복한 나라

조병환의 세상 이야기

조병환 지음

• 축시

늘 푸른 소나무

— 조병환 장로님

김경식(시인)

아름다운 섬진강과 영산강이
남도의 산과 들 마을들이
절망으로 신음하던 때에
아모스 같던 이여
모두들 길 잃어
울던 날 그날
예레미야 통곡소리 들으며
꽃상여 떠나던 그날에도
다니엘 같던 이여
예수의 길을 가던 길벗들이
바리새인과 사두개인을 따라
예루살렘으로 가던 밤
하늘 우러러
야훼의 깃발 흔드시며
신새벽 갈릴리로

홀로 떠나시던 이여
빛고을에서 총질로
모두들 움츠리고 죽어가던 날
두려워 말라고 기도하시며
민중들에게
성경책과 밥을
사 주시던 이여
최루탄과 화염병이
하늘과 거리를 뒤덮던 해
어느 날이던가
닭 울기 전에
수없이 변절하던 사람들에게도
새 하늘과 새 땅의
희망을 주시던 이여
아! 자유의 파란 바람이
순결하게 눈발 날리는 날들이여
모두들 앙상한 우듬지로 옷 벗을 때도
이 땅 늘 푸른 소나무 되시어
통일과 희년의 그 날까지
그 푸름 영원 하소서

한백교회와 조병환

— 양미강 목사(한백교회)

나이와 시간은 비례한다고 했던가? 10년의 시간이 이렇게 빨리 흘러갈 줄이야 꿈에도 생각을 못했다. 그런데 세월의 흐름을 거슬러 가는 사람이 있다. 바로 조병환 장로님이다. 조병환 장로과의 인연은 2002년 내가 한백교회에 부임하면서 시작되었다. 지금도 기억이 난다. 과천에 있던 한백교회에 처음 인사를 하러 간 날, 어른 몇분들과 대화를 나누었다. 이런저런 이야기를 나누는 과정에서 유독 눈길이 간 분이 있었다. 지금 생각해보니 조병환 장로님이었다. 칠십세의 연세에도 불구하고 기풍이 당당하고 말씀에 힘이 느껴지는 분이었다.

당시 한백교회는 과천 정부종합청사 맞은편 상아빌딩 5층의 한켠을 차지하고 있었는데, 과천에 사셨던 조장로님은 주일날이면 언제나 30분 일찍 교회에 오셨다. 예배준비를 하고 있는 목사에게 넌지시 웃으시면서 다소 당황스러운 질문을 많이 하셨다. “예수는 왜 믿는 거예요?” “예?” “목사님이 예수를 믿는 이유가 있을 거 아니에요?” “아, 네~~” 이런 종류의 선문답이 시작되면 난 대답 대신 슬그머니 웃으면서 넘기기 다반사였다. 조장로님 특유의 선문답에는 그가 지나온 삶이 농축되어 있다는 걸 알기 때문이다. 그런 질문세례를 받으면서 신앙의 기초를 다시 한 번 생각해보는 계기가 되었다.

조장로님을 색깔로 표현한다면 뭐라고 할 수 있을까? 쪽빛 바닷물색이라고 할까? 모진 풍파를 이겨낸 그의 인생역정이 바다 한가운데 출렁이는 쪽빛 물결과도 같다. 우리의 앞선 세대가 그러하듯, 조장로님 역시 먹고사는 것이 어려웠던 시절을 겪었다. 그러나 그 어려움을 성실함과 의지로 이겨내고 자수성가를 한 그이기에, 삶을 살아가는 지혜도 고기가 풍성하게 살아있는 바다어장처럼 넘쳐난다. 온갖 역경 속에서도 흔들림 없이 올곧게 살아온 그의 신앙에는 깊이와 함께 내공이 느껴진다.

조장로님은 시간이나 돈을 절대로 허투루 쓰지 않는다. 그러나 예외가 있긴 하다. 바로 한백교회다. 그는 한백교회에 관해서는 아낌없이 마음과 물질을 내어놓는다. 한백교회가 자리를 못 잡아 여기저기 유랑할 때 선뜻 거금을 내어 과천에 안착할 수 있었던 것도, 안병무의 민중신학을 재해석한 책을 출판하는 기금을 내어놓는 것도, 민중신학을 공부하는 신학생들을 위한 장학금을 내어놓는 것도 모두 한백교회를 통해서다. 그런 점에서 한백교회는 조병환 장로님의 삶과는 떼어놓을래야 떼어놓을 수 없는 인생의 진지와 같은 곳이다.

오래전에 조병환 장로님으로부터 어떤 계기로 그의 인생이 바뀌게 되었는지에 대해 들었다. 조장로님은 안병무 선생님의 강의를 들으면서 인생관과 신앙관이 바뀌었다고 한다. 안병무 선생님에게서 하나님과 예수, 그리고 교회를 바라보는 민중신학의 시선을 접하면서, 그는 자신에게 주어진 남은 인생을 "민중"이라는 두 글자에 올인하기로 결정한 것 같다. 그런 점에서 한백교회는 스승인 안병무 선생님의 민중신학을 이어가는 곳이며, 동시에 민중신학을 자신의 삶에 적용하고 실천하는 장소가 되기도 한다.

조병환 장로님의 학구열은 갈수록 불타오른다. 새벽 일찍 일어나 책을 읽고, 글을 쓰면서 자신의 생각을 가다듬는다. 실물경제에 밝은 분인데 거기에 경제이론이 더해지면서 그의 삶에 녹아있던 경험들이 빛을 발하고 있다. 그의 머릿속에는 경제와 신앙이라는 두 주제가 함께 움직인다. 지난 2년 동안 꾸준히 써온 조 장로님의 글모음이 이 세상의 빛을 보게 된 것도 그의 학구열이 가져다준 선물이다.

앞서가는 생각, 열린 마음, 말보다는 실천을 중시하는 조장로님은 누구보다도 젊다. 분명한 판단력과 변별력을 지닌 그의 혜안을 본받고 싶다. 이제 나도 나이듦의 의미를 깨달을 만한 나이가 되었다. 나이듦이 결코 긍정적인 의미로 사용되는 것은 아니다. 나이듦이란 자신이 살아온 경험에 얽매어 더 넓게 더 깊이 세상을 보지 못하고 타인과 소통하지 못하게 하는 완고함을 뜻하기도 한다. 그러나 이와 반대로 나이듦은 세상을 관조하고 동시에 세상을 살아가는 지혜가 농축되어 있는 성숙함을 뜻하기도 한다. 나는 주변의 많은 분들과 내 자신을 통해 완고함과 성숙함이 우리 안에 있다는 것을 깨닫는다.

한백교회는 올해 25주년을 맞이했다. 한백 25년이라는 시간 속에서 조장로님이 보여준 삶의 모습이 한백 교인들에게 큰 힘이 되고 있다. 자신의 삶에 충실하면서 올곧게 한 길을 뚜벅뚜벅 걸어온 그의 인생은 충분히 하나님과 사람 앞에서 인정받지 않겠는가? 조장로님의 팔순을 기념하는 그의 문집이 이 세상을 밝히는 지혜의 책이 되기를 바란다.

• 축하의 글

책의 나잇값

— 김진호(제3시대그리스도교연구소 연구실장)

장로로서 열정적인 기독교 농민운동가였던 그가 수도권으로 이주한 뒤 처음 다녔던 교회는 서울제일교회였다. 1970, 80년대 한국기독교 민주화운동의 산실이고, 경찰에 의한 대표적인 교회 파괴 현장이기도 했던 이 교회의 목사와 교인들이 무려 6년 간이나 중부경찰서 앞에서 예배를 드리던 바로 그때다.

그리고 안병무와 박성준, 두 민중신학자가 공동으로 설립한 한백교회에 다니게 된 것은 이 교회가 모임을 시작하던 1987년 11월 23일부터였다. 그 전 해에 안병무 박사가 주도하여 세간에 커다란 반향을 일으킨 월요성서학당에 참여했던 이들 중 30여 명이 모임을 시작한 평신도 교회다. 목사도 장로도 가리지 않고 서로 '선생', '님', '씨'라고 부르던 교회였다.

그러므로 이 교회는 장로라는 직함으로 사람들에게 주목을 받을 수 있는 교회가 아니다. 물론 재력도 주목받을 수 있는 조건이 아니다. 교회에서 이루어지는 무수한 대화 마당이 사람들의 눈길에 드는 가장 적극적인 방법이다.

내가 그를 만난 것은 1988년 2월 마지막 주다. 한백교회를 처음 나오게 된 날이다. 실은 그날로부터 한참 지날 때까지 그는 나의 기억에 없었다. 그는 외모에서나 말투에서 너무 투박했다.

기독교 농민운동가로서의 이력이나 서울제일교회의 노상예배 신자라는 것이 대화마당에서 사람들에게 늘어놓을 꽤 쓸 만한 이야깃거리였을 텐데도 나는 오랫동안 그가 그런 활동을 했었다는 사실조차 몰랐다. 내 기억엔 그는 공적인 대화마당에서 자신의 경력에 관한 장광설을 늘어놓은 적이 없다.

나는 아주 천천히 그에 대해 알게 되었다. 특히 교회의 담임사역자로 일을 하게 된 1994년 이후 나의 기억 속에 그는 그야말로 '반전의 존재'였다. 우선 초짜 목회자로선 가늠할 수 없을 만큼 교회의 일에 관한 빠삭한 지식이 그랬다. 그의 예측은 번번이 맞았고, 나의 야심만만한(?) 기획은 번번이 실패로 돌아갔다. 그럼에도 감사한 것은 그때부터 목사직을 그만둔 2002년까지 그는 줄곧 나를 존중해주었다는 점이다. 조금 나이가 먹게 되면서 알게 된 사실은 젊은이의 서투름을 묵묵히 지켜보며 성장하기까지 참아주는 것은 연장자의 가장 성숙한 품성에 속한다.

놀라웠던 그의 또 다른 모습은 창의적인 성서 해독 능력이다. 사실 하늘뜻나누기(설교)가 끝난 뒤 가끔씩 그가 던진 성서에 관한 질문들에 적잖이 난감했다. 때로는 너무 상투적으로 보였고, 때로는 너무 뜬금없었다. 게다가 그가 던진 질문들은 사실 질문이라기보다는 자신의 논지를 꺼내기 위한 일종의 '유도심문'에 가까웠다. 해서 대답을 하려면 그의 의중을 따라 말해야 하는데, 나의 생각이 거기에 꼭 맞아 보이지 않았기에 대답하기가 난감할 때가 많았다.

그런데 그와의 인연이 20여 년이 지난 지금에 와서야 알아차린 것은 성서에 대한 그의 스토리라인이 예사스럽지 않다는 점이다. 말투가 투박한데다 상투적인 듯한, 거친 은유적 표현들 속에 가려져서 잘 보이지 않지만, 의표를 찌르는 해석들이 그 속에서 빛을 발하고 있었던 것이다. 그것은 부단히 성서를 읽고 생각을 멈추지 않으면서 꾸준히 이어간 덕이겠다. 특히 그 특유의 독창성은 깊게 읽는 중에 배어나오는 인생의 진액들이 그 해석에 응축되어 있기에 가능한 정신의 자산이다. 삶의 경험들을 성서 읽기에 연루시켜 내는 것은 신앙의 깊은 내공에 속한다.

마지막으로 나를 놀라게 한 모습은 독서 능력이다. 40대 후반이 되면서 나는 현저히 독서력이 퇴화했다. 무엇보다도 집중력이 떨어진 탓이고, 새로운 것에 대해 마음을 닫아버린 생각의 조루증 탓이다.

한데 세상에 대해 더 알고자 하는 그의 마음의 욕망은 노년이 깊어갈수록 점점 더 불타는 독서량과 집중력으로 나타나고 있다. 더욱 놀라운 것은, 대부분의 독서자들이 빠지는 책의 논리의 수렁에서 허우적대지 않는다는 점이다. 그는 그 책의 정보들을 자신의 삶과 기억, 그리고 경험과 엮어내는 데 있어 탁월한 능력을 보여준다.

최근 그의 그런 능력이 점점 더 깊어지고 있다. 한 권의 책을 읽고 그것을 훌륭하게 해석해내는 것이 아니라, 여러 권의 책들을 자기 식대로 종합해내고 그것으로 세계를 읽는 독창적인 스토리라인을 만들어 내는 데 이르게 되었다. 이 책이 바로 그런 예다.

80세를 눈앞에 두고 그는 첫 책을 썼다. 그런 점에서 이미 여러 권의 책을 쓴 나보다 그는 초짜다. 비로소 내게 경험에서 그를 압도하는 것이 생겼다. 한데 실은 그렇지 않다. 20대 말에 첫 번째 책을 썼을 때 그 떨림과 이미 여러 권의 저자가 된 50살의 책 쓰기의 경외감은 그 질에서는 다르지만 양은 다르지 않다. 즉 나의 경험으로는 책 쓰기는 첫 번째든, 두 번째든, 다섯 번째든, 여섯 번째든, 언제나 첫 번째 책처럼 떨림이 있다. 그러나 그 떨림의 질은 그때그때 다르다. 왜냐면 그 나이의 경험들이 글 속에 묻어나면서 떨림의 질이 달라지기 때문이다. 해서 떨림의 질은 글 속에 묻어 있는 나잇값이다.

나는 그의 책의 일부를 읽어보았고, 그 속에서 80살의 나잇값을 느꼈다. 내가 80살이 되기 전까지는 좀처럼 알아차리기 힘든, 어쩌면 영원히 맛보지 못할 내공의 값이다. 해서 나는 80세에 쓴 그의 첫 책에 경의를 표한다.

• 서문

이 글은 2011년 8월부터 2012년 10월까지 1년 여 동안 쓴 단상들이다.

이명박 정권 말기인 이 시기는 민주주의가 후퇴하고, 인권이 유린되고, 서민들의 삶의 기반이 무너지고, 빈익빈 부익부의 정책으로 가난한 사람들이 더 가난해지고, 개인은 물론 국가 공공기관과 기업까지 빚으로 고통 받는, 부채의 지배 세상이 되었다.

이런 상황에서 내가 생각한 것들을 한 주에 한 편씩 글로 써서 인터넷 카페에 올렸다.

아는 것이 많지 않아 같은 말이 반복되고, 알고 있는 단어가 적어 글이 매끄럽지 못하다. 또한 직설에 가까워 읽기에 부담스럽기도 할 것이다. 이것은 내가 공부를 많이 못했다는 뜻도 되겠지만 원래의 성격 때문이기도 하다.

특히 이 기간은 총선을 치르고 대통령 선거를 앞둔 시기여서 정치에 대한 언급이 많다. 어떻게 하면 이 나라의 정치가 국민을 위한 정치로 선진화될 수 있을까를 생각하면서 글을 썼다.

그 열망이 강렬했기에 여러 차례 강조했기 때문에 중첩된 내용이 많다.

그래서 특히 가난한 자에 대한 언급이 많은 것 같다.

나는 이 나라의 현대사를 생생하게 체험하며 살아왔다.

모진 가난도 겪었고 가난 때문에 하고 싶은 공부도 더 할 수 없었다.

생계를 책임진 가장으로서 1남 2녀의 자식들과 함께 살아갈 앞날을 생각하면 막막했다.

가도가도 끝없는 고생길이었다.

그 어려운 시절에 아내의 도움은 너무나도 컸었다.

다른 사람의 십분의 일에 불과한 월급을 절약하는 것이 몸에 배었고, 이것은 내 인생의 한때의 역경을 최대의 행복으로 변화시키도록 나를 이끌었다.

나는 가난한 사람은 왜 가난하게 사는가, 그 가난에서 벗어나는 길이 무엇인가를 찾았다. 그래서 신협운동에도 참여하고 그

운동을 통해 많은 체험도 했다.

돈을 많이 벌지 못해서 못산다기보다는 그 적은 돈을 어떻게 하느냐에 빈부가 달려 있다. 적은 수입도 알뜰하게 관리하면 큰 자산이 될 수 있다. 젊었을 때의 백만 원은 내 인생을 좌우할 수도 있는 큰돈이다.

이 적은 돈이 자녀교육비나 노후대책이 될 수 있다.

노후대책은 할 수도 없고 비참하기만 하다.

살 만한 사람들이 하는 일반적인 방법으로는 가난을 면할 수가 없다는 걸 알았다.

가보지 않는 새길을 가야 하는 것이다.

사업을 시작하면서 수도권으로 이사한 후, 그 이전부터 알고 있던 안병무 선생님을 만났고 한백교회에 참여하게 되었다.

그 후로 25년 동안 한백 식구들과 함께 느끼고 배우며 살아가고 있다.

예수의 길을 따르는 사람이 모인 교회는 무엇을 해야 하고, 그 구성원인 나는 무엇을 할 것인가를 늘 생각하면서 살았다. 가난한 사람을 잊지 말라는 예수님의 분부는 60년 신앙생활에서 잠시도 떠난 적이 없는 나의 과제였다. 그래서 농사를 지을 때는 농민운동을 했고 그 후에는 민주화 운동에 참여했다.

글을 쓰면서도 가난한 사람들에 대한 이야기를 강조할 수밖에 없었다. 가난한 사람이 어떻게 하면 가난을 극복하고 살 수 있을까. 정치인은 가난한 사람을 왜 더 가난하게 하는가.

어떻게 하는 것이 바른 정치일까.

이런 문제들을 항상 염두에 두고 생각하며 이 글들을 썼다.

한 번도 정치에 참여한 일이 없는 정치 문외한이 정치를 말하는 것 자체가 우스운 이야기일지 모르지만, 약하고 가난한 자들이 같이 웃고 함께 기뻐할 날이 빨리 와서 우리 모두가 행복했으면 하고 바라는 마음뿐이다.

돌아보니 어언 80년 세월, 동지가 그립고 친구가 더없이 그리워진다.

2012년 10월

조병환

• 차례

제2부 | 이제 마지막이다

제3부 | 부정부패, 여성이 막는다

제4부 | 가던 길에서 돌아서라

제1부

함께 만드는 행복한 나라

함께 만드는 행복한 나라

우리나라는 36년 동안 일본의 강압적 지배하에 말할 수 없는 고통을 받고 살았습니다.

날이 갈수록 자신의 살길을 찾아 일본에 빌붙어서 자기 민족을 가열차게 짓밟는 자들이 생겨났는데 이들이 모두 글깨나 배운 자들이었습니다.

해방이 된 뒤에도 이 반역의 무리들이 이 나라를 다스리는 실권을 가지고 자기 민족을 지배하는 역사가 되풀이되어 힘없는 국민은 주인만 바꾸어 섬기는 신세가 되었습니다.

IMF가 무엇입니까? 이 나라의 종합금융사가 외국자본을 끌어들여 돈장사를 하다가 그 덫에 걸려 모든 국민이 눈 뜨고는 볼 수 없는 고통을 당하고, 그것을 해결하려고 IMF가 들어왔지만 오히려 그들의 비싼 이자에 못 견디고 좋은 기업을 헐값에 넘겨버린 것이 아닙니까. 이 모든 것이 지도층이 저지른 죄악입니다.

우리는 지금 더 잘 사는 선진국으로 가는 덫에 걸려 고통을 당하는 안타까운 상황에 놓여 있습니다. 그 덫은 국제자본인 부채입니다.

이 빚으로 집 사는 사람들에게 돈을 빌려주고, 전세값이 올라 못살겠다고 하면 전세자금 빌려 가라고 하고, 등록금이 너무 비싸다고 하면 학자금대출로 갖다 쓰라고 합니다.

기업인에게는 기업자금이 대출되고 은행은 높은 이자 받으니까 좋습니다. 아파트집단 대출은 은행들이 못해서 안달입니다. 정책담당자는 인기가 올라가서 더할 나위 없이 좋습니다.

은행은 원래 돈벌이가 본업이긴 하지만 정도가 있어야 합니다. 그런데 도를 넘은 부실 대출에 서민들 돈을 마구잡이로 먹어치우는 "막 먹어버린 대출", 받을 수 없는 대출들로 부산저축은행 사건이 터진 것입니다. 힘깨나 쓰는 권력자가 개입한 은행 대출은 대부분 부실 대출로 국가 경제를 좀먹습니다.

금융위기가 무엇입니까? 극복방안이 무엇이었습니까? 정책담당자와 은행이 잘못한 것을 국민세금으로 땜질하는 것으로 끝났습니다. 이런 제도는 국민을 못살게 만드는 잘못된 정책입니다.

정부는 은행돈을 마구 먹어치운 도둑놈 편이 아니라는 것을 입증하기 위하여 추상 같은 처벌은 물론, 특단의 대책을 세워야 합니다.

인간의 한없는 탐욕인 '더 잘 살아보겠다'는 욕망을 이용하여 대통령이 된 이명박 씨는 더 잘 살게 해준다더니 국민 건강을 뒷전으로 하는 쇠고기 파동을 일으켰습니다. 민주주의를 후퇴시키고 인권 유린이 자행되는 세상을 만들었습니다. 남북관계 악화는 엄청난 경제적 손실을 가져왔습니다. 노사합의 후 노동자에게 가하는 고통은 인간성을 짓밟는 악행입니다. 노동자는 이 나라 경제를 일으키는 주체로서 마땅히 존경을 받아야 합니다. 그래야 일하는 재미가 있습니다.

"중산층을 두텁게 서민을 따뜻하게"는 좋은 정책입니다.

이런 정책을 실현하려면 돈이 필요합니다.

돈은 상위 20%에게 가버리고 정부는 빚만 늘어가서는 좋은 정책을 펼 수가 없습니다.

22조 원이 들어가는 4대강사업, 친토건정책, 부자 감세, 재벌특혜정책, 경인운하, 각종 전시장과 경기장 건설, 지자체의 호화 청사 건설 등은 모두 국고를 거덜나게 하는 일입니다.

부자나 재벌들은 정부가 가만히 놓아두어도 잘 사는 사람들입니다. 그런데 이들에게 온갖 특혜에 세금 감면까지 한 결과 15대 재벌들의 곳간에는 57조 원의 보유금이 쌓이고 국고는 부채가 차지했습니다.

2010년 말 통계를 보면 정부도 국민도 모두 빚쟁이가 되었습니다. 참고해 보십시오.

1. 개인부채 937조 2,837억 원

2. 정부부채 지방자치부채 367조 1,016억 원
   사회보장부채

3. 기업부채 1,286조 8,392억 원
   부채합계 2,586조 2,245억 원

부채가 명목국내총생산 1,172조 원의 2배가 넘습니다. 그런데 최근 수개월 동안 국가부채가 수조 원 더 늘었습니다.

부자들의 재테크는 참으로 놀랍습니다.

첫째, 주식을 통해서 불어난 돈이 13조 원이었고

둘째, 주식배당을 통해서 받은 돈은 홍석현 사장이 삼성 이건희 회장을 제치고 2,464억 원으로 제일 많고, 허정수 회장의 103억 원이 제일 적습니다. 그리고 14명이 100억 원 이상의 주식배당금을 받았습니다.

셋째, 이들은 또한 자회사 일감 몰아주기로 10조 원의 이익을 챙겼습니다.

2007년 10월, 웃지못할 이건희 씨의 4조 5천억 원 비자금 사건이 터졌습니다. 비자금이란 이익이 난 회삿돈을 자기 돈으로 만든 것입니다. 그런데 이런 비자금도 회사를 위해 사용하면 죄가 안 된다는 세상입니다. 무엇 때문에 비자금을 만드는 줄을 모르기 때문입니다.

비자금 사건으로 고발당한 이건희 씨는 2,508억 원을 낼 테니 선처해 달라고 요구했습니다. 그리고 이 돈을 납부했습니다. 마음에 찔리는 것이 있어서 그렇게 했겠지요.

그런데 재판 결과 국가에 납부할 돈은 277억 원으로 줄어들었고 무죄가 선고 되었습니다. 그래서 이건희 씨가 다시 찾아간 돈이 2,281억 원입니다. 찾아간 그 돈은 누구를 위해 사용했는지 모릅니다.

이런 판결을 한 판사가 누군지 모르지만! 참 한심스런 일입니다. 상식이 통하지 않습니다. 그뿐 아니라 삼성특검을 담당했던 검사는 최근 삼성전자 부사장으로 갔습니다. 그런가 하면 최월영 판사는 전환사채 건으로 이건희 씨에게 130억 원 배상 판결을 했습니다. 이런 판사님도 계십니다.

이명박 대통령은 이건희 회장을 특별사면 복권시켰습니다. 나라를 위해 큰일을 하라는 뜻이겠지만, 우리 국민들은 이에 대해 한 번 잘 생각해 볼 일입니다. 탈법을 저지르면서 나라 위해 큰일을 하기보다는, 너와 내가 다같이 법을 지키고 살아가는 것이 민주사회일 것입니다. 국민들은 이것을 더 원하고 있습니다.

이 정부는 재벌들에게 턴키 방식 공사발주로 막대한 이익을 안겨주고 있습니다. 가만히 놓아두어도 돈 버는 데는 귀재들인데 이들을 돕고 특혜까지 베풀고 있습니다. 경쟁입찰이면 20%~30%는 공사대금이 줄어들 것인데도 턴키 방식으로 하는 바람에 국민이 내는 세금이 재벌들에게 손쉽게 들어가고 있습니다.

또 돈에 혈안이 된 대기업은 골목상권까지 침투해 서민들은 먹고 살 것이 없어집니다. 무슨 사업을 해도 실패하기 십상입니다.

그래서 돈은 상위 20%에게 가버리고 하위 20%와의 격차는 6.2배에 이릅니다. 이들은 세계적인 명품에만 눈을 돌리고 이웃의 고통은 안중에 없습니다. 이런 상황에서 중산층은 두터워진 것이 아니라 차츰 없어지고 서민층은 여전히 더 춥습니다. 너무 큰 빈부격차는 인권을 사라지게 만듭니다.

전셋값은 치솟고 물가는 계속 올라가고 공공요금까지 덩달아 오르고, 개인 부채가 천조 원에 육박하는데 이런 때에 금리까지 올립니다. 법인세는 25%에서 20%까지 내릴 계획을 세워놓고 있으면서 전 국민이 골고루 납부하는 부가세는 왜 내릴 생각을 안 하는 걸까요? 부가세 때문에 물가가 오른 것이 너무 많습니다.

개인부채가 많아지지 않도록 일찍 금리를 올렸어야 하는데, 개인부채가 천조 원이 된 후에야 금리를 올리면 어떻게 되겠습니까? 견뎌내지 못할 것입니다.

미친 등록금에 끝없이 올라가는 물가, 살인적인 사교육비, 이래 가지고는 국민들이 잘 살아갈 수가 없습니다.

삼성이나 현대 같은 대기업은 국민들에게 별 도움이 안 됩니다. 수출해서 돈을 벌면 세금을 충실하게 내서 그 혜택이 국민에게 돌아와야 하는데 탈법, 불법승계 비자금 등으로 들어가 버리고 정작 국민들에게 돌아오는 건 많지 않습니다. 삼성이 부담한 세금은 중소기업만도 못하다는 보도가 있습니다.

자국민에게 파는 물건은 질도 좋지 않고 비싸기만 합니다.

이제 FTA 세계경제체제 속에서는 대기업들이 관세 없이 물건을 팔아먹는 길이 열려 수지가 맞게 되었습니다. 국내 소비자들에게도 질 좋고 싸게 공급하지 않으면 안 되게 되어 있습니다.

돈 있는 20%의 잔치는 너무나도 호화로운데 세금 올리자고 하면 서민층이 나서서 올리지 말자고 합니다. 서민층이 돈 많은 재벌들의 편에 서서 말하고 있으니 무엇이라고 해야 할지 모르겠습니다.

노동자 편에 서야 할 서민층은 재벌의 소리를 대변하듯 재벌들의 편에 서서 자기 아들딸들인 노동자들의 잘못만 말하고 규탄합니다. 그래서 노사합의 후에 노동자가 당하는 고통은 이루 말할 수가 없습니다. 이래서는 누가 노동자로 일할 마음이 생기겠습니까.

일하는 사람, 노동자가 대접받는 세상이 되어야 기업하기 좋은 나라가 되고, 기업하기 좋은 나라이기 때문에 사람 살기 좋은 세상이 되지 않겠습니까.

정부도 재벌들 편에 서서 문제 생긴 기업을 돕고, 노동자들의 권리를 가혹하게 막고 물대포와 곤봉으로 처리해서야 되겠습니까. 물대포 뒤에 숨은 사장을 불러 일하는 노동자의 권익을 위해 나서주어야 함이 온당하지 않습니까.

우리는 대통령이나 국회의원을 뽑아 놓기만 합니다. 그리고는 네 맘대로 하라는 거지요. 뽑은 후에는 예산을 날치기로 통과시켜도 별 관심이 없습니다. 우리의 세금이 어디에 쓰이는지도 관심 없습니다. 민주주의가 후퇴해도 나는 괜찮다고 생각합니다. 인권이 유린되어도 나만 괜찮으면 가만히 있습니다. 국가부채는 왜 늘어났는지 생각조차 하지 않습니다. 자고로 빚 무서운 줄 모르는 사람의 말로가 어떠했습니까?

아파트 담보 대출은 곧 은행에다 월세를 내는 형태인데 많은 대출은 자기가 사는 아파트를 팔지 않으면 그 빚을 갚을 수가 없습니다.

이런 사람이 많기 때문에 아파트값은 몸부림을 치면서 떨어지게 되어 있는데 정부는 집값 띄우는 정책으로 큰 대가만 지불하고 거품은 거품이니까 사라질 수밖에 없습니다. 국가간의 채무도 주는 자는 받을 것을 생각해서 주는 것입니다.

대기업이 수출을 많이 하고 돈을 많이 벌었다는데 그들의 주식값은 올라가지만 국고는 거덜 나고 빚만 늘어갑니다. 이제는 민영화라는 이름으로 쓸 만 한 기업을 팔 수밖에 없습니다.

그래서 인천신공항을 대통령 조카, 이상득 의원의 아들이 대표로 있는 외국계 자산운용회사에 헐값에 매각하려는 것이 아니냐는 의혹이 일고 있습니다. 이는 결코 무리한 의혹이 아닙니다. 이래서야 되겠습니까?

한국의 재벌들은 쓸 만한 기업 민영화시키는 데 외국인에게 넘어가는 것보다 같은 나라 사람에게 넘기는 것이 더 좋다는 소리를 하고 있습니다. 그건 결코 좋은 것이 아닙니다.

또한 서울대학을 법인화시키려 하는데, 법인화시켜서 어쩌겠다는 말입니까?

수출을 위해 환율 방어하다가 3조 5천억을 날렸다고 하는데 기가 막힐 지경입니다. '국가는 손해나고 대기업은 돈을 벌고' 입니다.

4대강 사업도 사전 조치 없이 마음대로 자기들끼리 무리하게 추진하는 것은 결코 좋은 결과를 얻을 수 없습니다. 22조 원이 넘는 공사를 그렇게 쉽게 해치우다 보면 부작용이 날 수밖에 없습니다. 모든 공사를 경쟁입찰이 아닌 턴키식 발주로 해서 20~30%의 높은 공사비가 국민의 세금으로 지출되는 것은 있어서는 안 되는 일입니다.

빈부의 격차가 심화되어 상위 20%가 하위 계층의 6배 이상의 호화판 생활을 하고 있는 것을 국민들은 어떻게 생각할까, 그 결과가 어떨까를 생각해야 합니다. 돈이 많은 이들은 외국산 명품 사들이기에 혈안이 되었다고 하는데 이는 나라 경제에도 도움이 되지 않습니다. 실업자만 늘리는 결과만 나옵니다.

빈부격차를 줄이는 방법은 비정규직을 비롯한 하위층 근로자들의 처우 개선만이 해결책입니다. 이런 조치 없이는 '중산층을 두텁게, 서민을 따뜻하게'라는 아름다운 구호가 서민들을 더 화나게 만들 뿐입니다.

지금 세계는 금융재벌들의 지배 하에 놓여 있습니다. 이들의 손아귀에 들어가면 과거의 식민지 시절보다 더 혹독한 대가를 치르게 됩니다.

국가 부채가 한계선을 넘어가면 돈을 받기 위해 그리스나 이탈리아 같이 국민의 허리띠 졸라매고 복지 줄이라고 소릴 지릅니다. 그렇게 하다가 견디다 못하면 좋은 기업을 넘기게 되는 것입니다.

아무리 GDP가 올라가도 서민복지가 줄어들고 국민들에게 내핍을 강요하면 그 정부는 위험수위에 이른 것입니다. 한 번 높이 맛본 생활수준은 다시 내리기 힘듭니다. 세계를 지배하는 금융재벌이 하는 일은 무엇입니까?

돈 빌려줄 것이니 좀더 편안하고 문화생활하면서 즐겁게 살아보라는 것입니다. 선진국처럼 말입니다.

이렇게 빌려준 돈을 갚기가 어렵겠다 싶으면 무슨 방법을 동원해서라도 받아냅니다. 이익을 챙겨가기 위해서라면 죽는 것도 죽이는 것도 일상이 되고 맙니다.

국민과 정부가 충돌하고 국가제반시설이 파괴되고 자국민들끼리의 반목, 질시, 폭력이 자행됩니다. 자살하는 사람들은 늘어나고 불특정다수인을 겨냥한 위험한 행동이 나타납니다. 모든 국민은 두려움과 큰 고통에 빠집니다.

미국의 부자 빌 게이츠와 워런 버핏은 자기 나라를 살리기 위해 50%의 재산을 기부하는 운동을 벌이고 있습니다. 한국의 부자가 700억 원의 무상급식과 대학등록금을 해결한다면 돈 가진 자의 긍지와 행복을 누리게 될 것입니다.

앞으로 국회의원이 되고 대통령이 되고자 하는 자에게 묻고 싶습니다. 이 나라의 부채처리 방법을 말해 보라고 말입니다.

국민소득 2만 불, 수출실적 역대 최고라고 큰소리는 치는데, 복지는 줄어들고 중산층은 엷어진 것이 아니라 아예 사라지고 서민층은 더욱 추워지고 있습니다. 이것은 잘못된 것입니다.

따라서 모든 정치권은 여야를 막론하고 기본합의가 중요하고 기본합의에 충실한 정치를 해야 합니다. 기본합의는 사람이 살아갈 수 있는 기본 인권이 보장되는 사회입니다.

1. 국민의 의식주 안정입니다. 의식주에 고통이 따르면 안됩니다.

2. 교육은 국가가 책임져야 합니다. 교육으로 돈 버는 세상은 안됩니다.

3. 사교육비도 국가가 책임져야 합니다. 사교육비는 그 돈을 국가가 받아서 지급해야 합니다. 이럴 때 사교육이 사라집니다. 교육비가 투자가 된다면 많이 배운 자가 큰도둑으로 가는 길이 됩니다. 교육비 투자는 국가가 해야 됩니다.

4. 병 나면 누구나 치료받을 수 있어야 합니다.

5. 노동자는 기쁜 마음으로 일할 수 있어야 합니다.

6. 인권이 보장되는 사회가 되어야 합니다.

정치하는 사람들이 이보다 더 좋은 기본합의를 이끌어내야 합니다. 이렇게 되면 수입이 적어도 안정된 사회가 됩니다. 너 죽고 나 살기 식의 무리한 경쟁도 사라집니다. 가난한 사람도 다시 일어설 수 있는 희망이 있습니다. 부자가 실패해도 두렵지 않습니다.

이렇게 될 때 국가가 필요한 것입니다. 옳은 일을 하고 삼대가 빌어먹으면 그 사회가 온전한 사회입니까? 온전한 국가입니까? 국민이 국가에 고마움을 느끼고 살아가야 애국심이 생깁니다.

기본합의는 잣대가 됩니다. 정당이나 정치인을 판단하고 비판할 수 있는 기준이 생깁니다. 투표하는 기준이 됩니다. 기본합의에 역행한 자는 퇴출시킬 것입니다.

정치의 방향이 이렇게 나아가야 합니다.

무슨 돈을 가지고 이렇게 할 것이냐고 묻는다면 국민소득 2만 불에 적정한 기본합의의 방향대로 완급을 좇아 나아가면 됩니다. 이런 일을 잘 할 수 있는 사람이 정치인 아닙니까?

한국에서의 위인은 죽은 뒤에 동상이나 세우고 그때 가서나 알아줍니다. 그것은 아무 소용이 없는 짓입니다.

위대한 정치가가 살아 있을 때 알아보고 그가 하는 말을 따라야 합니다. 죽은 뒤에 되살리려고 하는 것은 별 효과가 없습니다.

선거 한 번 해버리면 그만인 민주주의는 종지부를 찍어야 합니다. 4년짜리, 5년짜리 계획으로 자기를 위한 정치가의 모습은 사라져야 합니다.

투표의 기준은 전라도나 경상도가 아닙니다. 여당이나 야당도 아닙니다. 투표의 기준은 기본합의에 있습니다. 그 다음은 기본합의에 충실하게 일하는지 감시가 중요합니다. 감시할 줄 모르면 주인 자격이 없습니다. 식민지나 신식민지시대의 종살이에서 벗어날 수 없습니다. 저력 있게 기반을 쌓아 가야 합니다.

기본합의에 충실할 때 정치인의 위상을 올라가고 존경받게 될 것입니다. 수출 많이 하는 기업이 국민의 사랑을 받을 것입니다. 정치인이나 지식인이 가야 할 앞길이 보일 것입니다. 노동자는 저임금에도 안심하고 기쁘게 일할 것입니다.

노동자의 이름은 평생고생이라는 딱지가 없어질 것입니다.

부자도 불안에서 해방될 것입니다. 기본합의가 있으니 안심이 됩니다. 대통령이나 정치인, 모든 유력한 사람들도 기본합의에 충실하면 독재, 독단에서 해방됩니다.

권력도 부도 영원하지 않습니다. 가능성입니다. 정치를 마음대로 하려고 독재를 하는 것이 아니고 결국은 돈을 마음대로 하려고 독재를 합니다.

국민은 독재하는 사람을 일단 큰 도둑놈으로 보고 물리쳐야 합니다. 권력을 구축해 놓아도 국민의 힘에 밀리면 거기에 붙어 있는 자들도 신세를 망치게 됩니다.

상식이 통하는 세상은 몰상식을 추방합니다. 아무쪼록 기본합의가 불문율이 되어서 우리 모두의 가슴에 새겨져서 모든 정치가 이런 방향으로 간다면 얼마나 행복한 인생, 즐거운 세상살이가 되겠습니까.

나는 이런 희망을 안고 살아가고 있습니다.

이 희망을 함께 공유해서 다같이 행복하게 살아간다면 얼마나 좋을까요!

(2011년 8월 10일)

무상급식 투표에 대하여

대한민국이라는 한 배를 탄 아이들이 같은 학교에서 같은 밥을 먹고 다함께 뛰놀고 장난치고 서로 보고 웃으면서 한 교실에서 같은 조건에서 공부할 수 있다는 것은, 학교에서만은 다 같이 행복을 느낄 수 있는 유일한 길입니다.

그래서 같은 환경, 같은 조건에서 같은 밥을 먹고, 같이 공부한다는 것은 너무나도 바람직하고 꼭 그렇게 해야 될 일이기에 많은 학교에서 이미 무상급식을 하고 있습니다.

이제는 모든 학교가 다같이 이 제도를 실시하자는 것인데 한나라당이라는 배경을 등에 업은 오세훈 서울시장이 700억 원이 들어가는 무상급식제도는 나라를 망치는 포퓰리즘이라고 하면서, 나라를 살리는 애국적 결단이라며 서울 시민의 세금 180억 원을 자기 마음대로 사용하여 주민투표를 실시하게 되었습니다. 이 대통령 내외는 미리 부재자투표를 하고 해외출장을 떠났습니다. 나를 따라서 다같이 주민 투표에 참여하라는 뜻일 것입니다.

한나라당 안에서조차 많은 사람들의 호응을 받지 못하고, 이의를 제기하고 잘못된 주민투표라고 비판하는데도, 잘못된 투표라도 야당의 힘에 밀려서는 안 되니 이겨야 한다고 사생결단으로 투표전을 밀어붙이고 있습니다.

아마 오는 총선, 대선을 생각하고 지금부터 이기는 투표를 미리 해보는 것 같습니다.

그런데 이 주민투표는 이기거나 지거나 한나라당에 악재로 작용할 것입니다. 우리나라는 상위 20%의 수입이 월 600만 원이라면, 하위 20%의 수입은 100만 원입니다. 6배 이상의 경제적 차이가 나서 현격한 빈부격차가 생겼습니다. 유무상 구분을 가르는 중간층의 불균형 때문에 시민의 불만이 터져나올 수밖에 없습니다.

다같이 내는 세금으로 다같이 같은 밥을 먹자는 것이 무상급식 아닙니까? 이미 내놓은 세금으로 밥을 먹자는 것입니다. 그런데 왜 돈 내고 먹는 아이, 돈 안 내고 먹는 아이로 갈라놓고 뭘 어쩌자는 것입니까? 아이들은 모른다고요? 요즘 아이들이 얼마나 똑똑한지 그들이 모르는 것입니다.

대한민국이라는 한 배를 탄 아이들을 편 가르기 해서 배 안에서 서로 반목하고 다투라는 것입니까? 밀려오는 갖가지 파도와 엄청난 위험에 같이 대처하고 헤쳐나가는 데 하나가 되어야 할 것인데, 갈라놓아서는 안 됩니다. 이런 훈련을 학교에서 해야 합니다.

무상급식 반대는 두 부류의 사람들한테 마침내 환영받지 못하고 실패할 것입니다. 서울 시장의 무상급식 반대는 시민을 향한 속임수입니다. 속임수는 얼마 안 가서 발각됩니다. 발각 뒤에는 성난 파도가 밀려올 것입니다.

한나라당이 가야 할 길은 무상급식 반대 주민투표에서 이기든지 지든지 무상급식으로 가야 합니다. 서민의 복지를 뭉개버리는 제도는 시민들의 가슴을 얻지 못합니다.

다가오는 총선, 대선에서 한나라당이 할말이 무엇입니까?

할말을 남기려면, 할말을 제대로 하려면 상식이 지배하도록 과감히 몰상식을 몰아내야 합니다.

어떻게 해야 합니까

우리들은 지금 국민소득 2만 불 시대에 살고 있습니다.

모든 국민이 밥걱정 안 하고 공부할 수 있고, 병들면 치료 받고 조그마한 임대 아파트에서 살 수 있으면 더 바랄 것이 없습니다.

정치인들에게 이런 나라를 만들어 달라고 요구해야 합니다. 이렇게 해 줄 수 있는 정치인을 선출해서 바로 서는 나라를 만들어야 국제 무대에서 존경 받고 행복한 생활을 할 수 있습니다.

이것이 나라를 만드는 기초작업입니다.

기초가 튼튼해야 국민들이 걱정 없이 안심하고 살 수 있습니다.

정치인들이 앞다투어 '내가 이런 나라를 만들겠습니다'라고 말하면서 나에게 표를 달라고 부탁해야 합니다.

국민들은 한 표를 던지는 기본이 이런 나라를 만드는 데 있어야 합니다. 이런 정치인이라야 민주주의를 더 발전시키고, 남북관계도 호전시켜 통일에 기여하고 국방도 튼튼하게 해서 안심하고 살 수 있습니다.

경제정책도 빚쟁이 나라가 되지 않고 경제가 바로 됩니다. 빈부격차가 심하지 않도록 해서 총화에 도움이 됩니다. 다 같이 먹을 수 있어서 나라에 고마움을 느낍니다. 누구나 다 같이 공부할 수 있어서 너 죽고 나 살기 식 경쟁이 없어집니다.

많이 배운 사람이 큰 도둑놈 되는 악순환을 차단시켜 봉사체제가 이룩됩니다. 본전 뽑는 교육장치는 큰 도둑놈을 만듭니다.

실패해도 재기할 수 있는 기회가 주어집니다. 노동자가 저임금으로도 살 수 있어서 기업에 경쟁력이 생깁니다. 외국으로 싼 임금 찾아 돈 가지고 나가서 공장을 차릴 필요가 없습니다.

네가 잘못되면 내가 세금 더 내는 제도여서 서로 잘 되기를 원하고 축복해 줍니다. 이런 정치인의 위상은 존경받는 정치인으로 남을 것입니다. 지금처럼 정치인이 바닥을 칠 때가 언제입니까?

1. 국민 세금 바로 쓰는 예산안이 아니어서 날치기 통과를 하는 데 동조하는 놈도 나쁘지만 주도한 놈은 사라져야 합니다.

2. 부자들에게 받을 수 있는 세금까지 감면해 주는 특혜정치는 가난한 사람을 외면하는 결과로 나타납니다. 그래서 무상급식은 나라를 망친다고 말합니다. 나라가 망하기 전에 이런 정치인은 물러가는 것이 좋을 것입니다.

3. 건설업자에게 주는 특혜는 분양 잘 될 때는 아무 말 없다가 미분양이 되면 별스런 방법으로 특혜를 주는데 미분양은 시장 기능에 맡겨서 싸게 분양해야 이익 날 때도 있고, 손해 날 때도 있는 것 아닙니까? 이것이 시장기능 아닙니까? 건설업자가 사돈이라도 되는지 알 수가 없습니다.

4. '부익부 빈익빈'이란 소리는 듣고 싶지 않은 정책입니다.

환율을 떠받쳐서 대기업은 돈 벌고 국민은 물가고에 시달립니다. 주식은 개미들에게 별 볼일 없고 대기업이나 부자가 돈 버는 것입니다. 배당금 1위가 홍OO 사장이고, 그래서 14명이 100억 원 이상의 주식 배당금을 받았습니다. 주식으로 돈 버는 사람은 대기업 사장이나 외국인들인 것 같습니다. 이 주식도 경마도박과 같이 가정 파탄이나 자살로 이어지는 경우가 많습니다.

개인부채가 1,000조 원에 육박하자 이때부터 금리를 올립니다. 400조 원이 넘는 국가부채는 돈 벌어서 갚기가 쉽지 않을 것 같습니다.

수출이 그렇게 잘 되고 경상수지가 계속 흑자인 가운데도 그렇게 빚이 늘어나는 걸 보면 앞으로도 빚을 줄 사람만 있으면 빚은 계속 늘어날 것 같습니다. 빚은 자기를 결박한 포승줄입니다.

국가부채는 결국 잘 나가는 공기업 팔아서 갚는 길밖에는 없습니다. 지금보다 더 잘 살기는 쉽지 않을 것 같습니다.

미국도 국채는 계속 더 뒤로 미루는 수밖에 별 도리가 없습니다. 그런데 미국도 빚을 져 놓은 정당이 상대 당을 향해 빚 문제를 거론합니다.

개인부채도 가진 것을 팔아야 갚을 수 있습니다. 팔 사람이 많아지면 부동산값이 떨어지는데, 집값이 많이 떨어지면 경제위기로 귀결되어 사람 살기가 아주 어려워집니다. 긴 고난의 터널이 기다리고 있습니다.

5. 거액의 은행대출은 권력자가 개입되어 있기 일쑤입니다. 그런 대출은 돈 받기 어려운 대출로 이어집니다. 따라서 구제금융으로 해결해서는 안 됩니다. 같이 짜고 해먹었다는 누명을 쓸 수 있기 때문입니다. 이런 돈은 지옥까지라도 쫓아가서 다

받아와야 합니다.

이런 재판은 판결이 너무 느려서 기다리기가 힘듭니다. 재건축도 기다리기 힘든 것은 마찬가지입니다. 4대강사업처럼 속전속결로 해치우면 속이 시원할 텐데!

재건축의 부정은 조합장의 비리가 문제입니다. 도정법을 무시하고 조합원과의 약속인 정관을 어기는 것은 물론, 관리처분계획을 덮어놓고 자기 편리할 대로 마음대로 조합 운영을 합니다.

개최해야 할 회의는 1년 이상 안 하고 자기 손아귀에 들어온 이사들과의 회의로 모든 것을 결의해서 합니다. 이것도 부족해서 3,000명이 넘는 조합원 총회는 100명도 안 되는 사람으로 돈 5만 원씩 주어서 서면결의로 끝냅니다.

이런 조합을 지도 감독할 시장은 조합장과 한패가 되어 문제점을 하소연할 기회조차 안 주고, 시장실을 지키고 앉아 조합원들이 들어가지도 못하게 막습니다. 지도감독은 아예 없습니다. 손해 보는 사람은 조합원입니다! 큰돈 챙긴 놈은 누군지 모릅니다.

6. 세계 각국에서는 부자들이 세금 더 내겠다는 소리가 심심찮게 들립니다. 부자들이 생각해봐도 세금 더 내는 것이 옳은 일이기 때문입니다.

우리나라는 부자감세를 일관성 있게 추진할 것 같습니다. 그런데 무상급식은 안된다고 하면서 부자 아이들에게 밥값을 내라는 것입니다. 너희들은 돈 안 내고 밥 먹는 가난한 아이들과는 다르다는 것 아닙니까. 부자들에게 받을 수 있는 큰돈인 세금은 감면해주고 쥐꼬리만 한 밥값은 내라는 것입니다.

부자들을 위해서 하는 일입니까? 가난한 사람을 위해서 하는 처사입니까? 둘 다 아닌 것 같습니다.

상식이 통하지 않으니 몰상식이 판을 치는 것 같습니다.

복지에도 유상복지가 있습니까? 돈 낼 수 없는 사람에게 복지가 필요합니다.

무상복지가 나라 망친다면 복지를 해서는 안 된다는 말 아닙니까. 복지 없는 정부가 있다면 그 정부는 무엇을 하는 정부입니까? 가난한 사람들이 언제까지 부자가 떨어뜨린 부스러기로 연명해야 합니까. 그 부스러기 때문에 부자와 권력자의 말을 듣고 투표해서는 거지 신세를 못 면합니다.

국민소득 2만불 시대 국민답게 최소한 밥은 같이 먹고 공부는 국가책임으로 시키고 조그마한 임대주택에서 살면서 병나면 치료 받을 수 있는 행복한 나라를 만들기 위해서 모든 국민이 힘써야 합니다.

투표의 기준이 여기에 있어야 합니다. 이것을 가슴속에 꼭 새겨 놓아야 합니다.

앞으로 총선이나 대선에서 이런 행복한 나라를 만들기 위해 법을 만들고 제도를 마련하는 좋은 정치인에게 여, 야를 가릴 것 없이 표를 던지는 것만이 국민들이 해야 할 일입니다. 나를 위해서 그렇게 해야 합니다.

국민이 던지는 한 표는 부자나 어떤 정치인의 말을 듣고 표를 던지는 것이 아니라, 행복한 나라를 만드는 데 필요한 정치인을 자신이 선택해서 투표해야 합니다.

투표로 해결이 안 되면 부작용이 따르는 혁명밖에 다른 길이 없습니다. 그 다음은 악순환입니다. 불행입니다.

부자도 가난한 사람도 다같이 행복한 나라 만드는 데 함께 해야 모든 국민이 행복합니다.

부자는 영원한 부자가 아니고 권력도 쉽게 무너지기 때문입니다.

감사합니다.

(2011년 8월 24일)

돈이란 무엇인가

돈이 없이는 살아갈 수 없다.

돈이 없는 삶은 비참하기 짝이 없다.

돈은 신용이 전제되어 지불수단으로의 기능밖에 못한다.

돈이 그 자체로 가치를 지닌 시대는 지나갔다. 1971년 미국 닉슨 대통령이 달러를 금으로 바꿔주는 제도를 없앨 때부터 달러는 그 자체로는 아무런 가치가 없어졌다.

베트남 전쟁 때문에 돈은 계속 찍어내야 되는데 금을 확보하기 어려우니가 금 보유 없이 돈을 찍어내기 위해서 돈에 대한 규정이 바뀌면서 엄청난 돈이 쏟아져 나와서 미국은 살기 좋은 천국이 되었다.

돈이 많아지니까 물가가 오르고, 돈이 있는 사람들은 오른 집값을 주고 집을 사도 그 집값이 또 천정부지로 올라가 집을 사는 사람들은 백만장자가 되었다.

그러면 이 돈 달러는 누가 찍어내는가.

미국은 1913년 세계의 거대 부자들이 금융유동성을 위한다는 명분으로 연방준비제도은행에 달러를 찍어낼 수 있는 권한을 주었다. 미국의 재무부도 로차일드 가를 중심으로 한 세계 거대 부자들의 소원대로 움직이게 만들었다.

미국의 돈, 달러를 찍어내는 권한을 가진 세계적인 거대한 갑부들이 만든 연방준비제도은행은 연방도 아니고 준비제도도 없으며 은행도 아니다.

돈 만드는 제작기를 손에 넣은 이들은 자기들을 위한 제도를 만들고 은행도 만들고 교육제도까지 좌우하면서 영원토록 행복을 누리도록 했다.

그리고 이 달러가 세계적인 기축 통화가 되어 세계인들의 생활에 결정적인 영향을 미쳐 미국의 손실이 세계인의 손실로 이어지는 세상이 되었다. 지난 금융 위기 때 세계가 입은 손실은 60조 달러다.

거대 부자들이 연방준비제도를 만든 이유는 은행을 통해서 돈을 버는 데 재정적인 어려움이 없도록 하기 위해서이다. 이 모든 것을 베일에 가려 보지 못하게 하고 알지 못하게 해야 유지된다.

이런 상황에서 돈이나 금융에 대한 교육은 해서는 안 되고, 한다면 부자들을 위한 금융교육만 가능하다. 이것이 학교에서 돈에 대해 가르치지 않는 이유다.

미국 대통령의 연봉은 40만 달러다(한화로 약 3,500만 원).

대통령이 되기 위해 쓰는 선거운동 비용은 5억 달러 이상인데, 이것은 대통령 연봉의 1,000배 이상을 쓰는 것이다. 선거 비용이 대통령의 1,000년 연봉과 같다는 말이다.

그렇다면 이 돈을 누가 내놓는가. 더 많은 돈을 벌기 위해 부자들이 내놓는다. 이런 정치는 돈 많이 버는 놈들의 잔치로 끝날 수밖에 없다. 어떻게 정의가 실현되는 사회로 갈 수 있겠는가.

가장 비참한 인간 잔혹사를 만드는 전쟁이나 기아, 빈곤으로 가서 세상을 살기 힘들게 만들 뿐이다. 이것이 미국의 민주주의라면 믿지도 않고 따르지도 않을 것이다.

그럼에도 미국은 제일 힘이 센 주먹을 갖고 있다. 이 주먹 앞에서는 슬슬 기며 눈치를 볼 수밖에 없다.

이 나라 대한민국은 어떠한가. 부자들한테는 세금을 감면하고 지출은 부채로 하기 때문에 국민은 이 사실을 알 수가 없다.

20%의 부자는 물가가 오르든, 인플레이션이 되든, 디플레이션이 되든 끄떡없다. 이것은 정부와 은행의 합작품으로 전 국민에게 미치는 조용한 세금이다. 나머지 80%는 중산층에서 멀어지고 사라지고, 서민층은 더욱 추워진다. 부익부 빈익빈으로 달려가는 세상이다.

경기는 내리막길로 들어선 것 같다. 개인이나 나라나 빚에 시달리기는 마찬가지다.

복지는 가장 듣기 싫은 소리가 되었다. 복지사회로 가기는 가야 되겠는데 빚밖에 없으니 괴로운 일이 아니겠는가. 돈 없이 하는 복지는 말로만 하는 복지다.

복지를 외면한 정부는 할 일 없는 실업자와 같다. 실업자와 같은 정부가 무슨 일을 할 것인가! 선거 때 무슨 말로 표를 얻을 것인가. 잘 생각해야 될 일이다.

우리는 금융교육을 하면 안 되게 되어 있어서 그런지 돈에 대한 교육이 거의 없다. 국가예산이나 인플레이션이나 빚 문제, 세금문제, 주식, 채권, 파생상품, 구제금융, 은행 등에 관한 교육이 없다. 경제에 대해서는 주식투자하고, 파생상품 사고, 미분양아파트 사라는 것밖에 없다.

금융교육을 해야 한다. 금융에 대해 바로 가르쳐야 실생활에 도움이 되고 국민들이 망하는 것을 사전에 막을 수 있다.

네가 망하면 내가 돈을 내서 먹여살리는 세상이 되었는데도, 너야 망하든지 말든지 상관을 안하고 있다. 오직 경쟁만 있을 뿐이다. 낙오자만 양산되고, 낙오자에게는 재기의 희망이 없다.

정말로 희망이 다 사라졌다면 무슨 일인들 저지르지 못하겠는가.

우리 사회는 낙오자가 되지 않기 위해서 좋은 학교 나와서 좋은 직장에서 돈 많이 받고 사는 것이 삶의 목표가 되어 있다. 이것이 부자들이 모든 국민에게 요구하는 사항이다.

부자들을 위한 새로운 돈에 대한 규칙이 있는데, 가난한 사람들은 옛규칙을 그대로 따르고 있다.

성실하게 일하며 살고, 아껴서 은행에 저축하고, 집 사고, 자동차 사고, 주식에 투자한다. 분산투자를 하고 대량살상무기라고 하는 파생상품에 투자한다. 오르면 팔겠다고 주식과 부동산에 투자한다.

부자들은 이와 반대로 움직인다. 주식이나 부동산에 투자하는 것도 돈 나오는 현금 흐름에 투자해서 돈이 나오게 만든다. 부자들의 금고에는 항상 돈이 들어오게 만들어 놓고 산다.

가난한 사람은 돈에 대한 새로운 규칙이 있는지도 모른다.

현금 흐름에 투자하려면 돈에 대한 지식이 있어야 할 수 있다.

올라가기만 기다리는 투자는 경기하강 때는 망하고, 직장 잃고 부채에 대한 이자에 시달리고, 물가고에 시달리고, 수입은 없어지거나 줄어들거나 한다. 거기에 공공요금까지도 오른다.

가난한 사람이 부자가 되는 길은 부자처럼 하는 것이다.

부자처럼 하려면 돈에 대한 지식, 주식에 대한 지식, 부동산에 대한 지식이 필수다. 이런 지식을 습득하는 데 3년이 걸린다 해도, 이런 지식이 내 것이 된 다음에야 돈도 내 것이 될 것이다.

파생상품은 워런 버핏은 대량살상무기라고 했고, 금융위기 때 주식의 1/3이 날아갔다. 모기지 대출은 집 살 여력이 없는 사람에게 돈을 빌려주는 제도다.

펀더멘탈이 튼튼하다고 떠들면 그 정부의 경제는 허약한 경제다.

구제금융은 은행이 망하지 않도록 정부가 은행에 돈을 대주는 것이다. 학교에서 돈에 대해 가르치지 않은 이유는 전쟁은 이윤이 남는데, 이윤 때문에 전쟁을 한다고 가르칠 수 없기 때문이다. 그러나 사실은 전쟁 때문에 손해다.

돈 많고 존경 받는 사람이 피라미드 500억 달러 금융사기를 저질렀다. 그는 한때 나스닥의 책임자였다.

부자는 돈 버는 방법을 남에게 가르쳐 주지 않는다.

연방준비제도는 돈 벌기 위해 일하는 사람들을 위한 규칙이 아니라, 돈을 찍는 부자들을 위한 규칙이다.

돈을 버는 법이나 저축하는 법보다 돈을 어디에다 투자해서 잘 쓰는 법을 하는 것이 열쇠다.

(2011년 9월 21일)

행복한 나라를 만들려면

독립운동한 사람은 삼대가 빌어먹습니다. 삼일운동은 일본에게 빼앗긴 나라를 다시 찾는 운동입니다. 이런 운동이 없었다면 해방도 기대할 일이 못 됩니다.

이승만의 부정선거와 독재에 항거하여 젊은 학생들이 일어난 운동이 4 · 19입니다. 4 · 19로 독재자 이승만은 하와이로 떠났습니다.

5 · 16 군사 쿠데타로 철권정치가 국민을 짓밟고 괴롭혔습니다. 말도 제대로 하지 못하는 세월이 얼마나 길었습니까. 하지만 목숨 걸고 맞서는 민주화 세력 때문에 자기들끼리 내분이 일어나 철권정치가 막을 내렸습니다.

이 틈을 타서 신군부의 정치세력이 전두환을 중심으로 등장

했습니다. 이것을 온몸으로 막아선 운동이 5 · 18 광주민주화 운동입니다.

억울하게 폭도라는 누명을 쓰고 고통 받던 그 세월이 얼마였습니까. 민주화 운동은 전국적으로 확산되어 무지막지한 독재 정치가 힘을 잃고 비틀거렸습니다. 그래서 6 · 29선언이 나왔습니다.

민주주의를 향한 끈질긴 운동은 이 민족의 긍지요, 자랑이었습니다. 이런 운동으로 나라를 다시 찾고, 민주화를 위한 끈질긴 투쟁으로 민주주의를 실현하는 헌법 그 전문에 3 · 1정신과 4 · 19정신을 기록해 놓았습니다.

이런 운동에 가담한 사람들은

1. 이 나라에서 유일한 돈벌이인 부동산 투기도 못했고, 다운 계약서도 모릅니다.

2. 투기로 사들인 땅이 없으니 공것으로 먹는 농업 보조금도 받지 못했습니다.

3. 탈세할 재산이나 수입이 없어 탈세할 생각도 못 했습니다.

4. 위장전입을 무엇 때문에 하는지도 모릅니다.

5. 가난을 면할 유일한 길은 자녀교육인데 공부도 시킬 수 없었습니다.

6. 대기업이나 부자가 아니어서 세금 감면이나 특혜와는 거리가 멉니다.

7. 주식해서 돈 벌기는 외국인이나 대기업 재벌의 것이 되었

습니다.

이와 같이 모든 돈벌이에서 멀어졌으니 가난할 수밖에 없습니다. 가난이 길어지니 빌어먹게 되어 삼대까지 갑니다. 아니 더 길어질지도 모릅니다.

지금의 정치인이나 관료는 부자가 되고 돈은 대기업 재벌 곳간으로 가버렸습니다.

국민소득 2만 불 시대, 이제는 생각을 바꾸어야 합니다. 사회적 약자가 정치인의 야욕을 채우는 표를 낚는 낚시터가 되어서는 안 됩니다. 옳은 일을 하는 사람이 살기 힘들고 빌어먹는 나라는 이제 끝장을 봐야 합니다.

"옳은 일을 하면 빌어먹는다. 옳은 일을 하지 마라." 이렇게 가르칠 수는 없지 않습니까.

옳은 일을 하는 사람 덕분에 나라 찾는 해방의 기쁨도 누리고 부자도 되고, 민주주의도 이룩했으니, 그분들의 은덕에 감사하고 온 국민이 그분들을 존경하는 세상이 되어야 합니다. 이들은 자기를 희생해서 이룩한 나라의 온 국민이 행복하기만을 바랄 뿐입니다.

행복한 그 나라가 무엇입니까.

독립운동한 사람이 삼대까지 가난해지는 나라가 아닙니다. 못 먹고 병들어서 고통 받는 나라가 아닙니다. 이런 일은 마땅히 나라의 책임이 되는 나라입니다. 국민들은 당당히 누리는 나라입니다. 이들이 부자나 정치인들이 불쌍해서 도와주는 국민이 되어서는 안 됩니다.

나라가 이런 책임과 의무를 다할 때 국민은 나라에 고마움을 느끼고, 군대에 가든, 세금을 내든 보람을 느낄 것입니다. 이렇게 되면 국가는 막힌 실업문제에 활로가 열립니다.

노동자는 저임금에서도 기쁘게 일할 수 있습니다. 기업인은 돈 싸들고 인도나 필리핀에 갈 필요가 없습니다.

가도 가도 국민의 고통만 가중시킨 신자유주의 경제체제에서 해방될 수 있습니다. 너 죽고 나 살기식 무리한 경쟁에서 벗어납니다.

생활에 여유가 생기면 마음이 너그러워집니다. 가난한 사람들도 다 같이 공부할 수 있어서 희망이 있는 나라가 됩니다. 부조리한 임금체계가 바로잡힐 것입니다. 서서히 빈부격차도 해소될 것입니다. 조금씩 수선하는 땜질식 정책은 효과가 없습니다. 나라의 기초를 다시 놓아야 합니다.

우선 기본을 바로 세워 저력 있는 국가가 건설되어야 합니다.

국민이 행복해 하고, 국제무대에서 존경과 사랑을 받는 나라 말입니다. 20%의 국민만 잘사는 나라가 아니라 80%의 국민까지 모두 잘사는 나라 말입니다.

이런 나라를 위해 여야 가릴 것 없이 이런 정책에 공감하는 새로운 정치집단이 새롭게 출발해야 합니다. 옛사람, 기존 정치인으로서는 방해만 됩니다.

좋은 나라, 행복한 나라를 만드는 데 힘을 모으고 함께하는 정치인은 국민들로부터 한없는 사랑과 존경을 받을 것입니다.

지금이 훌륭한 정치인이 새로운 나라를 만들 절호의 기회입니다. 기회 잃고 고통 받는 국민이 되어서는 안 됩니다.

자기들을 가난과 고통으로 몰아넣은 자들의 말을 듣고 투표하는 옛생각을 버리고, 자기의 운명을 새롭게 결정하는 새로운 투표만이 80%의 국민이 행복한 길로 나아가는 것입니다. 이런 일은 우리가 꼭 해야 할 일입니다. 세상에 공짜는 없습니다.

(2011월 9월 26일)

한전 누적 적자와 수혜자 부담 원칙

물가가 너무 올라서 힘들다고도 하고, 못살겠다고도 합니다. 앞으로 줄줄이 오를 공공요금까지 생각하면 국민들의 생활은 고통스럽기만 합니다.

국민들이 물가 때문에 고통을 겪고 있다고 하니까, 물가를 그렇게 오르도록 만든 사람이 확실한 대책을 내놓았습니다.

"확실한 대책은 소비를 줄이는 것입니다."

이런 대책은 대책이 아닙니다. 이런 상황에서 소비는 줄이지 말라고 해도 자연히 줄어들기 때문입니다. 그러니까 이 말은 가만히 있어도 자연스럽게 해결된다는 말과 같습니다. 결국 아무것도 안 하겠다는 것입니다.

공공요금처럼 모든 국민이 부담해야 할 것은 올리고, 부자가 낼 세금은 깎아주든지 안 받든지 하면서 부자는 더 큰 부자가 되어 부익부 빈익빈은 극히 자연스럽게 이루어집니다.

공공요금인 전기세를 받는 한전의 누적 적자가 3조 원이라고 합니다. 1억 원짜리 돈뭉치 1만 개가 세 뭉치나 된다는 말입니다.

그때 그때 처리하지 못하고 뒤로 미루고 늘어나서 눈덩이처럼 불어난 누적 적자라고 합니다. 누적은 그전에 한 정치인이나 한전이 잘못 운영했다는 말입니다.

이전에는 잘못 했지만 이제는 잘 해야겠다는 결의를 어디에서 찾을 수 있을까요.

한 개인이 내는 한 달 평균 전기요금이 2,472만 원인 사람이 있습니다. 이 사람이 바로 이 나라에서 가장 큰 부자라고 합니다.

(이 사람은, 국민들에게 한 말인지 어떤지 모르지만, 밑도 끝도 없이 "정신 차리라"고 하기도 했습니다. 자기 자식이나 식구들에게 한 말 같기도 합니다.)

이런 사람 두 사람이 사용한 전기요금은 1,110세대가 쓰는 전기요금보다 더 많습니다. 한 사람의 전기요금이 613세대가 쓰는 전기요금가 같다는 말입니다. 1,110세대가 부담한 전기요금은 세대당 월 평균 40,290원입니다.(2010년 자료)

그런데 40,290원의 이하의 전기를 사용하는 사람은 전기를 더 아낄 수도 없고 전기요금이 올라가면 더 힘들어질 것이 분명합니다.

전기를 많이 쓰는 사람일수록 전기를 적게 쓰는 가난한 사람들에 비해 한전 누적 적자의 최대 수혜자입니다.

한전의 하루 56억 원, 1년 2조 440억 원의 적자 경영으로 덕을 많이 본 사람들은 가난한 사람들이 아니라 부자들입니다.

그렇다면 '수혜자 부담 원칙'에 따라 한전 누적 적자 처리는 가난한 사람들이 부자들 덕을 보는 방식으로 했으면 좋겠습니다.

부자들이 자기들 몫의 세금을 감면 받았으니, 3조 원의 한전 누적 적자를 처리해 주어, 서민들은 전기라도 좀 편안한 마음으로 사용하면서 살면 얼마나 좋겠습니까!

한전 누적 적자의 주범이 한전인지, 정치인인지는 잘 모릅니다. 분명한 것은 그때 그때 내야 할 전기요금을 뒤로 미루어 선처를 베푸는 것처럼 처리하는 방식으로 정치가들이 국민을 기만하여 표를 얻어 집권연장의 수단으로 삼았다는 것입니다.

국민들은 그들에게 표를 주고도 한전 누적 적자로 후손들에게 고통을 안겨 주었습니다.

모든 부채를 후손들에게 짐지워 고통을 물려주는 정치는 나쁜 정치입니다. 좋은 정치는 후손들에게 희망과 긍지를 갖게 하는 정치입니다.

부자는 선망의 대상의 되고, 가난은 극복되어야 합니다. 부자가 사회의 가난을 극복할 수 있도록 노력할 때 존경과 사랑을 받습니다. 빚으로 치장을 해서 잘 사는 것처럼 보이게 만든 이 사회!

갈수록 고통은 가중되고, 이 짐을 짊어질 우리 자녀들은 비틀거릴 것입니다. 신음소리가 날 것입니다.

누적 적자가 한전뿐이면 다행이련만, 모든 공공기관이 부채에 시달리고 개인부채가 1,000조 원에 육박한 현실은 경제인의 책임이 크지만, 정치인이 해결해야 할 과제이기도 합니다.

알게 모르게 고통을 당하고 있는 국민들의 자각은 빠를수록 좋습니다!

국민들이 맡긴 책무에 책임을 지지 않는 정부나 정치인은 퇴출되어 왔고, 또 반드시 퇴출시켜야 합니다.

(2011월 10일 4일)

변화는 "대학등록금 정부 부담"으로

미국의 오바마는 "우리가 만들 수 있는 변화"라는 기치를 내걸고, 미국 국민들은 이를 받아들여 "믿을 수 있는 변화"에 표를 던져, 오바마는 미국의 대통령이 될 수 있었습니다.

우리나라도 여야 모두가 변해야 한다고 말하는데, 무엇이 변해야 하는지에 대해서는 말하지 못하고 있습니다.

우리 사회에 변해야 할 것이 많지만 무엇보다 교육에 새로운 변화가 있어야 합니다. 교육비를 국가가 부담하는 큰 틀을 짜놓고, 이번에는 대학등록금을 정부가 부담하는 "확실한 변화"가 시행되어야 합니다.

앞으로 국회의원이나 대통령을 뽑는 선거에서 상위 20%의

지지를 받을 정치인은 땜질식 지엽적인 문제 해결로 나갈 것인데, 중산층을 비롯한 저소득층 80%의 지지를 받을 정치인은, "교육비 국가 부담"이라는 큰 틀을 짜놓고, 이번에는 "대학등록금 전액 정부 부담"이라는 기치를 내걸고 정치 생명을 걸어야 한다는 말입니다.

왜냐하면 상위 20%인 부자는 나머지 80%의 국민보다 6배 이상의 부를 누리고 호화로운 생활을 하며 '지금 이대로'를 바라고 있습니다. 이제는 바꾸어야 할 때가 되었습니다.

누가 바꿉니까? 하위 80%의 국민이 전 국민을 위해 대학등록금을 정부 부담으로 바꾸어야 합니다. 잘못된 경제구조는 모든 부담을 전 국민에게 골고루 나누어 부담시키고 온갖 특혜는 부자에게 돌아가게 만듭니다.

이 나라는 자본이 국경을 자유롭게 넘나드는 신자유주의경제 체제에서, 개인부채가 천문학적인 1000조 원에 육박하고, 여기에 국가, 공공기관, 기업부채 등으로 부채천국이 되었습니다. 이로 인해 경제 위기에 아주 취약한 나라가 되어버렸습니다.

대학생들도 등록금 대출로 빚쟁이가 되었고 이로 인하여 졸업도 하기 전에 신용불량자로 전락하고 있습니다. 공부해야 할 학생들이 잘못된 돈벌이에 빠져드는 것도 대학등록금 때문입니다. 이 나라는 빚으로 아주 잘사는 나라처럼 보이게 되었습니다.

교육을 돈벌이로 만든 교육투기군들은 대학교육이란 간판을 내걸고 대학등록금으로 배를 불리고, 그도 모자라 국고 보조로 영화까지 누리니 결국은 이 돈도 국민의 세금입니다.

이로 인해 가정경제는 파탄이 납니다. 빚에 쪼들리고 조용한 세금인 물가고와 인플레에 시달리고, 부자 은행이 저지른 금융위기도 공적 자금 투입으로 결국 국민부담으로 돌려 어려운 살림을 더욱 짓누릅니다. 더구나 세계경제의 위기까지 덮쳐 더욱 혹독한 고통을 받고 살아가는 이들에게 대학등록금은 꼭 정부부담으로 해야 합니다.

대학등록금 때문에 고통받고 있는 가난한 사람들은 부자들의 특혜에 반대하지도 않았고, 이의도 제기하지 않았습니다. 다만 허기진 배를 부여잡고 자식 교육에 모든 힘을 쏟았습니다.

이제 이들의 원한과 고통을 정부가 줄여 주어야 할 시점에 왔습니다. 대학등록금이라도 정부가 부담하면 국가 발전에 놀라운 변화가 일어날 것입니다. 소 잃고 외양간 고치는 뒷북 정치는 우왕좌왕 갈피를 못 잡고 정치 불신과 국가 손해로 치달을 것이기 때문입니다.

대학등록금을 정부가 부담하면,

1. 이제야 정치인이 우리 국민을 위한 정치로 가고 있다고 생각할 것입니다.(정치 후진성 극복)

2. 파탄난 가정 경제가 회복될 것입니다.(모든 국민이 정신을 차림)

3. 많은 사람이 망하는 경제구조에서 망하지 않는 경제구조로 바뀝니다.(신 자유주의 경제 체제에서 해방)

4. 국부 유출이 막아집니다.(고소득자의 호화생활과 명품 소비 제한)

높은 임금이 아니어도 근로자가 살아갈 수 있습니다. 기업이 외국으로 갈 필요가 없어집니다. 임금체계에 변화가 옵니다. 저임금도 문제지만 고임금은 더 큰 문제입니다.

5. 농민이 자립할 수 있는 기초가 됩니다.(실업자 축소 정책)

6. 따라서 건전한 소비문화가 정착됩니다.

7. 일등만 잘사는 세상이 아니고 많은 사람이 망하지 않는 세상이 되어 갑니다.

8. 많이 배운 사람들이 '본전빼기 부정'에서 해방됩니다. 부정부패에 따른 손실이 얼마입니까? 교육에 투자한 돈만 아까운 것입니까?

9. 부자를 백안시하는 풍토가 사라지고 함께 사는 사회로 가게 됩니다. 가난한 자들이 재기하는 기회가 되어서 희망찬 삶으로 바뀝니다. 등록금 국가 부담은 이렇게 사회통합에 기여합니다.

그렇다면 '이런 큰돈을 어떻게 마련할 것인가?' 부자들과 정부는 이렇게 물을 것입니다. 할 마음만 먹는다면 얼마든지 할 수 있습니다. 이것을 하지 못한다면 정치를 그만두는 것이 좋을 것입니다.

신자유주의는 빚진 국민들에게 내핍을 강요하고 이런 복지를 하지 말라고 압박하고, 부자는 반대할지도 모릅니다. 왜냐하면 정부가 신자유주의의 열매만 따가는데 지장이 되기 때문입니다.

그래도 국민이 강력하게 하자고 하면 막을 자가 누구이겠습니까. 식민지 지배자에게 차별과 멸시를 받은 것도 원통하기 짝이 없는데, 같은 국민에게 당하는 차별과 멸시는 없어져야 합니다. 아울러 식민 지배의 잔재도 다 쓸어내야 합니다.

큰 세력에 기대어 자기 이익만 챙기는 것은 식민근성입니다. 국민이 원하면 해야 되는 것이 국가의 책무입니다. 지금 이 나라는 군주제도 아니고 식민지배도 아닌 민주공화국입니다. 국민이 주인의 자리를 지켜서 국민의 요구에 따라 "대학등록금 정부 부담"은 꼭 실현되어야 합니다.

국민이 만들어가는데 누가 막겠습니까?

모든 국민의 눈에 보이는 것이 "확실한 변화"입니다.

확실한 변화는 승리할 것입니다.

"등록금 정부 부담"의 기치를 높이 든 정치인이 승리할 것입니다.

국민은 이런 정치인을 선택할 것이기 때문입니다.

천천히, 경제사정에 따라 반값, 혹은 등록금 일부 부담을 하겠다는 것은, 안 하겠다는 전제가 깔린 미래에로의 도피 수작입니다.

따라서 자기 국민을 멸시하고 무시하는 후진 정치는 국민들이 과감히 분쇄해야 합니다.

(2011년 10월 7일)

가난은 극복되어야 한다

평범한 국민인 우리는 역사적으로 보아 원래 가난했습니다. 나라가 임금님의 것이어서 임금님으로부터 땅을 하사받을 왕족도 아니고 귀족이나 토호도 아니고 전사도 아니었기에 부의 상징인 땅을 차지할 수 없어 가난할 수밖에 없었습니다.

인류의 역사는 수렵시대, 농경시대, 산업화 시대를 거쳐 정보화시대에 와 있습니다. 정보화시대는 사회구조적으로 구시대에 머물러 있는 사람들은 가난할 수밖에 없는 시대입니다. 돈도 정보가 있어야 벌 수 있는데 돈 되는 정보는 위에서 다 차지하고 나눠먹고 있으니, 그 외 사람들은 돈을 벌 수가 없습니다.

한 번 생각해 봅시다. 1억 원을 대출받아 연 5%의 이자를 20년간을 지불했다면 1억 원이 들어간 것입니다. 그런데 1억 원으로 수도권에서 부동산에 투자했다면 20년이면 4배에서

10배의 수익을 올려 4억 원에서 10억 원의 부자가 될 수 있었습니다.

전두환 강압통치가 시작된 지는 벌써 30년이 넘었습니다. 그때 전두환 씨가 5,000억 원을 강탈했다면 이 돈으로 유망 중소기업을 5,000개를 세울 수 있다는 말입니다.

전두환 씨는 노태우 씨에게 얼마를 주었는지 알 수 없지만 노태우는 김영삼 씨에게 3,000억 원을 주었다고 했습니다. 이 돈이 어디에서 나왔는지, 누구의 돈인지는 알 수 없습니다. 다만 그들이 IMF를 초래해서 국민 경제를 파탄내고 국민들을 말할 수 없는 고통 속으로 들어가게 한 것만은 확실합니다.

내가 아파트 28평형을 6억 원에 사서 살고 있다면 나는 6억 원짜리 전세로 살면서 각종 세금 공과금이 따라붙어 부담이 늘어납니다. 그런데 이때 3억 원을 은행에서 대출을 받았다면 3억 원 임대보증금에 월세 150만 원을 내고 사는 셈이 되고 여기에 각종 부담이 따라붙는다는 뜻입니다. 게다가 아파트는 헌 아파트가 되어 가격까지 점점 떨어집니다. 이런 때에 누가 아파트를 사겠습니까. 당연히 전세로 가야 하기 때문에 전세 수요가 많아지고 전세값은 오르고 또 올라갑니다.

여기에 은행은 재빨리 전세자금까지 싼 이자로 대출해주고 있으니 전세금 올라가라고 부채질한 것 아닙니까.

재건축이나 재개발은 경기 하강국면에서는 불가능한 사업입니다. 조합원이 부담하는 사업비(건축비)는 올라가서, 33평 형 아파트를 짓는 데 들어가는 건축비는 54평 건축비를 지불해야 합니다. 고급 아파트는 더 늘어납니다.

아파트 재개발을 하면 그 과정에서 엄청난 비리와 부정이 저질러집니다. 54평 중 21평의 건축비는 발코니, 주차장, 각종 부대 건물 건축비입니다. 그런데 어떤 조합장은 부대건물로 지은 유치원을 상가 것이라고 팔아먹는 백주의 강도질을 하기도 합니다. 그런데도 이 조합장은 그 단지에서 큰소리치고 살고 있습니다.

집값이 올라가면 가난한 사람은 울고 부자는 웃고, 집값이 떨어지면 정부가 집값을 떠받쳐서 못 떨어지게 합니다. 정부가 이런 일을 하다가 손해가 났지만, 거품은 거품이니까 꺼질 수밖에 없습니다.

아파트 건설은 집 없는 사람들을 위하는 사업이 아니고 건설업자를 위한 사업입니다. 그래서 전세 제도가 우리나라에만 있는 유일한 제도입니다. 그러나 앞으로는 월세로 갈 수밖에 없습니다.

일을 열심히 하면 잘 살게 되고 집을 사면 행복할 줄 알았는데, 일을 한 사람은 가난해지고 집을 사서 행복할 줄로 생각한 사람은 하우스푸어가 되었습니다. 참 기가 막힌 현실입니다. 그런데도 도덕군자 같은 말만 하는 분들이 있습니다.

· 나는 돈에 관심이 없다

(이미 돈을 많이 벌었든지 돈에 크게 덴 사람입니다.)

· 나는 돈을 위해 일하지 않는다.

(움직이며 일을 하는 것 자체부터가 돈이 들어가는 걸 무시하는 소리입니다.)

사실 이런 이 말은 부자가 가난한 사람에게 주입시키고자 하는 말입니다. 정말 이 말처럼 돈에 관심이 없게 되면 그 사람은 영원히 가난과 함께 어깨동무할 사람입니다.

돈에 대한 무관심은 부자들 주머니에 돈 들어가는데 지장이 없게 만드는 작업입니다. 이 작업을 가난한 사람이 해주면 부자는 소리 안 나게 함박웃음을 웃을 것입니다. 특히나 가난한 사람들이 부자들 말 듣고 자기가 가난해지는 제도에 투표한 사람이 있는데, 이는 부자가 손 안 대고 코 풀게 하는 일입니다.

이제 가난한 사람들은 부자 지갑에 돈 넣어주는 말도 그만하고 행동도 그만두어야 합니다. 부자가 흘리는 부스러기에 정신 잃은 사람이 되어서는 안 된다는 말입니다.

'주식은 자본주의 꽃'이라는 말이 있습니다. 주식으로 돈을 번 사람들에게는 맞는 말입니다.

그런데 주식 때문에 망한 사람이 얼마인데 꽃이라고 합니까. 이 말을 믿고 주식판을 기웃거리는 사람에게 묻겠습니다.

당신이 무슨 재주로 주식에서 돈을 벌 수 있단 말입니까? 상장기업의 속내를 알고 있습니까? 기업의 30%가 은행대출금도 못 내고 있다는데, 당신이 기업주보다 재무구조나 계획에 대해서는 더 잘 알 수가 있습니까? 그들이 언제 기업을 문 닫게 할지 알고 있습니까? 거짓으로 재무제표 만들고 분식회계하는 것을 얼마나 알고 있습니까? 주식에 대한 전문지식이 있습니까? 전세계를 떠돌며 돈을 쓸어가는 외국인 투자자보다 주식에 대한 오랜 경험이 있습니까? 이들보다 정보에 우세할 수 있습니까?

돈은 결국 정보에 능한 기업주와 외국인에게 가버립니다. 이제는 헛꿈을 깨어야 할 시점입니다. 이렇게 말하면 주식으로 돈을 벌려는 꿈에 부풀어 있는 사람에게는 내가 방해꾼 같이 생각되겠지요.

주식의 공식은 누구나 할 수 있을 만큼 간단합니다. 쌀 때 사서 비쌀 때 팔면 된다고 합니다. 그렇다면 쌀 때가 언제이고 비쌀 때가 언제입니까? 그것을 알면 모든 돈은 당신 것이 됩니다.

그러나 그것을 모르니까 주식해서 폐가망신하는 것 아닙니까. 주식해서 돈 벌 때는 경기가 상승국면에 있을 때입니다. 하지만 이때도 다 돈을 버는 것이 아닙니다.

이때도 기업주가 재주 부리면 당신 주머니는 빈 주머니, 당신은 믿음이 얼마나 좋기에 주식으로 돈 벌려고 하십니까. 무조건 될 거라는 믿음은 두 눈을 감고 믿는 맹신입니다. 누군가 준 정보에 속지 마십시오.

당신과 경쟁관계에 있는 자가 당신에게 돈뭉치 안겨 줄 것이라고는 생각도 마십시오. 종가만 알려주는 정보는 당신더러 주식에 투자하라고 졸라대는 노래입니다. 이 노래에 장단을 맞추면 당신 돈은 날아갑니다.

주식하는 것보다는 안 하는 것이 더 좋고, 한다면 부자들이 배당받는 주식에 투자하는 것이 무방합니다. 하지만 이것도 기업주의 장난이 있다면 안 되는 일입니다.

오늘날의 가난한 사람들은 시간이 지날수록 점점 더 가난해집니다. 부자가 정부와 힘을 합쳐 중산층을 비롯한 서민들의 지갑에 구멍을 뚫고 있기 때문입니다.

돈 맘대로 찍어낼 수 있는 제도를 갖춘 미국에 경제 위기가 왜 옵니까. 경제 위기 때마다 돈 찍어 막는 땜질식 처방이 여러 차례 반복되어, 부자들에게 돈이 너무 많이 간 것이 경제위기 아닙니까?

사실은 이 제도 때문에 미국이 여태까지 호황을 누리고 살았는데, 지금 99%가 가난과 빚, 실업에 시달리고 고통받는다고 소리를 지릅니다. 거짓이 벗겨진 기축통화 달러의 실상이 드러나서 달러 자체가 가치 있는 것이 아니라는 것을 전 세계가 알았다는 것입니다.

미국은 경제위기를 만들고 그 손해와 고통은 전 세계 시민이 분담하고, 그로 인해 생기는 이익은 1%가 독차지한다는 것을 사람들이 알았기 때문에 미국의 고통은 더할 것 같습니다.

빚진 놈에게 빚 갚으라고 하면 또 빚 내서 빚 갚을 수밖에 없는데 누가 빚을 더 줍니까? 세계의 고민이 여기에 있습니다. 누가 돈을 더 내서 경제 살리기를 하는가 서로 눈치만 보고 있습니다. 이때 99%가 지르는 소리, 월가로 가는 길은 세계를 구원하는 발걸음이 되어야 합니다.

문제는 가난한 사람이 자기가 가난한 줄을 모른다는 것입니다. 부자들은 더 가난하게 살았던 시절이나 여전히 가난하게 사는 이들도 있다는 것을 상기시켜 사람들을 가난에서 헤어 나오지 못하게 안착시킵니다.

가난한 사람은 자녀교육을 시킬 수 없기에 가난은 대물림됩니다. 교육을 시킨다 해도 질 낮은 교육은 부자들의 편한 삶을 뒷받침하기 십상입니다.

부자는 가난한 사람이 있기에 행복감을 더 느낍니다. 다같이 부자이면 경쟁만 심화됩니다. 피곤할 것입니다. 가난한 사람들은 자신들이 부자와의 경쟁관계에 있는 자본주의 사회에 살고 있다는 사실조차 모릅니다.

발상의 전환은 가난한 사람이 의식주에 고통이 따르지 않고, 병 나면 치료받고 가난한 사람도 대학교육까지 받을 수 있는 국가 건설에 있습니다.

가난한 자와 부자가 같이 행복할 수 있는 국가 건설이 정치인의 목표가 되어야 합니다. 정치인들이 이렇게 하도록 가난한 80%가 힘을 합해야 합니다. 변화를 만들어낼 수 있는 숫자는 충분한데도 그것이 안 되는 데 고민이 있습니다.

가난한 당신들의 발상의 전환과 용기가 모두가 행복한 세상을 만들 수 있습니다. 혁명은 부작용이 따르고 독재자는 일단 도둑놈 취급을 해야 합니다.

(2011년 10월 17일)

선거에 대하여

선거는 민주주의의 꽃, 선거에 의해 정권이 교체되기도 하고 연장되기도 한다. 혁명은 부작용을 동반하고 국민은 그에 따른 고통을 받는다. 그래서 혁명을 막고 선거를 통해 변화를 이루어내야 한다.

몇 년 만에 돌아오는 선거는 국민들의 유일한 참정권 행사이다. 축제 분위기 속에서 선거가 치러지는 국민들의 잔치가 되어야 마땅한데, 선거를 하고 나면 벌금을 내고 교도소에 가는 사람이 많다. 투표하고 난 뒤에 손가락를 자르고 싶다는 사람들도 많다. 정치인들에게 속아서 투표를 잘못한 손가락이기 때문이다.

어떤 후보도 "나는 부자를 더 큰 부자로 만들고, 가난한 사람은 더 가난하게 만들겠습니다. 국민 여러분들이 더 잘 살 수 있도록 하기 위해 개인부채가 1,000조 원이 넘도록 만들겠습니다."라고 말하지는 않을 것입니다. 그런데 지금까지 정치인들은 결과적으로 그렇게 되도록 만들어 왔습니다.

이런 정치인의 말을 들어줄 사람이 없어서 그런지 요사이는 아예 현장 정치로 찾아가서 말을 하고 있습니다. 또 정책으로 승부를 건다는 말도 있습니다. 그런데 몇십 년 전에 일어난 일을 문제 삼는 것이 과연 정책선거인지 모르겠습니다.

정치인들이 유권자들에게 찾아가서 할 말은 귀에다 소근대는 거짓말이 아니라 우선 용서를 구하는 말이어야 할 것입니다. "여태까지 잘못된 일을 많이 했습니다. 앞으로 고치고 바로 잡겠습니다. 용서해 주십시오." 해야 옳을 것입니다.

특별히 이번 서울 시장 선거는 무상급식 690억 원이 망국적 포퓰리즘이라고 말한 오세훈 시장의 자진 사퇴로 치르는 보궐선거입니다. 당의 공천을 받은 후보자는 당의 정강정책에 따라 복지를 말해야 하는데, 표 얻는 데 필요하다면 무슨 말이든지 해서 거짓말이 될 것 같습니다.

'우리 당의 복지정책은 이렇습니다'라고 정직하게 말해야 정책선거가 될 것입니다. 그리고 '나는 오세훈처럼 하지 않겠습니다'라고 말해야 옳을 것입니다. '빚을 내서 나 자신을 빛내고 홍보하는 일은 하지 않겠습니다. 그 대신 무상급식을 추진하겠습니다'라고 후보자들은 말해야 옳을 것입니다.

선거 때만 되면 사회적 약자를 찾아가고, 자기가 전능자인 것처럼 다 해준다고 하고, 표 얻는 말 같으면 무엇이든 따라 하는 컨닝 정치인, 당선이 되기 위해서는 거짓말이라도 서슴지 않는 이런 정치인에게는 국민들이 욕도 하고 혹독한 비판도 하고 찍어주지 말자고 여론도 형성해야 신나는 선거가 됩니다.

그런데 선거의 당락에 영향을 주는 말이 위법이 된다면 선거 때 골프 이야기하고, 야구 이야기 하고, 주식 해서 돈 벌었다는 이야기만 하란 말입니까.

선거 때 유권자들의 말은 당락에 반드시 영향을 끼치게 되어 있습니다. 그런데 그것을 못하게 한다면, 벙어리로 있다가 투표나 하라는 것 아닙니까. 이렇게 해서 서민들이 속고, 당하고, 선거에서 지는 일이 벌어지는 것입니다.

천사처럼 꾸미고 다가오는 거짓 정치인에게 속아넘어가는 유권자 때문에 선진국으로 가는 길은 막히고 국민들에게 부끄러움과 고통을 안겨 줍니다. 국민을 속이는 정치인은 천벌이나 기다려야 합니다.

이명박 정부의 가장 큰 문제는 빚입니다. 이 정부는 빚으로 장식을 하고 있습니다. 이 빚을 갚는 길을 찾지 못하면 다같이 비참한 구렁텅이로 떨어질 것입니다.

빚진 사람이 스스로 빚을 갚게 하는 조치가 필요합니다. 나는 1,000조 원의 개인부채 상환은 국가가 교육비를 부담하면 개인이 부담할 교육비(사교육비 포함)로 이자도 내고 원금도 갚을 수 있다고 봅니다. 그 많은 교육비를 부담하면서 1,000조 원의 빚을 갚는 것은 불가능합니다.

자기가 사는 아파트를 팔아야 빚을 갚을 수 있는데 집 팔아서 빚 갚아야 하는 사람이 너무 많습니다. 집값이 오르면 그 집을 팔아서 빚을 갚으려고 집을 산 사람들이 그런 사람들입니다. 게다가 집값은 떨어지는데 급격히 너무 한꺼번에 많이 떨어지면 걷잡을 수 없는 경제위기가 올 것입니다. 그렇다고 일부러 집값을 떠받치면 더 위험합니다.

이 대통령이 해야 할 일은 빚진 사람이 자기가 진 빚을 자기가 갚을 수 있도록 만드는 조치를 하는 것입니다. 그 대책으로는 교육비 국가 부담이 최상책입니다. 이것을 위해 정치 인생을 걸어볼 만한 일입니다.

2012년 국가 예산은 어떻게 되었습니까. 또 날치기는 안 하겠지요. 앞으로 누가 정치를 해도 빚 문제가 해결이 안 되면 빚 위에 빚을 더 얹을 수밖에 없습니다. 그러다가 빚을 준 놈이 당장 빚을 갚으라고 으르렁대고 협박하고 위협을 합니다. 더 이상 싼 빚을 줄 놈이 없을 때 두 다리를 뻗고 울어봤자 소용없습니다. 좋은 기업은 헐값에 다 넘어가고 직장도 잃고 고통과 고생만 남을 뿐입니다.

소 도둑 맞고 외양간 고쳐봤자 키울 소가 없습니다. 그나마 소가 있을 때 도둑을 잡아야 한다는 말입니다.

이번 서울시장 선거도 빚을 더 지는 일은 없어야 하고, 복지를 늘려서 개인 지출을 막고 수입을 늘려서 빚을 갚아 나가는 조치를 하는 것이 중요합니다. 바로 이런 일을 하는 시장을 뽑아야 합니다.

빚은 빚진 자가 갚아야 하고, 금융위기는 만든 놈이 물어내는 것이 원칙입니다. 구제금융은 가난한 자를 더 가난하게 만들 뿐입니다.

턱없이 오르는 물가는 인플레의 징조입니다. 동북아에서 경제 위기에 가장 취약한 나라가 우리나라입니다.

정치인은 빚을 갚을 수 있도록 개인 가정 경제에 돌파구를 뚫어야 합니다.

(2011년 10월 20일)

신용과 명성을 팔아서 돈을 버는 사람들

세균이 득실거리는 지하수를 만병통치약이라고 광고를 해서 사람들이 사서 마셨습니다. 한참 먹고 난 뒤에야 만병통치약이라고 해서 먹은 것이, 세균이 기준치의 몇 배가 넘는 먹어서는 안 될 지하수라는 것을 알았습니다. 그럼, 이미 그 물을 먹어버린 사람은 어떻게 해야 할까요.

광고하고 선전해서 지금 사람들이 먹고 있는 다른 식품들이나 약들도 안전한지 알 수 없습니다. 이런 사실을 안 사람들은 어떻게 해야 합니까.

먹어서는 안될 것들을 만병통치약이라고 추천한 놈이나, 선전해서 판 놈이나, 상품으로 만들어낸 놈들은 그대로 놔두어서는 안되는 것입니다.

특히 만들어서 판 놈은 사람들이 죽든지 말든지 나는 돈만 벌면 된다는 아주 고약한 심보를 가졌으니 도저히 용납을 할 수가 없는 것입니다. 또 어떤 놈이 선전하고 추천을 했는지 찾아내서 그걸 추천해주고 받은 돈을 토해내게 하고 그걸 선전한 방송사에게도 엄중한 책임을 물어야 합니다. 단지 만든 놈만 처벌해서는 안된다는 말입니다.

먹어서는 안 될 것을 좋은 먹거리라고 추천한 놈은 이 먹거리를 죽을 때까지 먹도록 하고, 또 그것을 선전한 연예인에게는 그 식품을 제대로 검증하지 않고 선전한 죄를 물어 받은 돈을 토해내고 그 유해식품을 자신도 집에 저장하도록 해야 그들이 지은 죗값을 제대로 치르는 게 될 것입니다.

그런데 정치인들이 잘못 먹어서 토해낸 돈은 국고로 들어가게 해서는 안됩니다. 잘못을 저질러서 생긴 돈이 국고로 들어가면 국가에 수입이 생기게 되므로 이런 일이 되풀이될 것입니다. 따라서 문제가 되는 돈은 그것으로 인해 피해를 입은 사람에게 돌아가야 합니다. 유해식품을 팔아서 번 돈을 토해내면 그 돈은 유해식품인 줄 모르고 먹어서 피해를 본 사람에게 돌아가던지 건강보험료라도 줄여 주어야 할 것입니다.

병원들은 환자로 넘쳐나고 있습니다. 대형 보험사들도 성과급이 넘쳐나고 있습니다. TV는 암보험을 비롯해 갖가지 보험광고로 넘쳐나고 있습니다. 죽어서 받는 보험광고들로 짜증이 날 정도입니다.

죽은 다음에 받는 장기보험은 인플레가 될 수밖에 없는 경제 상황에서는 보험회사에 돈을 거저 갖다 바치는 것이 됩니다. 큰돈을 내고 받을 때는 오히려 푼돈을 받는 상황이 되는 것입니다. 그런데도 이런 장기보험에 든 사람들은 오랜 시간이 지난 후에 자신이 받은 보험금이 지금과 같은 가치를 가진 금액으로 잘못 판단하고 착각을 일으키고 있습니다.

보험광고는 방송사는 선전비를 받고 유명인사와 연예인은 출연비를 받고 끝내서는 안될 일입니다. 보험 광고도 엄중하게 해야 합니다. 국민을 사랑하고 보호할 의무가 있는 유명인사나 연예인은 자신이 광고하는 보험이 가입자를 위험에서 보호하는 장치가 제대로 되어 있는지 확인한 후에 광고도 하고 선전도 해야 할 것입니다.

제대로 확인하지도 않고 따져보지도 않는 보험가입 권장은 고객들에게 큰 손실로 이어집니다. 정부가 이런 일을 방관한다면 자기 이익에만 눈이 먼 보험사와 똑같은 취급을 받아야 할 것입니다.

장기보험에 가입하는 사람들은 대부분 보험사를 위해서 고액의 돈을 받고 일하는 사람들에게 속고 있는 것입니다. 장기종신보험은 돈을 모으는 방법을 모르고 금융지식이 없는 사람들, 투자할 줄 모르는 사람들이 드는 보험입니다. 이런 보험은 들지 않는 것이 상책입니다.

이런 보험에 들라고 광고하는 사람들도 그 일로 받은 돈을 토해내야 할 사람들입니다.

아무런 책임도 지지 않고 돈만 주면 어떤 것이든 가리지 않고 선전을 하는 사람들은 마땅히 대가를 치러야 합니다. 유명인사나 유명 연예인이 자신의 명예와 인기를 돈으로 바꾸는 일은 많이 생각해 보아야 할 문제입니다. 잘못된 정보를 전달하는 대가로 받은 돈은 다시 토해내야 하고, 자신의 신상을 불명예로 더럽히는 일은 이제 그만두어야 합니다. 그리고 보험사들은 더는 이런 보험을 만들지 말아야 할 것입니다.

(2011년 11월 4일)

'힘'깨나 쓰는 놈이 세상을 망쳐

사람의 욕심 한이 없어
내 것은 내 것이고 네 것도 내 것이다
모두가 내 것이다, 살 만한 세상이다
주식 정보 미리 알면 돈 먹기는 식은 죽 먹기
모두 다 내 돈이다

네 것 내 것 싸잡아 내 것 만드는 자
법 위에서 헤엄친다
'역시 힘이 최고다!' 희희낙락이다
그러나 머지않아 법의 바다가 용서치 않는다
법의 바다가 출렁이기 시작한다
파도가 생기기 마련이다, 파도는 봐주는 일이 없다

나쁜 놈, 좋은 사람 구별 없이 치고 달아난다
살아남을 자가 없다
'나는 대통령이다. 파도야, 날 살려라!' 해도
파도는 귀가 없어 더욱 더 높아진다
이 파도에 휩쓸리면 살아남을 자 하나 없다
누구도 봐주는 일 없는 파도여
이 파도만이 공정사회를 만들 것이다

검찰총장이 공정사회를 만든다고?
공정사회 말하는 사람이 공정사회 때문에 다쳐서는 안되지요
차라리 불편한 공정사회 반납하고 상생 쪽으로 피난 가야 안 다친다
어차피 세상은 상생이 좋으니까 지극히 자연스러워
본 사람이 없으니 내가 내 아우를 죽인들 누가 알겠어
가인은 분풀이로 아우 아벨을 죽이고
내가 동생을 지키는 자도 아닌데 염려할 것 없으리
그런데 죽임당한 아벨의 피가 하나님께 제소했다
가인이 날 죽였다고
원통하다! 억울하다! 죽임당할 일 안 했노라
중국에 사지묘라는 사당이 있어
뇌물 가져온 놈이 아무도 모르니 받으시라 했더니

받으라는 뇌물을 받지 않고 이렇게 말했단다
'자네가 알고 내가 알고 땅이 알고 하늘이 안다!'
그래서 사지묘(四知廟)라 했단다

도둑놈이라 드러내준 수사가 원망스러워
사실 그가 우리 편이었는데
이렇게 저렇게 덮고 가리고 해보지만
두 눈 똑바로 뜬 사람들이
'덮었다, 가렸다, 꼬리 잘랐다!' 소리친다
할 수 없는 쓴 카드가 '축소 편파'
그래서 생각한 게 '대가성' 운운
내 맘대로 할 것이니 모두 눈 감고 입 닥치고
가만히 있어
내가 발표하는대로 가만 있어야 우리 편이 살 수 있다
허나 그가 도둑놈이니 같은 편이면 모두 도둑놈
그렇게 돌아가게 하는 것이 몰상식이다
몰상식은 세상 이치를 거꾸로 돌리는 행위
몰상식이 판치는 세상, 참 살기 어려운 세상
몰상식한 자들이 몰상식과 짝하고 부귀영화 누린다

그러나 짧다, 인생은 짧다
결코 오래 가지 못하리니

속히 상식의 세계로 돌아가는 것이 살 길이다
졸속처리 하려는 한미 FTA
제대로 따져보고 내용을 파악해서 상식적으로 처리해야
우는 국민 안생긴다.
온 국민의 생활 달린 FTA
빨리 처리한다고 상 줄 놈 없다
졸속 처리했다가는 큰 재난이 닥친다
누구 체면 따위 지키려고 졸속 처리 웬말이냐
한때 잘못 생각으로 이완용의 뒤를 잇는 매국노가 될 것이다
속히 처리는 애국으로, 심사숙고는 발목잡기
그렇게 몰아대면 우리 대문 활짝 열고 곳간 열쇠 내어준다
몰상식을 몰아내고 상식이 앞장서야
미국이 우방되고 주권국가 회복한다
자기 나라 이익되면 한국은 손해라도 괜찮다는 미국이여

한국이 우방이면 우방다운 대우해야
국제 질서 바로서고, 모두 위해 좋게 된다
불평등조약은 서로 싸우고 죽이는 조약이니
세상 이치 잘 아는 오바마 대통령은
더도 말고 덜도 말고 아는 대로 실천하라
오바마 당신에겐 '역지사지(易地思之)'가 정답이다

(2011년 11월 7일)

윗물이 맑아야 하고,
상식이 통해야 한다

42세의 대한민국 젊은 사나이가 86억 달러(약 9조 6000억)의 한국 최고 부자로 드러났습니다. 이 사람은 태어나자마자 하루에 3억 6,000만 원씩, 한 달에 118억 원씩 재산이 늘어났습니다.

한 달에 200만 원 월급을 받는 사람의 5,900배, 한 달에 비정규직으로 100만 원 월급 받는 사람의 11,800배의 수입입니다. 자본주의는 능력에 따라 잘 벌어서 잘 사는 제도인데 86억 달러를 가진 이 사람은 태어나서면서부터 벌기 시작했으니 이것은 자본주의도 아니고 도대체 무슨 해괴한 경제체제인지 알 수가 없습니다.

해괴한 일은 또 있습니다. 수입이 5,900분의 1이든지, 11,800

분의 1이든지 이들 젊은이는 국방을 의무로 공짜로 군 복무를 하고 제대합니다.

자본주의의 나라인 미국 군대는 지원제로 군대를 가는 것이 다른 직업을 갖는 것보다 더 유익하다고 생각되면 군대에 지원을 합니다.

2, 3년간 군대에서 허송세월해야 하는 것이 싫어서 이 나라의 부자나 권력 실세의 아들들은 군대에 갈 때가 되면 '20살병'이 들어서 군대 안 가는데, 조금 지나면 멀쩡해져서 사회생활을 활발하게 합니다.

사업해서 번 돈으로 비자금을 만들고, 받으면 안되는 돈 받아서 교도소에 가야 할 놈들은 재판을 받을 때가 되면 한결같이 휠체어 신세가 되어서 금방 보석도 되고 사면도 됩니다. 그런데 교도소를 나온 뒤에는 금방 멀쩡해집니다. 꼭 요술 부리는 것 같습니다.

자본주의 사회의 장점은 자유경쟁입니다. 특혜는 열심히 일하는 다른 기업들을 망하라는 행위입니다. 그들이 바로 자본주의를 망치는 것입니다.(이것은 경제파탄의 원인입니다.)

그런데도 이런 일들을 해서 부자가 되고 있습니다. 이렇게까지 하지 않아도 부자가 될 수 있고 최고의 생활을 누릴 수 있는데, 수출해서 번 돈을 비자금으로 떼어내고 수출 장려금으로 공제하고, 이것저것 떼고 나니 대기업이 어떤 중소기업만도 못한 세금을 내는 것입니다.

수출해서 달러를 많이 벌고 있다고 해서 박수 치고 환호하면서 응원했는데, 나중에 알고 보니 국민에게 혜택으로 돌아가게 하는 세금은 쥐꼬리만 합니다.

잘 한다고 손뼉을 친 손이 불쌍하고 창피합니다. 그렇게 많이 벌고도 또 무엇이 부족해서 서로 담합을 해서 물건값은 올려 받고 국민에게 폭리를 취합니다. 과징금을 부과했더니 자신 신고해서 과징금의 100%를 안내고 LG라는 그룹만 50%를 낸다고 합니다.

이건 또 무슨 계산법인지 모르겠습니다. 게다가 자신 신고라니, 감독기관은 그동안 무엇을 했는지 모르겠습니다.

이건 업무 태만입니다. 물건값을 더 주고 산 소비자는 이때도 봉입니까.

자진 신고라는 구멍이 뚫린 과징금은 쥐새끼들이 벌금을 제대로 안 내고 빠져나갈 수 있는 통로를 열어놓는 것에 불과합니다. 그런 구멍을 막아 버려야 합니다.

담합을 했으면 이유 여하를 막론하고 반드시 과징을 내도록 해야 합니다. 자진 신고라는 명목으로 봐 주어서 못 받는 돈은 감독기관 근무자들의 급여에서 공제해서라도 상습범들의 버릇을 고쳐 놓아야 합니다. 그리고 받은 과징금은 소비자에게 돌려주어야지 정부가 가져가서는 안됩니다.

노조 없는 회사 경영은 수치이고 결국은 손해 나는 경영입니다. 썩어가는 회사를 살리는 힘은 노조에서 나옵니다.

힘없는 경비원들이나 청소하는 아주머니들을 무단 해고시키지 말아야 합니다. 그런데 이 나라의 기업은 무슨 원수나 친 것처럼 노조를 대하니 안타깝습니다. 그러면서 기업하기 좋은 나라 만든다고 합니다. 기업하기 좋은 나라는 사람 살기 좋은 나라에 역점이 있어야 하는 것 아닌가요. 사는 데 돈이 필요하다는 이유로 돈을 위해 사는 사람이 되어서야 되겠습니까.

부자들에게 부탁하고 싶습니다. 공무원, 검찰, 언론인, 법조인들을 매수하지 마십시오. 국민을 위해, 공익을 위해 일해야 하는 사람들을 부자를 위해 일하는 사람으로 매수해 버리면, 약하고 힘없는 국민들이 기댈 언덕을 뭉개버리는 것입니다. 절망의 나락으로 밀어버리는 것입니다.

국민들은 정치가들에 대한 평가를 잘 해야 합니다. 박정희 전 대통령에 대한 평가도 보릿고개 하나만을 가지고 하는 외눈박이 평가에서 벗어나야 합니다. 두 눈 똑바로 뜨고 평가해야 합니다.

1963년부터 1979년까지 16년 동안 땅값이 100배가 올라, 부익부 빈익빈의 원조가 박 정권 때였고, 도시 땅값이 너무 올라

수도권 사람들은 불로소득으로 배가 불렀습니다.

사람이 사람다우려면 할 말을 제대로 해야 사람인데 말도 제대로 못하게 막고 자기에게 반대한다고 죽게 만든 사람들은 또 얼마나 많습니까. 옳은 말을 하다가 죽어간 교수와 학생들은 또 얼마나 많습니까. 그 도가 얼마나 지나쳤으면 자기 편끼리 총질을 해서 서로를 죽게 했겠습니까.

여태까지 보릿고개로 밀고 온 세월이 너무나 길었습니다. 그것이 국민이 뇌리에 완전히 박혀 버렸습니다. 이제는 그 생각이 바뀌어야 합니다.

정치인들이 자신과 생각이 다르면 무조건 빨갱이로 몰아붙이는 안일한 태도도 고쳐야 합니다. 언론의 자유를 위한 인류의 희생이 얼마나 컸습니까. 얼마나 많은 피를 흘리고 찾은 자유입니까.

권력자들의 비리나 비위에 거슬리는 말도 할 수 있어야 세상이 깨끗해집니다. 이것을 못하게 하는 정치는 부정부패와 같이 가겠다는 것입니다. 이렇게 되면 나라는 희망이 없는 것입니다. 이런 정치는 민주주의도 아니고 진정한 자본주의도 아닙니다. 그래서 안철수 현상이 일어나는 것입니다.

부자들과 정치인들은 기억해야 합니다.

'월가를 점령하라!'(세계적인 움직임)

‘안철수 현상’ (무능하고 부패한 정치에 대한 반발)

‘쓰나미는 못 막는다!’(일단 일어나면 속수무책으로 당하는 수밖에)

(2011년 11월 14일)

안철수 기부

안철수 원장의 1,500억 원 기부! 돈이 없어 공부할 수 없는 사람들의 장학금으로 사회에 환원했습니다. 신선합니다. 깨끗합니다.

그 소식을 들으니 얼마나 기쁜지 모릅니다. 이런 사람이 대통령 후보로 나온다면 당선되도록 찍어주겠습니다.

대통령 후보로 나올지 안 나올지는 자신이 결정할 문제입니다. 다만 우리로서는 이런 분이 이 나라의 대통령이 된다면 얼마나 좋을까 싶습니다. 그래서 본인이 한사코 사양한다고 해도 이 나라를 위해서 수고해 달라고 부탁하고 싶습니다.

이때에 정당이 장애물일 수도 있고 동반자가 될 수도 있습니다. 같은 기부, 같은 장학금임에도 불구하고 더러운 기부, 더러운 장학금도 있습니다. 기부금으로 내놓았다면 그것으로 끝나야 합니다.

그런데 그 돈을 따라가서 가족이나 친척, 가까운 지인들을 불러들이고 자기가 원하는 사람에게 장학금이 돌아가게 만들어 놓고 거기에 안주한다면 그것은 자기를 위한 기부이고, 더러운 기부입니다.

정몽구 현대자동차 회장은 사회의 필요한 곳에 사용하도록 내놓겠다고 약속한 1조 원을 다 내놓지 않고 있습니다.

온갖 욕을 먹어가며 힘들게 모은 돈이지만 일단 내놓겠다고 했으면 무엇보다 먼저 처리했어야 하는 돈입니다.

삼성은 돈 벌기에는 특출한 것 같습니다. 돈 버는 실적이 TV에 방송이 됩니다. 주식값 올라가기에 안성맞춤입니다. 그런데 외국자본이 대량으로 빠져나갈 때는 주가가 힘없이 떨어지고 맙니다.

삼성은 8천억 원을 들여 장학재단을 만들었다고 합니다. 이것이 자기들을 위한 장학재단, 자기들을 위한 기부가 안되기를 바랄 따름입니다. 이제까지 삼성은 온갖 대형 비리의 선두에서 모범을 보인 기업이라는 것이 김용철 변호사를 통해 잘 알려져 있습니다. 그렇지만 8천억 원을 들인 장학재단은 더러운 재단이 되지 않기를 기원합니다. 더러운 재단은 바로 자기들끼리만 잔치하며 좋아하는 재단입니다.

이번에 안철수 원장의 1,500억 원 기부에는 사람들이 유달리

많은 관심을 보이고 있습니다. 그 관심은 크게 두 가지로 나타나는 것 같습니다.

나도 돈을 많이 벌었으니 기부를 통해 사회에 그 고마움을 표시하면서 앞으로의 인생을 살기를 원하는 부자도 있을 것입니다. 이런 부자들은 더 큰 부자가 되어서 이 나라를 위해서 큰 일을 했으면 좋겠습니다. 그런 뜻에서 이런 부자는 많을수록 좋습니다.

또 다른 부자들도 있습니다. 안철수 원장의 신선하고 깨끗한 기부를 좋지 않은 시선으로 바라보는 부자들도 있습니다. 이들은 이렇게 말합니다. 나에게도 기부하라는 말 같은데 나는 안 할 거야!

이런 사람들에게 안철수는 눈엣가시가 되어 부자들과 정치인들이 동원되어 이러쿵저러쿵 자기 멋대로 찧고 까불고 하면서 마치 그 기부가 잘못된 것처럼 이야기합니다. 자기가 기부하기 싫으면 그만이지, 좋은 마음으로 기부한 사람에게 고통을 주고 모욕을 할 필요가 있습니까.

김문수 씨는, 안철수 원장은 0.1%에 해당하는 부자라고 말합니다. 99:1로 대립하는 사회에서 1%가 아니라 0.1%에 해당하기 때문에, 1%가 나쁘다면 0.1%는 1%보다 더 나쁜 놈일 수밖에 없다는 인상을 심어주는 말입니다.

큰부자일수록 기부를 하면 존경받아 마땅합니다. 부자가 되길 원하고 부자가 되는 것은 나쁜 것이 아닙니다.

큰부자가 큰비난을 받는 이유는 그들이 자신들의 이권을 위해 비자금을 만들고, 정치권으로부터 각종 특혜를 받고, 변칙적으로 이익금을 줄여 변칙 상속을 하고, 공무원을 매수해서 국민들에게 돌아올 몫을 줄이는 데 앞장 서기 때문입니다.

내놓겠다고 약속하고 내놓지도 않고, 내놓는다고 해도 더러운 기부로 내놓는 데는 한 마디 말도 못하면서 안철수 원장의 깨끗한 기부에는 흠집을 내고 물어뜯는 행위는 이 나라를 좋은 나라로 만드는 데 백해무익한 악한 짓입니다.

우리 사회가 옳은 사람이 살아 있을 때 그를 알아보고 그분을 따르고 함께할 수 있으면 얼마나 좋겠습니까. 그렇게 하지 못한 역사에 아쉬움만 남습니다. 옳은 일을 하는 사람을 중상모략하고 죽이는 역사는 끝장내고 죽은 다음에 비석이나 세우고 애도하는 일도 이제 그만두고 살아 있을 때 알아보고 함께 나아가는 나라가 되었으면 참으로 좋겠습니다.

예수에게는 비석이 없습니다. 대신 십자가만 있습니다. 옳은 일을 하는 사람을 억울하게 죽이는 세상은 국민이 함께 고통받는 세상을 만드는 것입니다.

옳은 일을 하는 사람을 알아보고, 옳고 그른 것을 판단해서 목숨 걸고 용기 내서 좋은 세상 만들기에 기여하는 국민이 된다면 얼마나 좋겠습니까.

악인을 돕는 것은 악행입니다. 옳은 사람 따르는 자는 그 자체로 옳습니다. 악행에 함께하기는 쉽습니다, 이익이 동반되기에.

의로운 일에 함께하기는 어렵습니다, 악인의 칼날이 번득이기에.

그래도 세상은 발전합니다, 옳은 것을 향해서.

문제는 복잡한 것 같지만 간단합니다. 죽이는 세력은 악의 편, 살리는 세력은 의의 편!

(2011년 11월 24일)

한 · 미 자유무역협정

한 · 미 자유무역협정으로 한국은 10년간 GDP 5.67%가 증가하고 일자리가 35만 개 늘어납니다. 미국이라는 광대한 경제 영토가 한국의 시장이 되며 더 잘 살게 된다는 장밋빛 전망이 황홀합니다.

한 · 칠레 FTA에서 7년 동안 89억 달러 적자(9조 원이 넘는다).

한 · EU FTA에서 2008년 이후 4년 동안 누적 적자 88억 달러, 이 두 FTA도 시작할 때는 장밋빛 전망이 있었지만 모두가 적자입니다.

이렇게 두 FTA에서 적자가 난 원인을 분석하고 그에 대한 설명이 있어야 합니다. 그리고 국민들에게 그 상황을 알렸어야 합니다. 그래서 이번 한 · 미 FTA는 틀림없이 더 잘 살게 해준다는 것을 보여주어야 할 것입니다. 아무 확증 없는 이명박의 잘 살기는 우리는 싫습니다.

대다수의 국민은, 한 · 미 FTA가 이명박 대통령이 국민의 반대를 무릅쓰고 4대강 공사처럼 벼락치기로 추진하는 것은 옳지 않다는 것입니다.

더 잘 살기보다는 주권자인 국민의 말을 들어주는 것을 더 원했습니다. 오바마의 말보다는 국민의 반대의사에 더 귀 기울이고 재고했어야 합니다.

여태까지 잘 살게 해준다고 하면서 빚이 천문학적으로 늘어나 840조에서 1년 사이에 43조 원이 늘어났고 가계빚의 이자만 연 56조 원입니다. 계속 무역흑자는 났다는데 흑자 난 돈은 다 어디로 가고 국고는 비어서 쓸 돈은 부족하고 빚만 늘어가니, 이 무슨 해괴한 일입니까.

6 · 25전쟁 때 참전했던 터키와 태국의 자연재해에 돈으로 보답하고 위로하는 것은 정이 넘치고 은혜를 잊지 않은 나라로 인정받기에 충분합니다. 누가 나무라겠습니까?

경제대국 일본이 쓰나미 재앙을 당했을 때 갖다 바친 위로금은 독도가 자기네 땅이라는 메아리로 돌아왔습니다.

우리나라는 GDP의 300배가 넘은 이탈리아와 똑같이 불안정한 경제 상태인 GDP 300배의 부채를 안고 신음하면서도, 마치 돈을 주체 못해서 그런 것처럼, 돈으로 하는 체면 유지나 선심쓰기를 하는 것보다는 적은 돈이라도 빚을 먼저 갚겠다는 정부의 의지와 자세를 보고 싶습니다.

앞으로 돈을 잘 벌 것이라고 미리 예상하고 돈부터 써대는 놈 치고 돈 버는 놈을 보지 못했습니다.

믿지 못할 나라, 그렇다고 미워할 수도 없는 나라, 미국! 한국이 믿고 따른 미국은 동해를 일본해로 표기한 일본의 손을 들어주었습니다. 그렇게 편들어 주는 것이 이익이 나기 때문에 그런지는 몰라도 해도 너무 합니다.

애국가의 가사가 첫머리부터 바뀌어야 할 판입니다.

'동해물과 백두산이 마르고 닳도록~'이

'일본해물과 백두산이 마르고 닳도록~'이 되어야 할 판입니다. 우방이라는 미국의 주먹질이 너무 컸습니다. 큰 충격이었습니다.

미국은 원래 자기 나라의 이익을 위해서는 사람을 죽이는 전쟁도 불사하는 피도 눈물도 없는 나라입니다. 그 본색이 한국과 미국의 이익이 첨예하게 대립하는 한 · 미 FTA를 통해 여지없이 드러났습니다. 이런 모습을 지켜보면서 일본과 EU가 웃고 있습니다.

우리도 미국처럼 ISD를 적용하면 이익이 날 것이라고 웃고 있습니다. 이 웃음은 조롱 섞인 웃음입니다. 너무나 슬픈 현실이 아닐 수 없습니다.

미국의 기업들은 자기에게 이익이 되지 않으면 무슨 이유를 들고 꼬투리를 잡아서라도 국제상사분쟁재판소에 제소할 것입니다. 지금까지 그런 방식으로 해왔기 때문입니다.

우리 국민은 최루탄을 맞지 않아도 눈물이요 한숨입니다. 동지섣달 물대포가 아니어도 춥고 떨립니다. 이런 상황에 진짜 물대포까지 등장했으니 이 나라 젊은이들이 너무나 애처롭습니다. 앞으로는 정말 끼니 걱정까지 하게 되지 않을까 염려됩니다.

얼마나 좋았으면 지난 4년간 한 · 미 FTA를 반대하고 시간을 끌던 미국은, 이번에 재협상을 한 후에는 상하원 모두에서 순식간에 통과시켜버렸고, 오바마는 재빨리 사인까지 해치웠습니다.

대박 나는 장사를 누가 마다하겠습니까! 한국은 FTA보다 먼저 저력 있는 나라를 만들어야 합니다.

교육비는 국가가 부담하고, 먹는 것 걱정 없고, 아프면 치료받을 수 있고, 최소한 열평 내외의 임대주택에 언제든지 사회적 약자가 들어가 살 수 있어야 저력 있는 국가입니다. 이렇게 된 후에 FTA를 하면 한국은 위상이 높아져서 지금처럼 웃음거리가 되지 않을 것입니다. 이것을 위해서 모든 정치인이 힘을 합쳐 나가야 합니다. 이렇게 되면 노동자의 저임금도 해결이 되고 빚도 차차 갚아나가게 될 것입니다.

한 · 미 FTA에서 오바마는 국가적 실리를 챙겼고 이명박은 개인이 융숭한 대접을 받았습니다.

국민의 삶의 기반이 담긴 자유무역협정이 대통령이나 한 정당의 국회의원에 의해서 좌우된다면 그것을 누가 용인하겠습니까! 팔 것이 있어야 자유무역이 좋은 것입니다. 팔 것이라고 해야 겨우 자동차와 전자제품! 그건 몇 사람들의 주머니만 불리는 것입니다.

대부분의 국민들과 기업들마저 반대하는 FTA를 왜 기어이 하려고 하는지 그 저의를 알 수가 없습니다. 다만 아는 것은, 이명박 대통령은 모든 국민들보다 내가 무엇이든지 더 잘 알아서 하고 있으니 믿고 따르라고 한다는 것뿐입니다.

정치는 국민을 납득시키는 것입니다. 설명을 하고 동의를 구해야 합니다. 장밋빛 희망으로 시작했어도 적자행진이었던 것을, 이제는 적자가 뻔한데도 장밋빛이라고 합니다.

빚 늘려서 잘 사는 것처럼 보이는 것, 이것 때문에 우리나라가 OECD 국가들 중 가장 행복지수가 낮은 나라에 들고 있는 것입니다.

행복하게 살지 못한다면 부자가 다 무슨 소용입니까, 그것도 정말 지기 싫은 빚으로 이룩된 부자가.

믿을 수 있는 걸 믿어야지, 믿지 못할 미국을 믿고 빚으로 낸 돈까지 갖다 바치고 난 후에 후회한들 무슨 소용 있습니까.

민주주의를 선도한다는 미국은 긴 세월 동안 한국의 독재자를 감싸서 이익을 얻었고 그 대가로 우리는 고통을 당했습니다.

또한 이로 인해 국민 총화에 금이 가서 또 얼마나 많은 손실을 입었습니까.

미국은 자기 맘대로 할 수 있는 한 · 미자유무역협정이 좋을 것이다. 그렇지만 우리는 이렇게 말한다.

"무역은 별로지만 그 앞에 붙은 자유는 우리도 좋다! 한 · 미 자유무역협정은 자유니까 뒤로 미뤄라!"

(2011년 12월 9일)

잘 살려면 빚을 더 얻어야!

이대로 가면 빚을 갚을 수 있을까요? 있습니다.

어떻게? 돈 있는 자가 갚으면 됩니다. 빚 얻어온 자가 갚으면 됩니다.

개인 부채의 이자가 연 56조 원! 엄청난 돈입니다. 일억 원 뭉치 1만 개가 56 덩어리면 얼마나 큰 돈인지 짐작이 갈 것입니다.

돈 벌어서 빚 갚기는 다 틀렸습니다. 이자 내기도 힘들 것입니다. 846조 원 부채가, 1년 사이에 40조 원이 늘어났습니다. 앞으로 얼마나 빚이 늘어날지 알 수가 없습니다.

정부 부채, 공공기관 부채, 지자체 부채, 기업 부채, 개인 부채 등 부채로 온 나라가 가득찰 것 같습니다.

길은 뻔합니다. 돈 되는 것, 좋은 것은 다 팔아야 될 것입니다. 특히 개인 부채는, 오를 것을 바라고 많은 빚을 지고 집을 샀기 때문에? 지금처럼 집값이 떨어지는 때에는 갚을 방법이 없으니 한숨뿐입니다. 집을 팔아야 빚을 갚는데 살 사람은 없고 집값은 한꺼번에 많이 떨어지면 민생 문제가 쉽지 않을 것입니다.

그런데다 이자가 연 56조 원이라니, 경제 위기로 가게 되면 망하는 사람이 너무 많이 생길 것입니다. 죽고 싶어서 죽어지지 않는 지옥! 그래서 스스로 목숨을 끊은 사람들이 많은 것 아닙니까.

지금은 누가 정권을 잡느냐가 문제가 아니라, 여 · 야를 막론하고 어떻게 부채를 처리할 것인가가 문제입니다. 이런 상황에서는 누가 정권을 잡든지 경제 파탄의 위험을 안고 가기 때문에 특단의 조치가 있어야 합니다. 특히 국가 부채를 만든 자들은 정치에서 물러나야 할 것입니다.

정부는 1조 달러(약 1100조 원) 수출을 달성했다고 야단인데 빚은 계속 늘어만 가고 있으니 벌어온 돈들은 어디로 다 갔습니까.

대기업 사장들의 비자금으로 다 들어간 것은 아닐 것입니다.

돈은 일본으로 가고, 미군 치다꺼리, 국방비, 방위비 부담, 무기 구입비 그리고 이자로 다 날아가고, 민자로 건설한 토건 시설, 화려하게 지어놓은 공공시설, 4대강 사업 등 돈 들어갈 구멍이 숭숭 뚫려 있습니다. 부정 부패로 국민의 돈이 줄줄 새어 나갑니다.

기업 하기 좋은 나라가 되어서 실속은 외국 투기 자본이 주식으로, 은행이자 따먹기로 다 챙겨 가고 우리에게는 빈 껍데기만 남았습니다.

높은 빌딩, 호텔급 아파트, 보기 좋고 살기 좋다 합니다. 그러나 그것들이 부채더미로 지은 것이라면 아무리 보기 좋고 살기 좋아도 결코 행복할 수가 없습니다.

국민의 돈이 신자유주의 투기 자본들의 먹잇감으로 돌아가는 경제는 다시 생각해야 합니다. 무엇이든지 크게만 만들면 이들의 먹잇감으로 안성맞춤입니다.

은행도 작게 만들고, 기업도 작게 만들어야 하고, 작은 중소기업을 많이 키워내야 합니다. 국제사회를 무대로 경쟁해야 할 대기업이 국내 중소기업이나 골목상권까지 집어삼키고 계열사 봐주기를 동원해 온갖 방법으로 재산을 늘리기에 여념이 없습니다.

대기업이 수출로 돈 벌기는 앞으로는 더 힘들어지고 원자재 급등 등으로 이익이 별로 나지 않습니다. 게다가 이익이 난 돈은 일본으로 가고, 외국으로 가고, 수출장려금으로 가고, 비자금으로 가서 국민의 몫인 세금은 쥐꼬리랍니다.

앞으로의 경제정책은 국민의 주머니에 돈이 들어오는 정책이라야 합니다. 그것 없이는 빚도 못갚고 생활 안정도 없습니다.

모든 정권이 국민이 살기 힘들어지면 쇠퇴하기 마련입니다. 지금까지는 부채로 막아내고 있었지만 앞으로는 그렇게 하기가 어려울 것입니다.

원조를 하는 나라가 되었다고 하지만, 빚내서 원조를 한다면 우스운 꼴 아닙니까? 집안 단속이나 해 놓고 원조를 하든지 말든지 해야 할 것입니다.

아시아에서 경제 위기에 가장 취약한 나라가 어느 나라인지, 국제 여론이라도 잘 들어보고 행동했으면 좋겠습니다. 이미 잘못된 경제, 빚이 위험 수위를 넘었다는 말입니다.

부자들한테 세금 깎아주고 인심 얻고 돈은 빚내서 쓰는 시대가 되어가고 있습니다.

국회가 파행되면 예산안은 자기들끼리 몇 분만에 날치기 처리해야 합니다. 예산안에 무엇이 들어있는지 모를수록 더 좋습니다. 인심은 혼자 쓰고 욕은 날치기해버린 자들이 그 부스러기들을 얻어먹습니다.

선거가 민주주의의 꽃이라구요? 그런데 꽃향기는 어디 가고 시궁창 냄새뿐입니까. 국민에게 하나뿐인 참정권마저 짓밟고 있습니다.

무상급식 투표 때는 투표하라고 야단법석이더니 서울 시장 선거 때는 투표 못하게 투표소를 옮깁니다. 그래야 이긴답니다. 가뜩이나 보궐 선거 때는 투표율이 낮아서 문제인데 투표하지 말아야 선거에서 이긴다니, 별스런 선거도 다 있습니다. 그렇지만 시민들은 그럴수록 투표를 했고 그들을 패배시켰습니다.

민심은 떠날 곳만 찾고 있습니다.

정치의 목표가 수단 방법 가리지 않는 부당한 투표를 해서라도 정권 연장하는 것이 되어버렸습니다. 자나 깨나 승리가 목표이니 선관위 공격도 불사하고 온갖 부정한 방법을 다 씁니다. 이러니 정치가 비틀어질 수밖에 없습니다.

4년짜리 5년짜리 단기계획으로 자기들끼리 국회의원, 대통령 다시 해먹을 수만 있으면 그만입니다.

국가의 백년대계 장기계획은 세울 필요가 없습니다.

투표에 승리하기 위한 꼼수는 가지가지입니다.

온갖 부정부패 조사는 오래 끌고 가면서 가리고 덮고 한 뒤에 대가성이 없다고 하면 종결됩니다. 그런데 몇 푼 안 되는 야당 정치자금 조사는 벼락치기로 번갯불에 콩 구워 먹습니다.

사법부가 무죄로 판명을 해도 기어이 참기 어려운 고통 속으로 몰아넣습니다. 저들은 수단 방법 가리지 않고 오직 이기는 데만 골몰합니다. 속임수, 거짓말, 국민 돈으로 생색내기, 귀에다 대고 거짓말 소근대기, 지킬 수 없는 거짓 약속, 이런 모든 것들이 이 나라를 좀먹게 만들고 고통 받는 사람은 따로 있고 선량한 국민만 골탕 먹습니다.

왜 이런 일이 일어납니까? 모든 권력 기관을 장악했으니 이들이 부정과 부패 모든 불의를 행하더라도 별일 없이 통과될 것으로 생각하고 있기 때문입니다. 이것은 희생양이 된 자들이 깊이 다시 생각해야 할 것입니다. 자신을 위해, 국가의 장래를 위해 백해무익한 행동입니다. 세상이 달라졌습니다. 그런 꼼수는 이제 먹히지 않습니다!

요즘 정치를 그만두어야 할 사람들이 제2창당을 한다고 시끄럽습니다. 그들은 여태까지 온갖 부정에 동참해서 그 피해는 이미 국민들에게 다 돌아가고 있습니다.

내가 국회의원이 되고, 우리 패거리가 정권을 잡고, 대통령이 되는 데 목표가 있었기 때문에 정치가 잘못된 것입니다. 피 흘려 이룩한 민주주의를 파괴하고 좋은 대북정책을 무효화해서 겨우 얻은 것은 천문학적 국방비, 무기 도입비입니다.

좋은 정치는 민주주의를 바로 세우는 것입니다. 좋은 대북정책을 복원하는 것입니다. 사회적 약자가 먹고 자고 치료받고 교육받을 수 있게 하는 것입니다.

그래서 최소 10평 내외의 임대 아파트는 언제든지 누구든지 들어갈 수 있어야 합니다.

교육은 국가 책임으로 해야 합니다. 이 목표를 향해 가야 저력 있는 국가, 세계가 주목하는 국가가 됩니다.

헌법이 보장한 행복추구권이 실현됩니다. 이런 정치는 정치인들만으로는 안됩니다. 국민과 함께라야 됩니다. 그렇다면 모든 정보가 공개되어야 새로운 아이디어가 나올 수 있습니다.

공부는 내 돈 내고 하고, 국방의 의무는 공짜로 지우고, 아무 혜택도 돌아오지 않는 세금을 누가 기쁜 마음으로 내겠습니까. 대학 나오고 직장도 없고 저임금에 시달린다면 당신들은 어떻게 하겠습니까?

노동자는 일을 할 수 있어야 합니다. 일하지 않는 노동력은 전기와 같이 저장할 수 없어서 소멸됩니다. 이런 손실이 너무나 많습니다. 일하면서도 저임금에 시달리니 살맛이 나지 않습니다.

최근에 도둑놈들이 거저 돈 먹는 것 보고 당첨될 수 없는 확률인데도 복권사기에 사람들이 붐비고 있습니다. 이런 미친 국민이 많으니 문제라고요? 그런 소리 마시오! 그 말이야 말로 미친 소리입니다. 국민을 미친 짓하게 만든 정치가 진짜 문제입니다! 그것이 다 날마다 TV에서 선전하는 당신들 말을 듣고 하는 짓들 아닙니까!

요사이 법 가지고 먹고 사는 사람들이 큰 도둑놈과 친한 것 같습니다. 하느님 뒤에 숨어서 하느님 노릇 하는 사람이 큰 문제입니다. 서민들을 위한다는 사람들 때문에 서민들이 더 추워집니다. 잘 살기 위해 갚기 어려울 만큼 큰 빚을 많이 져서 문제입니다.

누가 빚으로 좋은 집 못 짓겠습니까. 문전옥답 날린 것도 빚 때문입니다. IMF 때 좋은 기업들을 돈 몇 푼에 넘기는 것을 보지 않았습니까. 이번 개인 부채는 돈 되는 기업 팔기에 딱 맞습니다.

아무리 노력해도 잘 살기 어려울 것 같습니다. 우선은 빚내서 쓰니까 괜찮은데 앞으로는 참담할 것입니다. 이명박 대통령께 부탁입니다.

빚 놔두고는 죽을 지경이니 자꾸 빚만 지라고 하지 말고, 빚 진 사람이 빚 갚는 방법까지 알려주시오. 그것도 해봐서 알 것이니.

(2011년 12월 16일)

정치의 소용돌이

각성한 시민의 한 표가 부도덕한 정권을 강타했습니다. 당대표가 물러나고, 정당인이 탈당하고, 총선 불출마 선언하고, 최고위원 사퇴하고, 재창당 수준을 뛰어넘는 개혁도 서슴지 않을 만큼 각오가 대단합니다. 당명까지 바꿀 각오입니다. 무엇을 위해서 그럴까요?

이런 말이 나온 상황에서 정치가 소용돌이치지 않는다면 오히려 이상하지 않겠습니까. 당연히 올 것이 온 것입니다. 어떻게 받아들이느냐가 문제가 되겠지요. 이런 정치 소용돌이는 정권 재창출의 목표가 있다면 크게 잘못된 정치일 것입니다.

코미디나 쇼가 아니라면 우는 사람이 금방 웃을 수가 없기 때문입니다. 서러워 우는 사람이 다시 웃으려면 시간이 걸립니다. 그런데 이 시간을 생각하지 않는 정치는 우는 사람을 억지로 웃게 만들려고 합니다. 국민의 마음을 읽지 못하고 우는 국민을 향해서 자꾸 웃으라고 강권하는 것과 다름없습니다.

우는 국민이, 성난 국민이 웃으려면 왜 시간이 필요할까요? 우선 잘못한 것을 사과하고 앞으로는 다시는 이런 일을 하지 않겠다고 다짐하고, 그것을 실제 행동으로도 보여줘야 합니다.

2012년 예산부터 바로잡겠다고 말하고 바로잡힌 예산 집행이 되어서 온기가 추운 사람에게까지 가게 하려면 상당한 시간이 걸리는데, 이것을 생각하지 않는 정치는 더 큰 소용돌이에 휘말리게 되든지 아니면 주인인 국민들이 매운 주권 행사를 하게 될 것입니다.

단지 불우이웃 돕기 차원으로 연탄 몇 장 갖다 주고 쌀 몇 포대 갖다 주는 맞춤형 복지로는 안됩니다. 또다시 표 얻는 데만 포커스가 맞춰지면 국민을 위한 정치는 불가능합니다. 표를 얻는 순간 정권은 연장되고 또다시 국민들은 정권의 시혜가 아니면 살아가기 어려운 신세가 될 것입니다.

내 나라는 자랑스런 대한민국입니다. 인권이 보장되고 의식주가 걱정 없고, 교육과 의료는 국가가 책임지는 나라, 대한민국 국민이면 누구나 이런 국민의 권리가 보장되는 나라가 되어야 합니다. 그러려면 근본적인 변화가 있어야 합니다.

1. 민주주의를 실현하여 사회적 약자가 주인 대접받는 '국민을 섬기는 정치'를 만들어야 합니다. 국민을 주인으로 섬기는

정치는 최소한 먹고 자고 치료받고 자식 교육은 누구나 시킬 수 있게 하는 것입니다. 그래야 사회적 약자가 다시 일어설 수 있는 희망이 있습니다. 희망은 삶입니다. 좌절은 죽음입니다. 사람은 누구나 똑같습니다. '같은 사람 정치'가 실현되어야 합니다. 차별하고 특혜를 주는 정치는 민주주의를 망칩니다.

2. 부채 공화국에서 속히 빠져나와야 삽니다. 높은 빌딩, 호텔급 아파트, 외제 고급 승용차 보기 좋고 살기 좋고 뽐낼 만합니다. 마치 온 나라가 다 잘 살게 된 것 같습니다. 하지만 그것이 다 빚이라면 이야기가 달라집니다. 빚으로 만든 부자는 아무리 화려해도 모래성입니다. 짐은 지고 걸어갈 만큼의 무게를 넘으면 지고 가는 사람까지 넘어지게 만듭니다. 빚 때문에 있는 것까지 다 날리게 됩니다.

개인 부채는 이미 위험 수위를 넘어섰습니다. 정치인들은 대책을 세워야 합니다. 급합니다. 연 56조 원의 이자를 지불하기에는 너무 힘들고 여기서 더 가면 곤란합니다. 국민 생활 안정 없는 정권은 자연히 붕괴될 것이 확실합니다. 하루 빨리 신자유주의에서 빠져나올 대책을 세워야 합니다.

3. 대북 강경책은 미국이 바라는 정책입니다. 미국은 남과 북이 으르렁대면 말리는 척하고 가까워지면 떼어놓으려고 꼼수를 부립니다. 미국은 자기 이득 챙기는 데만 관심이 있습니다.

미국을 믿다가는 사람노릇 하기 힘듭니다. 비인간화 됩니다.

평택 기지는 무엇이고 방위비는 왜 부담하고, 돈은 주면서도 사람 대접은 못 받는 SOPA 규정, 사용한 기지의 토양 오염 처리, 공정 가격 없는 무기 구입, 내년 예산에는 14조 원의 무기 구입비가 들어가 있습니다. 돈 들어갈 구멍이 너무 크게 뚫렸습니다. 이러고도 빚 없이 잘 살아갈 수 있다면 기적 중의 기적일 것입니다.

전쟁은 예방이 중요합니다. 평화는 인류가 실현해야 할 과제입니다. 튼튼한 국방이 되었다는 말은 전쟁준비가 다 되었다는 말도 됩니다. 준비가 되었으니 시작하면 전쟁입니다. 전쟁을 막는 정치인이 필요합니다. 아니 전쟁 자체를 없애야 합니다. 앞뒤가 다 막히면 불장난이 일어날지도 모릅니다.

4. 사람 대접 받고 일하는 사회를 만들어야 합니다. 우리가 먹고 입고 쓰고 하는 돈 들어오는 일은 노동자가 합니다. 1조 달러 수출도 노동자의 손으로 이룬 것입니다.

일을 하는 사람이 신바람이 나야 일을 더 잘하게 됩니다. 그런데 기운을 북돋워주지는 못할망정 기진맥진한 상태에서 억지로 노사가 합의한 뒤 가혹한 처벌과 보복이 뒤따르고 있습니다.

이제는 서로가 보듬어 안아야 합니다. 합의 사항은 뒤로 끝없이 밀리고 노동자들이 다 죽은 다음에나 이행될지 알 수가 없습니다. 이미 너무 많은 노동자들이 죽어 나가고 있습니다.

5. 대통령은 눈을 국민에게 돌려야 합니다. 50대 기업에서 주인된 국민에게도 돌려야 합니다.

· 법으로 먹고 사는 사람들은 큰 도둑놈하고 친하면 안됩니다. 같이 나누어 먹는 꼴이 되기 쉽습니다. 실세 재판은 죽은 게 발 놀리기입니다.

· 정치인이 4년, 5년짜리 계획 가지고 다음 기회만 노리는 일을 해서는 안됩니다. 국가는 백년대계가 필요하고, 국민은 노리갯감이 아닙니다.

· 대기업은 노동자를 기계 취급해서는 안됩니다. 기계를 돌아가게 하는 것이 노동자입니다. 사람입니다.

· 국민을 우습게 보는 정치는 끝장을 내야 합니다.

국민을 우습게 보는 것은 국민이 우습게 보였기 때문입니다. 이제는 '국민이 주인하기'입니다. 주인 대접을 받아 보면 얼마나 행복한지 그때에 알 것입니다.

우리는 국민을 주인으로 섬기는 정부를 원합니다. 잔꾀를 부려 정권 재창출이나 정권 연장을 도모하는 정당은 사라져야 합니다. 아니 국민의 힘으로 처절하게 퇴출해야 합니다. 슬피 울게 만들어야 합니다. 이제까지 못된 짓 했던 자들이 웃음을 그치고 땅을 치며 울게 만들면 국민들이 춤을 출 것입니다. 그것이 대동춤일 것입니다. 물론 노래도 뒤따르고 한 잔 술도 이때 마시면 꿀맛일 겁니다. 이것이 국민의 희망일 것입니다.

(2011년 12월 22일)

제2부

이제 마지막이다

이제 마지막이다

십자가상에서 인간이 받을 수 있는 구원은 이것이 마지막이다. 함께 십자가에 못박힌 두 사람도 예수를 욕하더라(막, 마태)

한가운데 있는 십자가에는 예수가 달리고 양쪽에 있는 십자가에서는 두 강도가 달려서 욕을 한다. 온갖 욕설과 비방이 예수에게 집중되었다. 지도자들이 하는 대로 앵무새처럼 '네가 하느님의 아들이라면 자기나 구원해 봐라'라는 요지다. 병정들도 네가 유대인의 왕이라면 너나 구원하여 보아라. 강도들도 '십자가에서 너도 내려오고 우리도 살려봐라.' 구경꾼으로 백성들은 서서 바라보고 있었다.

자기를 십자가에 매단 자들을 향해 예수는 아버지께 용서해 주시라고 했다. 저들은 저들이 무슨 일을 하는지를 알지 못한다고 했다.

십자가의 고통으로 얼마 안가면 죽을 것인데 예수를 향한 사람들의 분노가 극에 달했다. 한마디의 대꾸조차 없었기에 더욱 큰 분노가 폭발한 것 같다. 이런 일이 우리가 사는 이 땅에서 늘 보는 일인 것 같다.

그런데 함께 욕했던 한 강도는 온갖 비방과 욕을 하면서 '너는 그리스도가 아니냐. 너와 우리를 구원하여 보라'고 한다. 다른 강도는 '똑같은 처형을 받고 있는 주제에 하느님이 두렵지도 않느냐, 우리는 우리가 저지른 일 때문에 처벌을 당연히 받을 뿐인데 이분 예수는 아무것도 잘못한 것이 없다'고 말한다. '아무것도 잘못한 것이 없는 예수님 주님나라에 들어가실 때 나를 기억해 주십시오'라고 한다.

예수는 말한다. 주님 나라에 들어갈 때보다 더 빨리 오늘 너는 나와 함께 낙원에 있을 것이다. 낙원이 살아있는 사람이 누리는 곳인지 죽은 사람이 누리는 낙원인지는 각자에게 돌아가는 질문이다.

살아있을 때의 누리는 짧은 낙원은 죽은 뒤에도 누릴 것이다. 살아 있을 때 낙원을 누리지 못한 한, 강도는 영원히 강도로 생을 마감하고 영원한 강도다. 내가 간절히 바라는 것은 오늘 예수와 함께 낙원생활을 누리고 이런 생이 영원히 이어지는 영생을 다 누리시기를 바란다.

영원한 생명을 예수와 함께!

오늘 예수와 함께 낙원에 있는 이 사람이 어떻게 해서 예수가 아무것도 잘못한 것이 없다는 것을 십자가상에서 숨이 떨어지기 전에 알 수 있었을까가 문제이다. 예수의 최후 장면을 주의 깊게 의문이 풀릴 때까지 여러번 읽어 보기를 권한다. 잡혀서 십자가에서 숨을 거두실 때까지의 성서를 읽어보라는 것이다.

예수는 하시는 일이 많았다.

그런데 그에게는 아무런 잘못한 것이 없다는 것은 하는 일 모두가 좋은 일 옳은 일 사랑이 전제된 일만 했다는 말이다. 인간이 예수님께 대한 최대의 찬사는 "예수는 아무런 잘못한 것이 없다"는 것이 아니겠는가. 어디에서 이런 말이 나왔을까? 하기야 예수를 처형했던 백부장도, 일거수일투족 예수 움직이는 것을 놓치지 않고 감시했던 그도 예수는 의인이었다고 하지 않았는가?

인간은 잘못하고 깨닫고 뉘우친다. 바울은 의인은 없나니 하나도 없다고 했으니 모든 인간이 잘못하고 있다고 본 것 같다. 로마의 황제까지도 죄인!

강도가 예수에게 욕을 하고 다시 예수는 아무것도 잘못한 것이 없다고 했다. 사람의 일상이 다 이런 것 같기도 하다.

그런데 나는 강도가 아니어서 그렇지 않다고 말한다. 나는 아예 잘못한 일이 없으니까 그렇지 않다는 것이다.

사실은 모두가 잘못을 하면서 살아가고 있다.

이 강도와 같이 잘못(욕)을 해놓고 깨우치고 뉘우치는 것이 사람이다.

잘못이 없다는 강도는 그대도 죽어 영원한 강도가 되었다. 그러나 잘못을 깨달은 강도는 죄 없는 자만이 다른 사람의 잘못한 것을 용서할 수 있다고 생각해서 인생의 마지막이 바뀐 것 같다. 예수가 자기를 십자가에 못 박은 자들을 용서하는 것을 자세히 본 것 같다.

십자가에서 일어난 사건을 잘 생각해 보시면 신앙에 큰 도움을 얻고 힘을 얻을 것입니다. 성서에서 삶의 힘을 얻는다는 것은 최고의 행복입니다.

내가 특별히 마음씨가 좋아서 또는 내가 좋은 사람이기 때문에 남을 용서하는 것이 아닙니다. 나도 잘못할 수 있는 사람이기에 내가 용서를 해야 합니다. 내가 용서함으로써 용서를 받을 수 있기 때문입니다.

용서가 없는 곳이 생지옥!

용서 속에 숨어있는 사랑이 있는 곳이 천국입니다.

용서 받는 길이 있기에 인간이 웃고 살 수가 있습니다.

웃고 사는 세상은 평화를 만듭니다.

자기가 죽어, 남을 살리는 예수님의 모든 행동에는 그 밑바닥에 사랑이 깔려 있습니다. 잘못하고 사는 인간에게 자기를 십자가에 못 박는 자까지 용서하시는 예수님, 우리는 이런 예수를 따르기에 행복을 누리고 살 수 있습니다. 감사하신 하느님! 잘못한 것 때문에 사람이 불행합니다. 잘못하고도 용서받는 길을 보여주신 예수는 사람이기에 더욱 그 일이 빛납니다.

(2012년 1월 5일)

보이면 끝이다

물고기 눈에는 물이 안 보인다. 사람의 눈에는 공기가 안 보이고 정치인의 거짓말이 안 보인다. 부자들의 생각이나 그들의 음모도 알기가 어렵다. 그래서 가난한 사람들은 부자가 주는 작은 것에도 감사하고 잊지 못한다.

세상에 가난한 자가 왜 생기는가. 매몰찬 경쟁사회에 뒤처지고, 안 만났으면 좋을 사건을 만났기 때문이다. 부모님을 일찍 여의거나 병들거나 천재지변으로 농사가 안 되거나 사업 실패가 가난을 몰고 온다. 사기를 당하거나 집에 불이 나서 하루아침에 가난의 나락으로 떨어지기도 한다. 오랜 소송에 휘말려서 재산을 탕진하기도 하고 전쟁이나 흉년으로 가난해지기도 한다.

예부터 가난한 놈 뒷감당은 나라도 못한다는 말이 있고, 가난한 사람은 이유 없이 무시당하고 미움 받는 경우가 많다. 누가 이런 가난을 원하겠는가마는 원치 않아도 세상에는 가난한 자가 존재하기 마련이다.

정치는 가난을 없앨 수도 있고 만들 수도 있다. 잘못된 정치는 엄청난 가난을 만들 수 있다. 지금 우리가 사는 사회는 무자비한 경쟁사회다. 그 경쟁에서 뒤쳐지면 엄청나게 빠른 속도로 가난의 나락으로 떨어진다.

반대로 경쟁에 앞선 사람들은 온갖 특혜를 받으며 하루아침에 부자가 된다. 주식에 정보라는 특혜를 받으면 돈벌기가 그렇게 쉬울 수가 없다.

그러나 정보에 뒤지고 특혜를 받지 못하면 망하는 건 시간문제다. 경제가 초 단위로 움직이는데 이 속도를 따라잡지 못하면 뒤쳐질 수밖에 없다. 농업에는 일년 쌀 보리 농사 횟수가 1, 2회뿐이고, 축산업은 2년에 한 번, 그러나 상업은 한 달이면 수십 번 자본이 회전한다.

공업은 대단위 생산으로 시간마다 움직이고, 자본가의 주식이나 돈은 초 단위로 움직여 자본을 증식시킨다. 자본에는 국경도 없어서 자유자재로 들고난다. 자유주의를 넘어선 신자유주의다. 제멋대로다! 순진한 사람들이 그런 고약한 제도에 걸려들기란 아주 쉽게 되어 있다.

선진국을 본떠서 잘 살기 위해, 삶의 질을 높이기 위해, 부자들의 편한 삶을 위해 만드는 대형 시설, 빌딩, 아파트, 대형 토건사업, 신공항사업 등에 집어넣기 위해 빚을 얻어오면 그 그물에서 빠져나오기가 어렵다. 능히 갚을 수 있을 만큼 싼 이자로 얻은 빚은 좋은 빚이요, 도저히 갚지 못할 빚, 무턱대고 쓰게 만드는 빚은 나쁜 빚이다.

이 빚에서는 헤어 나오기 어렵다. 나쁜 빚은 국민의 뼛속에서 나오는 기름까지 빼내고 땀범벅 등짝에 소금꽃이 피도록 고생을 시키다가 나중에는 나라의 쓸 만한 기업, 이익이 되는 기업들을 헐값으로 넘기고, 그 다음에는 민자 유치로 국민 부담을 크게 늘려 죽지 못해 몸부림치다, 잠 못 자고 고민하다 자살로 이어지게 만든다.

이렇게 만드는 정치는 나쁜 정치다. 지금 정치권에서 일고 있는 소용돌이는 나쁜 정치의 결과로 불어닥친 것이다. 나쁜 정치는 그만두고 새로운 정치를 해야 한다는 신호이다. 그런데 정치인들은 정권 재창출과 정권 연장에만 골몰한다. 여당으로 야당으로 가서 정치를 시작하고 야당은 국민을 위한 나라, 나라다운 나라를 만드는 정치를 해야 한다.

요사이 돈 장사하는 은행이나 고급 관료, 정권 실세의 비리 부정이 빈번하게 밝혀지고 있다. 단위가 너무 커서 억대 이하는 무시하고 지나갈 정도다. 누구든 먼저 주워 담는 놈의 것이 되는 도떼기시장이다. 법으로 먹고 사는 사람이 이런 큰 도둑놈들과 친하면 안 된다. 똑같은 도둑놈이라는 오해를 받는다.

그런데 때론 "죄 없는 사람을 죄 있는 사람으로" "죄 있는 사람을 죄 없는 사람으로" 만드는 법으로 먹고 사는 사람은 고속 승진을 노리거나 돈을 노린다고 국민들은 알고 있다.

실세들의 재판은 느린 거북이 걸음, 진상이 흐려질 때까지, 그 사실이 잊혀질 때까지 미루고 또 미룬다. 한 걸음 뗄 때마다 속시원하게 처리할 수 없는 것은 눈치 볼 데가 많아서 그런 모양이다. 이런 법관은 대학에서 법 공부를 한 것이 아니라 눈치과, 아부과를 공부한 모양이다. 한 번 먹어 버리면 토해낼 수가 없는 돈, 과하게 먹은 술보다 훨씬 독하고, 소화제 활명수를 먹어도 시원하게 소화가 안 되는 돈! 그래서 사람은 돈은 먹어서는 안 되고 밥을 먹고 살게 되어 있는 것이다.

정치에 실패한 것 같지만, 인생에 승리한 김근태 선생의 생은 얼마나 위대하고 빛나는가! 그러나 그를 고문한 자는 목사가 되고 개짓거리를 해도 그 인생은 고통과 고민으로 가득 찬 인생이리라. 남을 억울하게 했다면 그 메아리가 반드시 기다리고 있다는 걸 잊지 말아야 한다. 나 때문에 억울한 사람이 없어야 하는 것은 말할 것도 없고 나로 인해 단 한 사람이라도 행복해질 수 있다면 행복한 인생이 아닌가!

지금 세계는 달라지고 있다.

사람의 눈에는 여전히 공기가 보이지 않는다. 그러나 가난한 사람들에게 때를 따라 바꾸는 정치인의 거짓말은 볼 수 있게 되었다. 부자들의 호화로운 생활도 보게 되었다.

전후 독일의 신용조합 운동가 라이파이젠은 가난한 사람이 자신이 가난하다는 걸 느끼는 운동을 먼저 시작했다. 부자 친구의 집에 가난한 사람들을 버스로 싣고 가서 그들이 어떻게 생활하고 있는지를 낱낱이 보여주었다. 자기가 웬만큼은 살고 있다고 생각하는 사람들에게 자신의 생활이 부잣집 개만도 못하다는 걸 깨닫게 해서 가난 퇴치 운동의 하나로 신용협동조합운동을 시작한 것이다. 가난한 사람들이 자신의 가난을 느낀 것은 부자들의 호화로운 생활상을 보았기 때문이었다.

그리고 그들은 일어섰다. 다 같이!

정치인의 거짓이 눈에 보이고 부자들의 호화로운 생활이 눈에 들어오면 가난한 사람들은 일어선다. 가난한 사람들이 거짓말 정치인 몰아내고 우리도 사람답게 살도록 하라고 정치인에게 요구한다.

우리가 편하게 먹고 자고 병들면 치료 받고 정부의 교육비로 아이들 교육시키게 하라고 말한다. 이것은 충분히 할 수 있는 일이다. 만약 할 수 없다면 정치를 그만두는 것이 좋다. 할 수 있는 정치인은 얼마든지 있기 때문이다.

(2012년 1월 13일)

주고 받기를 제대로!

사람의 욕심은 끝이 없는 것 같다. 가지면 가질수록 더 갖고 싶은 것 같다. 가난한 사람에게는 주지 않는다. 그들에게 주면 똥밖에 나올 것이 없다. 배가 고프니까 먹는다. 먹으면 나오는 건 똥뿐이다.

그러니 누가 가난한 사람에게 주려 하겠는가!

부자에게 주면 갈비 세트도 오고 바닥에는 돈도 깔려 있다. 그래서 일단 권력이나 돈은 잡아놓고 볼 일이다. 그래서 세상이 잘못됐다.

요사이 '받은 돈' 때문에 세상이 시끄럽다. 준 놈은 '뿔테 안경남' 국회의장 비서라고 한다. 수사기간이 꽤 길어지고 있는데 계속 이런 소리만 반복된다. 그래도 이 정도면 양호한 것 같다. 덮고 가리고 뭉개고 길게 끌어야 할 것인데, 이 정도로 밝혀내면 잘 한고 해야 하나? 알 수가 없다.

고승덕 의원만 돈 봉투를 받았다면 그 많은 쇼핑백 속 노란 돈봉투는 다 어디로 갔을까. 또 돈 준 놈은 누구일까.

심부름꾼조차도 못 잡는 검찰! 한 사람도 그 노란 봉투를 받았다는 사람이 없으니 이 사람들의 뼈를 깎는 개혁이나 거짓 없는 모습을 찾을 수가 없다. 그동안 하도 많이 뼈를 깎아대서 더 깎을 것이 없겠으니 뼈는 그렇다고 치고, 그 많은 노란 봉투 중 하나라도 받았다고 나서는 사람이 없으니 개혁도 좋은 정치도 더 이상 기대할 것이 없다. 거짓을 덮어서 이익을 챙긴 많은 사람들의 똑같은 수법 같기도 하다.

받은 놈이 받았다고 말 못하는 이유는 수사관의 묘기로, 똑 불거진 고승덕 의원만 퇴치기로 당하면 먼저 말한 놈만 피해를 볼 것이니, 버티는 데까지 버티면 묘수가 나올 것이라고 생각하기 때문인 것 같다. 어서 속히 말하는 것이 좋을 텐데! 더 버티다간 정중앙이 뒤집힐 것 같은데!

이 모든 문제는 정치인들이 주고받기를 제대로 못 했기 때문이다. 모두들 앞서 모범을 보이신 전직 대통령을 본받은 모양이다.

· 부정선거 때문에 일어난 4 · 19의거로 하와이로 쫓겨난 이승만

· 독재가 고착화한 단계에서 자기 사람의 총탄에 맞은 사람

· 돈 먹다가 들통나 결국 토해내는 대통령

· 삶의 질을 높이고 역사를 바로 세운다더니 전 국민을 IMF의 고통 속으로 밀어넣은 대통령

· 친인척 비리에 시달리는 대통령

· 기득권 관료들의 공격과 권력 실세들의 압박으로 죽어간 대통령

이명박의 치적은 1년 후에 나타난다. 깨끗하지는 못할 것 같다.

대통령은 무엇을 먹고, 어떻게 살 것인가를 걱정하는 국민들의 걱정을 없애주고 행복감을 맛보는 것이 소원일 것이다. 그런데 민생고를 해결해 준다더니 자기 민생고 해결에만 바쁘다.

사는 방법을 몰라서 그렇다. 잘 살려면 주고받기를 제대로 해야 한다.

전직 대통령들이 돈 먹은 것만 보이고 그래도 잘들 살아가니 그렇게 해도 괜찮다고 생각하는 것 같다. 모두들 대통령 하는 것을 보고 따라 하니 세상이 엉망진창이 되는 것 같다. 그러나 부정하게 먹은 돈은 수난을 가져온다.

돈을 먹으면 소화가 안 된다. 늘 속이 불편할 수밖에 없다. 불행의 씨앗으로 지옥을 만드는 원자재가 돈 먹기이다.

특히나 이 나라의 정치인은 돈을 먹지 않아도 배 고프지 않을 것이다. 여기저기 밥 먹자는 사람들이 많을 테니까.

구약성서에 보면 '아합'이라는 왕이 '나봇'이라는 사람의 포도원이 탐나서 나봇을 죽이고 그 포도원을 차지했다. 권력으로 남의 것을 빼앗아 행복하게 잘 살 줄 알았는데 비참하게 죽은 나봇처럼 아합 역시 처참한 죽음을 당했고 그의 피를 개들이 핥았다.

대통령이 돈이 없어 굶었다는 소리는 들어본 적이 없다. 자식 교육 못 시켰다는 소리도 들은 적이 없다. 생활이 다 보장되어 있는데도 무엇 때문에 도둑놈 소리를 듣는지 알다가도 모를 일이다.

게다가 요즘은 비서들의 활약이 돋보인다. 위에서는 시키지도 않았는데 자기 돈 갖다주고 투표 방해하라고 선관위 홈페이지를 공격했단다. 그래 놓고 디도스 사건이란다. 한나라당의 무궁한 발전을 위해 자신을 희생한 것인가. 국회의원뿐 아니라 이젠 비서들도 국민을 무시한다. 그래도 4월 11일 선거는 다가오고 표는 얻어야겠고….

할 수 없이 그렇게 무시한 국민들을 찾아가서 땅바닥에 절을 한다. 일년 내내 선거면 얼마나 좋겠는가.

다시 성경을 보면, 자기 선생 엘리사가 받지 않겠다고 돌려보낸 나아만의 금은보화가 비서인 게아시의 눈에 들어왔다. 그는 한몫 잡을 생각으로 거짓말을 해서 금은보화를 손에 넣었지만 문둥이가 되고 말았다. 요즘은 흰 피부를 좋아라 하지만 피부

희게 만들겠다고 엉뚱한 돈 먹었다가 문둥이 될까봐 걱정된다.

좋은 정치란 무엇인가. 주고받기를 제대로 해야 한다. 잘못 준 것을 공것으로 대체하면 공것 뒤에는 관료의 부정부패가 따라온다. 줄 것을 제대로 줘서 공것으로 주는 것을 없애야 한다. 먹고 살 것 없는 사람 보조하는 것을 끊어버리는 것이 아니다. 무상급식하지 말자는 말이 아니다.

사실 구조조정은 잘못된 주고받기를 제자리로 돌려놓는 좋은 제도이다. 그런데 그런 제도를 악용하여 약한 사람들을 쫓아내는 수단으로 사용했다. 좋은 구조조정은 급여의 혁신적인 개혁에서 일어나야 한다.

은행장, 고급 관료, 의사, 변호사, 특히 기업체 임원의 보수 등 돈을 많이 받는 자들의 구조조정이라야 한다. 급여의 체계는 고위급이 하위급의 3배를 넘지 않도록 조정해서 위기를 기회로 만들자는 공감대를 통해 조정해야 한다.

사람은 입이 있으니 말을 하면 먹고 살 수 있다. 요즘은 대학을 나온 사람들도 어떻게 살아가야 할 것인가가 문제다. 그러나 굶어 죽는 것이 사는 것보다 더 쉬운 것은 아니다. 너도나도 대기업만 바라보니 문제가 안 풀린다. 길게 보고 살아가면 대기업 머슴살이 안 해도 사는 길이 있다. 거지도 무학자도 먹고 사는데 왜 먹지 못해 죽겠는가.

고임금 급여가 계속되는 것은 그 사람이 외국에 가서 공부하고 돌아왔는데, 그때 자기 돈이 너무 많이 들어갔기 때문이다.

자본주의 사회에서 본전 빼는 것이 고임금이고 기득권자의 잔치가 고임금이다. 그 뒤에는 당연히 부정부패가 따른다.

저임금 때문에 문제가 아니라 고임금 때문에 문제가 생기는 것이다. 저임금은 그 임금으로도 충분히 생활할 수 있을 만큼은 올려주어야 하는데, 저임금에도 살아갈 수 있게 하려면 교육비를 국가가 부담하면 된다. 그것이 1천조 원의 개인부채 해결책이 나오고 저임금에도 살아갈 수 있는 방법이다. 저임금을 따라 조국을 등지고 외국으로 나가는 기업이 생기지 않을 것이다. 이 땅에서 기업을 할 수 있도록 만들어 주어야 한다. 억지로 사람을 더 고용하라고 해 봐야 최신 기계 설비가 사람을 줄이는데 왜곡된 기업 운영을 하라는 것밖에 안 된다. 게다가 특혜가 뒤따르면 망하는 기업이 많아질 것이다.

한나라당이 요사이 하는 짓을 보면 이 나라를 어떤 나라로 만들 것인가에는 전혀 관심이 없는 것 같다. 각성된 서울 시민들의 한표 한표가 선거권을 유린하는 한나라당을 보기 좋게 물리쳤다. 다행히 올해 임진년에는 두 번의 선거가 있다.

잘못된 정치를 한 정권은 자기 정비를 하는 야당으로 모셔놓고, 이 나라를 위해 힘들고 어려운 길을 마다하지 않고 온몸을 던진 정치인을 뽑는 한 해가 되기를 바랄 따름이다.

사람이 존경과 높임을 받는다는 것은 고난을 받는다는 것과 똑같은 말이다. 임진년 두 번의 선거를 제대로 해서 국민들이 행복해지는 것을 보는 것이 나의 소원이다. 여러분의 소원도 나와 같을 것이라고 생각하고 감사를 드린다.

제발 주고받기를 제대로 하는 좋은 정치를 펴는 한 해가 되기를 바랄 뿐이다.

(2012년 1월 19일)

이 시대의 정치인, 무엇을 먼저 할 것인가

지금 이 나라의 정치 상황은 정권연장이냐 정권교체냐, 두 갈래 길에서 치열한 대립과 투쟁만 하고 있을 뿐입니다. 그러나 국민들은 이런 정치를 원하지 않는다는 것을 정치인들은 알아야 합니다. 그래서 정치 위기인 것입니다.

국민이 원하는 정치는 국민들이 희망을 가지고 행복하게 사는 것입니다. 정치인은 바로 그것을 실현해야 합니다. 중산층은 서민층으로 전락하고 있습니다. 이대로 간다면 갈수록 더 힘들어지기만 할 뿐, 더 좋아질 기미는 보이지 않습니다.

한번 생각해 보십시오. 개인 부채 이자가 한 주간에 1조 원이 넘어 연 56조 원의 돈이 들어가고, 그와 별도로 국가 부채, 공공 부채, 기업 부채 등으로 이자가 계속 나갑니다. 또 4대강 사업의 관리비와 후속 비용 등 나가야 할 돈이 너무 많습니다.

물가와 공공요금은 계속 올라가 지출에는 구멍이 크게 뚫리고 돈 들어오는 구멍은 자꾸만 좁아집니다. 이자 부담에 사교육비 부담까지 국민들의 생활을 짓누릅니다. 희망 없는 기다림의 연속입니다. 살 수가 없습니다.

국민이 살기 힘든 정치는 성공할 수가 없습니다.

빚 갚기 전에는 언제나 위험을 안고 있는데 그 정도가 너무 심합니다. 닥쳐올 미래는 어둡고 대처할 방법이 없는 것 같습니다.

잘해야 갚는 기간을 미루는 것이고, 잘못하면 경제 파탄이 올 수밖에 없습니다. 국민들의 희망이 없어졌습니다. 따라서 앞으로의 정치는 빚 갚는 데서 시작해야 합니다.

만연된 권력 실세들의 부정부패를 막을 길이 없습니다. 막을 사람을 찾을 수도 없습니다. 희망이 없고 정의가 죽어갑니다. 개혁은 이런 권력의 부정부패를 의법처리하는 것입니다.

법은 정의의 실현을 목적에 두어야 하는데 이 목적을 이룰 수 있는 길이 막혀 있습니다. 정치 검찰의 청산 없는 개혁은 개악으로 가는 길입니다.

고생고생해서 한 푼, 두 푼 모은 돈, 이자 좀 높이 준다고 해서 은행에다 맡겼더니, 갚지도 못할 놈들이 다 먹어 버리고 은행은 영업정지를 당하고, 믿어야 할 감독기관도 못 믿게 되었고, 이것을 수사하는 거대 수사단도 돈 잃은 자의 마음을 시원하게 해주기는커녕 의혹만 더 키운 것 같습니다. 우수한 사람들이 하는 수사가 왜 이렇게 오래 걸리는지 모르겠습니다.

누가 이렇게 만들었습니까. 정치인들이나 법으로 밥 먹고 사는 사람들이 이렇게 하고 있으니 정의는 땅에 묻힐 수밖에 없습니다.

게다가 상식마저 실종된 상태입니다. 너와 내가 모두 알고 있는 세상의 상식이 있는데 이상하게 상식 밖의 몰상식이 지배하는 세상이 되었습니다. 누구나 아는 상식이 통하지 않는 몰상식의 세상이 되니 아주 당연한 것도 예측이 불가능한 세상이 되고 말았습니다. 순리대로 예측할 수 있어야 협력도 가능하고 함께 가는 것도 가능합니다.

상식이 없는 세상은 방향 잃은 양떼처럼 목자가 없습니다. 모두가 담을 넘어온 도둑뿐이니 양의 신세는 늑대밥입니다. 양이 잘 되어야 목자가 수지를 맞추는 법인데, 양이 늑대밥이 되었으니 목자의 수입도 늑대의 뱃속으로 직행합니다.

정치가 국민을 이렇게 늑대밥이 되게 해서는 안됩니다. 그래서 요사이 정치판에는 그나마 국민을 잘 보살피는 정치인을 고르느라 한창입니다. 사람이 해야 할 정치이므로 사람이 가장 중요합니다. 늦은 감이 있지만 너무나 다행입니다.

그럼 좋은 정치인을 골라서 무엇을 먼저 해야 합니까?

지금 이 나라는 부채공화국입니다. 빚을 주었던 국제 대형 금융권으로부터 내핍을 강요받고 쓸 만한 공기업을 헐값에 넘기기 전에 국민 부담으로 이어질 민자 유치로 해결하기 전에 부채 문제는 정치인들의 최대 관심사가 되어 제일 먼저 해결해야 할 일입니다. 이 일은 누가 대통령이 되고 누가 국회의원이 되는 일보다 시급한 일입니다. 급변하는 경제위기에 먼저 대처해야 합니다.

두 번째는 교육비를 국가 부담으로 해야 여러 분야의 문제가 해결이 됩니다. 교육 개혁은 지금 이 제도를 그대로 두고는 할 수가 없습니다.

국가가 교육비를 부담하면 개혁의 50%는 된 셈입니다. 교육비를 개인 가계에서 부담하지 않으면 그 돈은 부채이자 상환으로 돌릴 수 있습니다. 근로자들은 저임금으로도 살아갈 수 있습니다.

중소기업도 수지를 맞추는 기업으로 성장할 수 있습니다. 기업에게 억지로 고용을 늘려라, 월급을 더 주어라 하는 말은 기업에겐 망하라는 말이고, 보조금 지급은 부정부패의 소굴을 만드는 일입니다. 기업이 조국을 등지게 만들어서는 안 됩니다.

공짜에는 언제나 도둑놈들이 따르기 마련입니다. 이젠 더 이상 돈 들어가는 대형 공사 그만해야 합니다. 또 턴키 식 발주는 국민 세금을 대형 건설사에게 거저 주는 일이니 이제는 경쟁입찰하도록 해야 합니다.

대북관계, 국방문제, 외교 통상 등 모든 문제는 엉망진창이 되어 있다는 걸 이미 알고 있으니 더 이상 설명할 것도 없고, 순리대로 잘 처리하면 될 것입니다. 표를 얻기 위해 국민의 혈세로 일시적인 선심을 베푼 자들은 권력만 눈에 보일 뿐 국민을 무시하는 자들입니다. 부분적인 제도 수정 같은 것은 돈 낭비일 뿐입니다.

국민을 위해서 어떤 나라를 만들 것인가를 먼저 생각해야 합니다.한국 사회는 빚 때문에 죽게 되어 비틀거리는데 그 위에 또 교육비 부담이 삶을 짓누릅니다.

경제 위기를 사전에 막아서 국부가 계속 유출되는 경제를 바로잡아 반석 위에 세우고 원조를 하는 나라답게 하자는 것입니다.

과연 대한민국이라는 자랑스러운 이 나라는 모든 국민의 교육비를 부담하는 저력 있는 국가라는 것을 국제사회가 보고 부러워하는 나라를 만들어 달라는 것입니다. 뜻이 같으면 함께하는 국민이 많아질 것입니다.

이것을 목표로 정치를 하게 되면 정치인은 자부심을 갖게 되고 부정도 없어지고 국민은 이런 정치인을 사랑하고 존경할 것입니다. 처리가 잘못된 것을 정치적으로 해결했다고 말하는 것은 정치를 비하하는 소리입니다. 이런 말이 사라지는 진정한 정치가 이 나라에서 실현되어야 합니다. 온 국민들이 정치는 협잡이 아니고, 돈 먹기 놀이가 아니고, 국민을 살리는 가장 아름다운 것이라고 생각하는 정치 말입니다.

잘되는 좋은 정치가 민주주의입니다. 민주주의는 국민의 제자리 찾기입니다. 못된 권력에 의해 쫓겨나 고통 받았던 국민이 주인이 되어 살아가는 나라, 그것이 세계 인류가 지향하는 좋은 나라입니다.

정치인, 당신은 이 위대한 사명을 다하기 위해 지금 그 자리에 있는 것입니다.

(2012년 1월 27일)

비리 척결 개혁 1순위, 디도스 사건

지금은 국민을 무시하는 정치인의 말이 먹혀들지 않는 세상입니다. 모든 권력 기관을 장악하고 언론까지 마음대로 하게 되었으니 국민들쯤이야 마음대로 할 수 있을 거라고 생각하면 큰 오산입니다. 정치인들이 하라는 대로 따르던 국민들이 이젠 아닙니다.

국민들은 달라졌습니다. 투표를 하라고 하니까 오히려 안 하고, 투표를 못하게 방해해도 기어이 합니다. 시민들은 이렇게 변했습니다.

시민들이 투표를 못하게 하려고 꼼수를 부린 것이 바로 디도스 사건입니다. 그럼에도 위대한 서울 시민들은 자기 권리를 행사해서 정치인들을 놀라게 했습니다. 정치인들을 위한 투표가 자신을 위한 투표로 탈바꿈했습니다. 각성한 시민들의 한

표는 이 정권이 후퇴시킨 민주주의를 살리고 잘못된 정치를 바로잡을 수 있다는 확신을 주었습니다. 투표를 하는 것은 선거권자의 자유이고 투표를 안 하는 것도 국민의 자유입니다. 정치인이 무엇이건대 언제는 국민들에게 투표를 하라고 했다가, 언제는 하지 못하도록 방해를 한단 말입니까. 도대체 그런 권리를 누구에게 받았는지 묻고 싶습니다.

이토록 국민을 무시하고 법을 유린하고 신성한 국민의 참정권을 짓밟는 행위야말로 반드시 청산되어야 할 구태 정치요, 개혁되어야 할 사안입니다. 또한 이는 이 나라에 법이 살아 있음을 검찰이 보여주어야 할 확실한 기회입니다.

투표를 못하도록 하기 위해 선관위 홈페이지를 공격하라고 1천만 원의 계약금까지 준 것을 보면, 아마도 이 거래는 1억 원짜리는 되는 듯합니다. 누가 돈을 줘서 어떻게 계약을 하고 누가 돈을 받아갔는지, 그 돈이 무슨 돈인지 밝혀야 합니다.

국회의원 비서가 했다고 하는데, 일개 비서가 무엇 때문에 국회의원의 말도 듣지 않고 이런 일을 저질렀는가를 밝혀 내고, 만일 국회의원이나 국회의장이 시켰다면 나라를 위해서 그랬다고 당당히 나서야 할 것입니다. 그들은 몸 자체가 애국심 덩어리이기 때문입니다. 애국심으로 나라를 위해서 그랬다고!

속칭 디도스 사건을 수사는 중에 디도스 사건 저리 가라 할 만큼 큰 사건이 터졌습니다. 한 국회의원이 전당대회 전에 쇼핑백에 가득 든 노란 돈봉투 하나를 받았다가 돌려줬다고 한 것입니다. 그 봉투 안에는 300만 원이 들어있었다고 합니다. 그런데 이 국회의원은 TV에 두어 번 나와서 노란 봉투를 받았다고 말한 다음에는 더 이상 볼 수도 없고 아무런 말도 들리지 않습니다.

문제는 쇼핑백 안에 있었던 돈봉투를 모두 돌렸을 텐데 나도 받았다고 하는 놈은 한 놈도 나타나질 않고, 한 술 더 떠서 누구는 2천만 원을 돌렸다더라, 야당도 돌렸다더라 하면서 말만 무성합니다. 이런 것은 두 당 모두 똑같다는 인상을 주기 위한 것 같기도 합니다.

이런 것을 보고 있는 국민들은 우리들을 마치 한때 가지고 노는 장난감 취급을 하는 것 같아 입맛이 씁쓸합니다. 남는 것은 불신이요 신뢰라곤 찾아볼 수가 없습니다. 그래도 정치인들은 권력에만 눈이 어두워 정권 재창출이니 정권 교체니 하는 깃발만 나부끼고 있습니다. 이것을 위한 혈투만 남아 있는 것입니다. 그러면서 기세 좋게 개혁을 한답시고 야단법석입니다.

디도스 사건을 이대로 놓아두고 4.11 총선을 치르면 별 해괴한 방법으로 온갖 불법을 동원해서 자기들 목적만 달성하려고 할 것이 뻔합니다. 그러니 디도스 사건을 먼저 시원스럽게 처리해야 합니다.

이런 것을 깨끗이 처리해서 보여주는 것이 바로 개혁입니다. 당면 과제는 외면하고 무조건 앞으로 잘하겠다고만 하면 현재의 책임을 등지고 미래로 도망가는 행위가 됩니다. 이런 비겁한 자에게 정치를 맡겨서는 안 됩니다.

여태까지 재벌들에게 특혜를 주어 돈은 모두 재벌들에게 가게 만들어 놓은 자들이 경제 민주화를 말합니다. 나는 깨끗하다는 말인데, 한물에 쌓인 고기 노릇을 얼마나 했는지를 생각해 보고 숨 고르는 시간이 필요해 보입니다. 이로 인해 서민 생활이 더욱 힘들고 춥게 되었으니 속히 선거철이 돌아오기를 기다리고 있습니다. 바로 그 서민들이!

선거철에는 당의 정강정책이 바뀌었는지, 임시 조치가 발동되었는지 알 수가 없습니다. 복지에 쓰는 돈 때문에 나라가 망한다느니, 복지 포퓰리즘이니 하더니 엉뚱한 데 크게 선심 써서 나라 망치는 데에는 솔선수범하고 있습니다. 다급한 사회적 약자는 선거철이 고마울 수밖에 없고 기다려질 수밖에 없습니다. 제발 이렇게 얄팍한 짓, 속 보이는 짓 하지 마세요. 이렇게 해서라도 정권 연장을 꿈꾸고 있는데 지금 정신 차려야 합니다. 아예 이 나라를 어떤 나라를 만들 것인가를 생각하고 먼저 큰 그림부터 그려야 하지 않겠습니까.

개혁이 무엇입니까. 거짓으로 국민을 속이고 표 얻는 데 국민들의 돈을 자기 돈처럼 사용하는 것을 더 이상 못하게 하는 것이 개혁입니다. 어떻게 해서 금년 상반기에 200조 원이 되는 큰 돈을 조기 집행하게 되었습니까? 삼성, 현대를 비롯한 기업들이 그렇게 수출을 많이 하고 이익이 많았는데 앞으로 경기가 둔화될 것을 예상하고 기업을 먼저 생각해서 그런 것입니까? 서민 생활 안정을 위해 천문학적인 돈을 급하게 풀어야 합니까? 선거 때문에 그렇게 하는 것입니까? 인플레 걱정은 없습니까?

4 · 11 총선 뒤에는 무슨 돈으로 나라 살림을 균형 있게 할 것인지 모르겠습니다. 12월에 대선이 또 있는데 그때 표 얻는 데 쓸 돈은 있으니 아무 걱정 말라는 것 같습니다. 이런 권모술수를 알아차리는 국민들이 많아졌다는 것을 그대들은 왜 모르시는지요? 국민들의 올바른 인식이 정치를 좌우한다는 것쯤은 알고 있지 않습니까?

이제 바른 길, 옳은 정치, 민주 정치가 실현되어야 할 시기입니다. 바른 정치를 하려고 생각하면 국민의 참정권을 짓밟는 디도스 사건부터 해결하고 개혁을 말하든지 공천을 말하든지 해야 합니다.

4 · 11 총선 때는 디도스와 같은 불법 행위가, 아니 그보다 더 악랄한 방법을 동원할 수 없도록 해야 합니다. 그리고 그 다음에 쇼핑백 속에 든 노란 돈봉투를 받은 정치인들을 법대로 제대로 처리하는 것이 정치인들이 사는 길입니다.

어떤 이들은 돈도 명예도 이름도 없이 민주화를 위해 목숨까지 바친 삶의 현장에서 정치인들은 온갖 불법을 동원해서 돈 챙기기에 앞장서고 있습니다. 이런 일에 익숙한 자들이 정권을 담당하더니 실세들의 비리의 둑이 터져 버렸습니다.

저축은행 비리 사건에 청와대 정책실장이, 은행장이 돈을 주고받고, 대통령의 친구이자 후원회장인 천신일이 구속된 이후 측근 비리 행진이 1년 동안 줄줄이 이어졌습니다.

SLS사건에는 친형 이상득 의원 비서 계좌에서 뭉칫돈이 나왔고, 최시중 방통위원장의 양아들 정용욱은 교육방송 이사라는 이권을 빌미로 돈을 거래하고 해외로 도피하고… 모든 부정과 부패는 비서나 보좌관이 저지르고 그 돈은 어디로 간 것입니까.

그러고는 사건을 맡은 검사 왈 "배후를 밝히는 것은 신의 영역"이랍니다. 나는 할 수 없으니 알고 싶으면 하느님께 물어보라는 것입니다. 이런 나라의 하느님은 질문 받느라 정신이 없을 것 같습니다.

자기 사업을 위해 돈을 주는 놈은 나쁜 놈입니다. 하지만 돈 받는 놈은 더 나쁜 놈입니다. 그는 돈까지 받아 놓고 아무것도 주지 않았습니다. 그런데 받기만 하고 줄 것은 주지 않았으니 그나마 다행이었습니다. 돈 준 사람이 얼마나 가슴이 터질 것 같았으면 검찰에 고소를 했겠습니까.

그런데 고소한 사람부터 일단 집어넣고 보니 아무리 억울해도 이런 일은 고소하지 말라는 신호 같아 분노가 치밀어 오릅니다. 정권 실세의 비리에는 눈 감고 살라는 말입니다. 그러면 그들은 마음 놓고 안심하고 돈을 먹게 될 것입니다.

이것은 개혁이 아닙니다. 비리를 그냥 넘기고 비리 정치인만 나가면 그만이라는 것은 그 뒤를 이을 비리 정치인을 만드는 것뿐입니다. 비리 척결이 개혁이고 이것을 통해 신뢰가 쌓이고 표도 따라올 것입니다,

(2012년 2월 1일)

두 가지 문제 해결에 달려 있는 정치

한 나라의 장래는 교육에 달려 있습니다. 인제를 발굴 양성하는 것은 교육밖에 없습니다. 전 국민이 골고루 교육을 받을 수 있어야 합니다. 그래야만 서민들도 농민도 희망을 가지고 내일을 살 수 있습니다.

교육과 정치를 통해 국민들이 허황된 일확천금의 꿈에서 속히 벗어나도록 해야 합니다. 경마로 일확천금, 로또로 인생역전을 시도하는 국민들은 상상할 수 없을 만큼 많은 실패를 거듭하고 망하는 결과밖에 올 것이 없습니다. 수출만이 살 길이라고 하지만, 돈 버는 사람은 소수고 망하는 국민들이 다수가 되어 버리는 수출은 결국 사회적 비용이 엄청나게 들어가 사실상 국가적으로 위기를 맞을 수밖에 없습니다.

그런 위기를 막는 길은 국민들이 일을 해서 먹고살 수 있게 만들어주는 것입니다.

경제 발전이 뒤따르지 못한 과도한 건설 사업은 망하는 지름길입니다. 도로망 시설, 공공시설, 대형 토목공사, 필요 이상의 신공항 신설, 호텔식 아파트 건설, 빌딩 건설 등은 우리가 잘 사는 것처럼 만들 수는 있지만, 그 빌딩만큼 높아진 부채 때문에 고통만 당하다가 낭패당하는 국가가 늘어나고 있습니다. 잘나가던 국가들이 힘없이 무너지고 있는 것을 우리는 눈앞에서 보고 있습니다.

위기가 시작되면 이미 그때는 대응할 수 있는 시기를 놓친 것입니다. 손도 대지 못하고 고스란히 국민들에게 그 짐이 떠넘겨집니다.

어쩔 수가 없어 귀농한 사람, 교육비에 지친 농민, 저임금에 시달리는 수많은 노동자, 가계 부채에 시달리는 중산층 그리고 인건비 때문에 조국을 등진 기업, 발전 가능성은 있지만 경제력이 못 미치는 중소기업, 기업 하다가 실패한 사람들, 먹고 살기 위해 자영업에 뛰어든 사람들, 모두가 고통을 호소하고 있습니다. 매일 수많은 실직자 군상들이 배낭 메고 백주에 산행을 합니다. 땀 흘리며 일해야 하는 있는 시간에 산으로 갈 수밖에 없는 상황입니다.

먹고 살기도 바쁜 사람들이 교육비에 짓눌려 신음하고 있습니다. 자기 돈으로 교육비를 내고 공부하는 사람들에게 간섭만 하는 정부, 지극히 소액의 양념보조만 하면서 정치적 계산에 따른 투자만 하는 교육재단은 교육이념을 흐트러뜨리고 국가백년대계에는 백해무익입니다.

앞으로가 지금 현재보다 더 좋아질 것이라고 생각하는 국민이 50%도 되지 않습니다. 살기가 더 어려워질 것이라고 생각하는 국민이 더 많습니다. 그러니 먹고 살기도 힘든 사람이 어떻게 높은 교육비까지 부담하면서 자녀들을 제대로 교육할 수 있겠습니까.

정치는 국민을 잘 살게 할 수도 있고 가난한 서민이나 중산층을 몰락하게 할 수도 있습니다. 정부의 눈은 99%의 국민들에게 가 있어야 합니다. 요사이 국민만 바라보겠다는 말이 정치권에서 나오고 있습니다.

여태까지는 무엇을 바라보았는지 알 수 없지만 이제부터 올바로 한다고 합니다. 그런데 1%의 국민을 위하는 것도 국민만 바라본다고 큰소리쳤습니다. 그래서 빈익빈 부익부 현상이 심화된 것입니다.

원래 자본주의라는 것이 경쟁에서 밀려난 낙오자가 생기기 마련입니다. 그들과 함께 가는 길을 열어놓고 함께 가게 만드는 것이 정치입니다. 정치인이 뒤처진 사람들과 함께 하기는 쉽지 않습니다. 돈을 들이고 들여도 효과는 미미하고 계속 돌보기만 해야 하니 나오는 것은 없습니다. 하지만 있는 자들에게 돈벌게 해주는 정치는 할 만합니다.

번 돈을 나누어 먹기도 하고 짭짤한 수입도 보장됩니다. 그래서 쉬운 정치, 자기들 수지맞는 정치를 하다보니 오늘날 정치인들이 찬밥 신세가 된 것 아닙니까.

앞으로 정치인의 과제는 빚진 사람이 그 빚을 갚을 수 있게 만드는 것입니다. 국가가 대신 갚아주어도 안 되고 다른 사람에게 미룰 수도 없습니다. 자신이 자기 힘으로 빚을 갚을 수 있게 만들어야 합니다.

대부분의 빚은 아파트 값이 올라가면 팔아서 이익을 얻기 위해 진 경우가 많기 때문에, 아파트 값은 서서히 자연스럽게 떨어지도록 해야 합니다. 정부는 헛심 쓰느라 돈을 뿌려대지 말고 시장 기능에 맡겨야 합니다. 기업은 경기 좋을 때 돈 벌고 경기가 나쁘면 손해 보는 것인데 정치가 건설주와 같이 해먹어서 그런지 알 수 없는 아파트 정책을 쓰고 있습니다.

저력 있는 국가 건설을 위해서는 제도를 바꾸어야 합니다. 전 국민의 교육을 국가가 담당하는 제도가 되어야 합니다. 교육비를 국가가 부담하면 개혁이 자동으로 이루어집니다. 교육비를 부담하는 국가가 모든 기관을 동원해서 부정부패를 막기 때문입니다. 정치가 국민을 주인으로 모시는 민주주의가 되는 것입니다.

구체적인 교육 정책을 수립하는 데는 양심 있는 전문가들의 도움을 받으면 됩니다. 그런 분들이 많이 있습니다. 모든 문제가 이 두 가지 문제 해결에 달려 있고, 이것을 해결하는 것이 정치입니다.

빚은 빚진 사람이 갚도록 정책을 펴고 교육은 국가 책임으로 하면 국민은 허황된 꿈을 버리고 정직하게 일해서 먹고 살면 됩니다. 대한민국이 위기라지만 위기를 기회로 만드는 정치는 정치인이 존경과 사랑을 받는 좋은 기회입니다.

모든 인간은 가능성 앞에 놓여 있습니다. 가난한 사람도 부자가 될 수 있습니다. 그러나 부자도 가난해질 수 있어야 합니다. 모든 국민이 행복해질 수 있는 길은 빚문제 해결과 교육문제 해결에 달려 있습니다.

(2012년 2월 17일)

먹튀 론스타

외환은행 사고 팔기로 4조 6천억 원을 먹고 튀는 론스타! '먹튀 론스타'는 부시의 고향 텍사스를 기반으로 하는 사모 펀드이다. 주요 투자자는 베스 형제, 이들은 부시 일가의 최대 재정 후원자, 론스타 자문역은 아버지 부시 때 국무장관이었던 제임스 베이커 미국 로펌!

외환은행에 관련한 론스타의 주요 행적

론스타, 외환은행은 2003년 2조 1천억 원에 헐값 인수(멀쩡한 은행을 부실은행으로 만들어 팔았다.)

부시, 2011년 3월 28일 청와대를 방문.(한국의 금융위원회가 론스타의 중요한 결정을 내릴 때마다 부시가 한국에 온다.)

주한 미대사관, 한국 정부를 상대로 론스타의 먹튀를 위해 집요하게 로비.

금융위원회, 2011년 11월 18일 론스타의 지분 강제 매각 명령.(이것은 론스타가 오래전부터 바라던 것이다.)

2011년 11월 7일, 부시 청와대 방문.

2011년 11월 8일 론스타가 매각 이행기간으로 6개월을 요구했다는 소식이 흘러나옴.(이미 하나은행과 매각 계약을 해 놓은 상태였다.)

주미 대사 버시바우, 재경부 차관 박병원, 청와대 경제 특보 출신 한국무역협회 회장 사공일, 통상교섭본부장 김종훈 등과 만남.

론스타, HSBC은행에 63억 불 계약 취소.

전광은 금융위원장은 버시바우에게 방문선물인 결정을 미리 발설. 이는 공익훼손 행위.

론스타 인수 7년여 만에 지분 팔고 떠나도록 론스타 유죄 확정.(지난 2003년 외환은행을 인수한 유회원(61) 론스타코리아 대표와 론스타 펀드는 허위감자설을 유포해 주가를 떨어뜨린 후 헐값에 외환카드를 합병했다는 혐의로 재판에 넘겨졌다. 이에 따라 외환카드는 243억 원의 손해를 입었다.)

지분매각 결정.

울고 싶은 놈에게 뺨 때린 격!

론스타 지분 51,02% 3조 9,156억 원에, 2011년 12월 5일 하

나은행 자회사로 론스타사 배당으로 챙긴 돈은 2조 9천억 원.

경향신문 2011. 11. 19, 조건 없는 매각으로 론스타 5조 원 먹튀 방조.

적게 잡아 4조 6천억 원을 론스타가 먹고 튀게 만들었는데, 이 돈은 국공립대 대학생 26만 명에게 3년간 무상으로 대학에 다닐 돈이다.

먹튀의 협력자들.

론스타의 먹튀에는 협력자들이 있다. 거대 로펌 김엔장, 재경부 관리, 금융위원장, 외환은행장, 이들은 무엇 때문에 론스타에 협력했는지 변명이라도 들었으면 좋겠다.

주미대사, 부시, 청와대는 아무리 생각을 해봐도 지도자답지 못하다. 모두 많이 배운 사람들이고 최고의 명예를 가진 사람들이지만 존경받기는 물 건너갔다. 이들의 처사에 분노를 느낀다.

외환은행 노조는 먹튀 론스타가 대한민국 외환은행의 국민자본을 먹고 튀는 과정을 똑똑히 보고 있었다. 그래서 그들은 론스타가 주가 조작, 금융범죄, 돈 먹고 튀기 등을 보고 대한민국에 법과 원칙이 사망한 사건이라고 했다.

주한 미 대사와 부시는 사모펀드 론스타를 돈 먹고 손 털고 갈 수 있게 했다. 그래서 국민들도 모르게 도둑고양이처럼 한국에 자주 들렀던 것이다. 이것은 미국의 국익에도 반한다.

또한 미국 대통령이나 대사관이 이런 일을 하고 다닌다는 것으로 인식된다면 얼마나 우스운 꼴이 되겠는가. 대통령직을 그만두고도 살 날이 많을 것인데 국민들을 무슨 낯으로 대할지 심히 걱정이 된다.

극단적으로 말해 미국은 도덕적으로 법적으로 문제가 있는 사람, 우리 국민들의 자기 마음대로 휘두르는 사람이 한국 대통령이 되는 것을 좋아한다. 한국 대통령은 국민들을 그대로 놔두지 않고 목줄을 죄여서라도 미국의 이익 극대화에 기여한다. 그러나 론스타 처리는 아무리 생각해도 미국에도 이익이 없고 대한민국에도 억울하기 짝이 없는 사건이다.

국민들은 묻고 싶다. 대한민국을 억울하게 하는 데 법무 팀으로 기여한 김앤장! 그 가진 자의 편들어 주는 뛰어난 지식을 가지고 돈을 얼마나 받아 챙겼는가. 재경부 고위 관리님, 당신들의 나라는 대한민국이 아닌가.

금융위원장님, 충성은 아무데나 해도 좋은 것인가. 외환은행장님, 도대체 무슨 좋은 자리를 보장받았기에 그렇게 했는가. 청와대는 진정 고뇌 속에서 결정했는가, 아니면 자진해서 가장 좋은 방법으로 론스타가 배불리 먹고 튀게 안내를 했는가.

부시, 명색이 세계 대통령이란 큰 대통령이 이런 일까지 퇴임 후까지 수고하신 것은 세계인들과 함께 길이 기억하겠다. 미국에 이익이 없는 일을 열심히 하는 것을 보니 안타까울 따름이다. 앞날이 행복하려면 더 많은 돈이 필요한가.

본인은 정신 차리고 했다고 하겠지만 우리가 보기에는 정신 나간 것처럼 보일 뿐이다. 정신이 돈에 빠지면 그렇게 된다.

론스타를 도와 외환은행 돈, 국민의 자본 4조 6천억 원을 먹고 튀는 데 일조하신 분들! 국민을 무시해도 분수가 있다. 미국은 같이 못된 짓을 해놓고도 나중에는 꼭 공개한다. 아무도 모를 것이라고 생각하고 이런 짓을 해도 반드시 세상이 다 알도록 알려진다는 사실을 기억하라.

안타깝고 억울하다. 그리고 분노한다. 다음에는 어디를 요리해 먹을 작정인가, 인천공항, KTX… 이런 순서로 가려 하는가, 전철, 수도, 전기, 가스, 이렇게 차례로! 민자 1, 2년 후에는 국민 분담은 감당할 수 없을 만큼 올라갈 것이 틀림없다.

국민이 사는 길은 국민 스스로 쟁취해야 비로소 우리 길이 되는 것이다.

(2012년 2월 24일)

너와 나의 돈 이야기

남의 돈을 가지고 인심 쓰는 법이 은행이 망해도 고액 예금의 55%까지 받을 수 있도록 한 법입니다. 저축은행은 못 받을 게 뻔한 데에 대출해 주고 손해 날 곳에 투자하면서 부정부패가 일어났습니다. 힘깨나 쓰는 놈이 개입해서 서민 망치는 부정이었습니다.

저축은행 감독기관은 감독을 한 것인지 함께 부정을 저지른 것인지 알 수가 없습니다. 그중에서 손해를 전혀 보지 않고 빠져나온 고액 예금자들이 있어서 논란이 되었습니다. 누군가 미리 은행의 부실을 알려준 사람이 있어서 예금을 미리 빼낸 것입니다.

이런 정보를 받지 못해서 예금을 보전 받지 못하게 된 고액 예금자들의 돈을 보전해 주자는 것이 형평성 면에서 타당한 조

치처럼 보입니다.

하지만 그렇지가 않습니다. 은행의 잘못으로 망하면 구제금융으로 살려내는 것은 문제가 있습니다. 은행이 잘된다는 것은 고객에게 대출 이자를 많이 받고 수수료도 가능한 많이 받게 해서 돈을 번다는 뜻입니다.

이렇게 해서 이익이 많이 나면 절반 정도는 외국 투자자에게 배당금으로 돌아가고 나머지는 자기들끼리 돈잔치를 합니다.

개인 부채가 1천조 원인 시대에 은행이 이자를 올리면 개인은 죽어나고 은행은 손뼉을 칩니다. 이런 짓은 구제금융을 받아 일어선 은행의 도리가 아닙니다.

국민에게 과도한 이자와 수수료를 받고 망하게 될 때는 국민의 돈인 세금으로 살려냈는데 은행이 하는 짓을 보면 비애를 느끼지 않을 수 없습니다. 국민들은 양쪽에서 뺨을 맞는데 은행은 아무리 비리를 저질러도 오뚝이처럼 일어섭니다. 정말 은행 할 만한 세상입니다.

세금은 너와 나의 돈입니다. 이 나라의 정치인이나 경제 관료들은 너와 나의 돈에 대해 아무렇게나 내키는 대로 퍼주어도 괜찮다고 생각하고 있습니다. 임자 없는 돈, 힘 있고 먼저 본 놈이 가져가는 도떼기시장 같습니다.

자기들 돈은 한 푼도 아까워하면서, 너와 나의 돈인 세금은 아무렇게나 다룹니다. 저축은행 고액 예금자들에게 보전해 주는 돈이 1천억 원이 넘는 것 같습니다. 요사이 억 이하의 돈은 푼돈이고 최소한 억대는 넘어야 돈으로 생각하는 것 같습니다.

1억이면 비정규직 8년, 100달 분의 급료입니다. 이 돈은 국민 세금으로 주지 말고 저축은행을 망하게 만든 사람들과, 감독을 했는지 함께 말아먹었는지 알 수 없는 감독관들의 돈으로 주는 것이 타당합니다. 지옥 끝까지 쫓아가서 기어이 뺏어 와서 그 돈으로 주어야 합니다.

법이 그렇게 못하게 되어 있다구요? 부정은 법에 하라고 되어 있어서 했습니까. 법 핑계 대지 말고 사리에 맞게 처리하는 것이 옳을 것입니다. 부정 부패에 너그러우면 정의에 인색합니다. 그것이 세상 원망하는 이유 중에 하나입니다.

국민들은 무시하면서 유달리 부자들에게 특혜 주기를 좋아하는 이 정권이 부산 저축은행 처리에도 또 다시 고액 예금자, 부자 예금자에게 특혜 주는 행위는 온당치 않습니다. 변칙과 특혜가 판을 치면 국민들이 웁니다.

울고 있는 국민들, 용기 내어 헌법정신으로 돌아갑시다. 모든 권력은 국민으로부터 나옵니다. 국민인 나로부터 나온답니다. 꿈 같은 소리 그만하시오! 권력은 대통령으로부터 나온다고 알고 있는데, 총구에서 나온다고 알고 있는데! 그렇지가 않습니다. 권력은 국민인 나로부터 나옵니다.

친일 친미가 나쁜 것이 아닙니다. 조국 등진 친일 친미가 문제입니다. 우리나라가 친미 안 하고 살 수 있습니까? 한국과 미국에게 서로 이익이 되면 친미라도 좋은 것입니다.

너와 나의 돈인 세금이 소리를 지르고 있습니다. 가서는 안 될 곳으로 가라고 하니 억울해서 소리를 칩니다.

정치인, 당신들은 당신 주머니돈만 귀중히 여기지 말고 당신과 나의 돈인 세금을 귀중히 여기고 꼭 써야 할 곳에 쓰라고 선출된 것 아닙니까. 왜 해야 할 임무를 등지고 엉뚱한 곳으로 가고 있습니까.

부정의 향기에 취해 옳고 그른 것을 판단하기가 어렵습니까. 많은 사람들이 덩달아 가니까 묻혀서 당신이 한 행위를 모를 거라 생각하십니까.

나쁜 정책의 뒷받침이 없으면 부정부패를 할 수 있습니까? 공범은 범죄자에서 제외됩니까? 함께 했으면 모두가 범죄자입니다.

이제 이 나라가 정신 차릴 때가 되었습니다. 친일, 친미 핑계 대고 내 욕심 채울 때가 아닙니다. 이것을 소외당한 국민들이 알아차렸습니다. 보았습니다.

어서 속히 너와 내가 하나 되어 너와 나의 돈, 세금, 공금, 나랏돈을 귀하게 여기고 정신 바짝 차려야 할 때입니다.

세금이 눈 먼 돈이면 국민은 장님이 됩니다.

국민 모르게 숨어서 하는 정치는 국민을 장님 만드는 정치입니다.

같이 가는 정치, 너와 내가 힘을 모아 최선을 향해 가는 정치는 아름답습니다. 정치인을 감시하는 국민이 있을 때, 정치는 힘 있는 정치가 됩니다.

숨어서 권력자들이 마음대로 하는 정치는 강대국의 밥이 될 뿐입니다. 두 눈 똑바로 뜬 국민이 50%만 넘으면 세상은 달라집니다!

(2012년 3월 2일)

왜 한겨레인가?

한겨레신문의 기사는 종합대학의 강의 수준을 능가합니다. 언론의 기능 중에 비판 기능이 중요한데 한국의 정치 상황에서 비판정신 1순위는 단연 한겨레신문이고 읽을수록 신뢰가 갑니다.

신문이라고 다 같은 것이 아닙니다. 한겨레야말로 신문다운 신문입니다. 정치권력은 비판을 싫어하기 때문에 이런 신문을 어떻게 해서든 가만두지 않으려고 합니다. 그러므로 비판기능을 충실히 실행하는 신문일수록 모든 기사를 사실에 입각해서 바로 쓰지 않으면 살아남을 수가 없습니다. 정직한 신문이 될 수밖에 없는 것입니다.

고난과 역경을 감수하고 언론으로서의 사명을 다하기 위해 분투 노력하는 것을 볼 때 함께 해주고 싶은 마음이 생깁니다.

한겨레신문이 생길 때부터 많은 사람들에게 구독을 권했고 지금도 역시 권하고 있습니다. 꼭 함께 읽어야 할 진실된 신문이기 때문입니다. 권력에 야합하면 재정적으로 더 나아지겠지만 돈 버는 재주는 없는 것 같습니다.

우리집에서는 4시 30분에서 5시 사이에 신문이 배달됩니다. 약 2시간이 걸리는 저의 신문 읽기는 아주 즐겁고 소중한 시간입니다. 국민의 권리를 위해 민주주의를 실현하려는 노력에 국민의 한 사람으로서 너무 고맙고 감사할 따름입니다. 읽으면 읽을수록 옳은 일을 할 수 있는 용기가 나고 의식이 확실해집니다. 지식 수준도 높아집니다. 삶의 지혜가 생깁니다.

신뢰할 수 있는 필진은 말할 것도 없고 각계에서 존경받을 분들이 지면을 만듭니다.

사설을 통해서 사회 전반에 관한 이해의 폭을 넓혀주고 우리가 가야 할 길이 제시되기도 합니다. 세계를 향한 눈이 열리고 우리가 가야 할 비전도 보입니다. 대북관계에 있어서도 바른 길을 제시하고 있습니다. 여러 방면에서 매우 유익합니다.

왼쪽이 있어야 오른쪽도 제 기능을 할 수 있습니다. 왼쪽을 없애버리고 오른쪽만 가진 불구의 몸뚱이를 원하는 사람들은 왼쪽을 무조건 좌파라고 몰아세우기도 합니다. 그러나 한겨레는 좌에 기울지도 않고 우를 무시하지도 않습니다. 왼쪽도 중요하고 오른쪽도 중요합니다. 어느 한 쪽을 무시하면 한 쪽이 없는 불구가 되거나 모두 한 쪽에 쏠린 기형이 됩니다.

너와 내가 모여서 우리가 됩니다. 네가 잘못되면 내가 돈을 내서 먹여살리는 제도 속에서 살고 있습니다. 그러므로 네가 잘 되어야 나도 잘 되고, 우리가 잘 사는 세상이 되는 것입니다. 너를 딛고 일어서야 내가 잘 된다고 생각하는 것은 식민지 시대의 잘못된 유물이자 고쳐야 할 악습입니다.

힘 있는 자가 섬기는 세상, 약자가 보호받는 세상, 서로 사랑하며 사는 사회가 우리가 염원하는 세상입니다. 한겨레는 이런 사회를 만들려는 신문입니다.

쓸데없이 돈 쓰고 서로 미워해서는 대북관계에서 상상하기 어려울 만큼의 비용이 발생합니다. 이것을 막고 함께 살아가는 세상을 만들고 통일에 기여하고자 하는 신문이 한겨레입니다. 누가 뭐래도 독도가 우리 땅인 것처럼 한겨레는 좋은 목표를 향한 고난을 무릅쓰고 전진하는 신문입니다.

상당히 많은 돈을 내 눈앞에 보이면서 신문 구독을 요청하는 사람들이 있습니다. 구독 신청을 하면 돈도 주고 1년 동안은 공짜로 보게 해주겠다고 합니다. 같은 신문이라고 그런 신문을 왜 마다하겠습니까.

나는 그런 분들에게 웃으면서 돈은 주지 않아도 좋으니 좋은 신문을 만들어 달라고 본사에 전하라고 했습니다. 그 말에 같이 웃는 것으로 끝냈지만 그런 행위는 고발을 해야 하는 위법입니다. 하지만 그렇게 해서라도 먹고 살아야 하는 분을 생각하니 고발은 할 수 없었습니다.

한겨레는 아무리 경영이 어려워도 이런 짓은 하지 않습니다. 왜일까요? 우리가 한 번쯤은 생각해볼 문제입니다.

한겨레만 좋고 다른 신문은 다 나쁘다는 뜻은 아닙니다. 한겨레와 뜻을 같이 하는 다른 좋은 신문들도 있습니다. 그 신문들에도 성원을 보냅니다.

한겨레신문 주주는 아니지만 한겨레의 발전을 위해서라면 주주도 되고 싶고, 적은 힘이라도 보태고 싶습니다. 이 나라의 민주주의는 한겨레와 함께 발전한다는 것을 믿고, 한겨레의 독자로서, 인간으로서 살기 위해 노력할 것입니다.

(2012년 3월 9일)

욕할 가치도 없다는 정부

국민들을 잘 살게 해준다고 해서 던진 표가 OECD국가 중 가장 살기 힘든 나라라는 딱지로 돌아왔다. 지난해 1조달러 수출을 해서 1,100조 원이 넘는 돈이 들어왔어도 빚도 66조 원이 늘어났다. 1,000조 원의 개인 부채는 56조 원의 연이자를 부담해야 한다. 255만 명이 직장을 잃었고 79만 명이 자영업을 하다 문을 닫았다. 연간 수많은 사람들이 자살을 시도하고 그 중에 15,000명이 죽는다. 홀몸 아빠가 40만 명. 경제 주류국에서 쫓겨날 수밖에 없다. 대학생 등록금은 반값 운운하더니 쥐꼬리만큼 내렸다. 세계에서 두 번째, 미국 다음으로 우리나라의 대학 등록금이 비싸다.

국민들의 반대를 무릅쓰고 4대강 사업을 강행하더니, 이력이

났는지 제주 강정마을 해군기지 폭파작업을 시작했다. 제주도민이 반대해도 반대자들만 잡아가고 공사를 계속하고 있다.

항상 날치기를 일삼던 국회가 지난해 12월 여야 합의로 강정군항건설 예산을 전액 삭감했는데 무슨 돈으로 43톤의 폭약을 사오고 공사비를 마련했는지 알 수가 없다. 국회의 결의를 무시하고 이 나라를 마음대로 하는 자가 누구인지 모르겠다.

또 강정마을 해군 공항 폭파 작업을 한 다음 날, 3년 뒤에 마무리되는 고속철도(KTX) 민영화 설명회를 기어이 열었다. 국민 세금 14조 원이 들어가는 건설 공사인데도 민영화란 이름으로 이익은 자본가가 가져가게 하겠다는 발상이다. 또 인천공항은 이익이 나는 공기업인데도 팔겠다고 나섰다가 거센 반대에 부딪혀 잠시 숨을 고르고 있는 상황이다.

길의 민영화란 만인의 길과 행로를 빼앗아 자본의 금고로 돈을 넣어주는 행위다. 길을 빼앗기면 물, 불, 통신 등으로 국민 주머니를 더 털어가는 수순을 밟을 것이다. 수출이 잘 되어도 빚이 늘어나는 나라가 무엇으로 빚을 갚겠는가. 이익이 나는 기업, 쓸만 한 기업들을 다 팔고 나면 국민들이 노예로 가는 것 밖에 더 있겠는가. 노예란 돈 준 놈이 허리띠 졸라매라면 졸라매고 절약하라고 하면 절약하고 유해 식품 먹고 쓰레기나 될 고기 조각이나 먹게 될 것이 뻔하다. 그래도 빚은 계속 늘어난다면 어떻게 해야 하겠는가.

정치인들이 앞으로 잘하겠다고 하는데 앞으로 하지 말고 지금 당장 해보면 좋겠다. 입법기관이 공사비를 전액 삭감했는데도 누가 무슨 돈으로 강정마을에서 공사를 하고 있는지를 알아보고, 입법부 본연의 임무를 수행했으면 좋겠다. 아무 힘없는 입법부라면 국민들에게 아무 쓸모없는 기관이 아니겠는가.

기업이나 개인에게 몇 천만 원씩 받아먹은 정치인은 대가를 치르든지, 정치를 그만두든지 해야 하는데, 지금 국회의원들은 공천을 받는 데만 혈안이 되어 있다. 국민들이 낸 세금으로 세비를 꼬박꼬박 받으면서 국민들을 위해 아무 일도 안 하고 있다.

지난해 30대 재벌이 1,134조 원의 연매출을 올려 우리나라 총 매출의 96.7%를 차지했다. 나머지 3.3%는 어디인지 모르겠다. 잘못 되어도 너무 심하게 잘못된 경제인 것 같다.

그래서 삼성 이건희 회장의 이익이 24조 5,620억 원, 현대 정몽구 회장의 이익은 14조 5,400억 원, SK 최태원 회장은 4조 9,690억 원, LG 구본무 회장은 4조 6,390억 원, 롯데 신격호 씨는 3조 3,930억 원의 이익이 났다. 롯데 백화점의 경우도 연간 이익이 1조 원이다.

은행에서 이자 받아 번 1조 4,000천억 원은 외국인에게 돌아갔다.

대기업들이 돈을 벌었다니 축하할 일이지만 그렇게 돈을 벌고도 서민들의 장사 품목에까지 뛰어들어 골목상권까지 마구

잡이로 점령하고 있으니 서민들이 살 길이 막막하다. 물가는 천정부지로 오르고 돈값은 떨어지니, 노인 주식 인구가 늘고 청소년 주식 인구도 늘었다고 한다. 한번 돈을 잃으면 복구하기 어려운 노인들의 주식 투자는 심사숙고해야 한다.

어느 대기업 직원은 9분간 주가 조작에 몇 천만 원의 이익을 보았다고 한다. 이런 상황에서 개미들이 주식으로 돈을 벌기는 어렵다. 주식을 그만두는 날이 행복 시작의 날이 될 것이다.

부동산 전문가란 자도 부동산이 바닥을 치고 올라간다고 부동산 매입을 부추겨 투자자들을 다 망하게 했다. 아무리 싼 값에 내놓아도 살 사람이 없으니 부동산 값은 몸살은 앓고 더 떨어질 수밖에 없다.

집 없는 사람들은 집뿐 아니라 돈도 없다. 부동산이 내려도 집 없는 사람은 살 돈도 없고, 부동산 값이 올라간다 싶으면 돈 있는 사람들이 싹쓸이를 해갈 것이다.

서민들은 살고 있는 집값은 계속 떨어지고 가지고 있는 재산은 반토막이 난다. 부동산이 반토막이 났다는 말에 정말 그럴까 했는데 실제로 강남의 한 건물은 반값에 경락이 됐다는 보도가 나왔다.

만약 부동산값이 한꺼번에 거품 꺼지듯이 떨어지면 어떻게 될까. 아무리 팔고 싶어도 살 사람은 없고 재산 가치는 점점 떨어질 텐데 이대로 가도 괜찮은 건가.

노 전 대통령 때는 온갖 욕을 하면서도 돈을 번 사람들이 지금은 그때 번 돈을 다 털고도 사업을 접어야 할 판인데, 이제는 욕할 가치도 없다고 한다.

이런 때에 국회는 무엇을 하고 있는가. 국회가 여야 합의로 공사 예산을 전액 삭감했는데도 정부가 공사를 진행하고 있다. 삼권 분립이 되어 있는 것은 서로 권력을 견제하여 독단과 독주를 막기 위함인데 입법부의 결의를 무시한 채 공사를 강행하는 정부의 처사를 보고만 있는 것이 합당한가.

그렇다면 국회의원들은 있으나마나한 것이다. 그러면서도 국회의원이 온갖 특혜를 누리고 특권을 가질 수 있다고 생각하는가. 현재 일을 바로 해결하지 못하고 내일 일을 잘하겠다고 하는 건 무효다. 기약할 수 없기 때문이다. 이런 상황에서 사법부의 무능과 안일은 국민들을 더욱 슬프게 한다.

정치인들이 국민들을 살기 어렵게 만든 정부의 경제 정책을 막고 국민들을 편안하게 살게 하는 일을 해보았는지 묻고 싶다.

정부의 오만과 독선을 막지 못하면 우리는 강대국의 먹잇감이 될 것이다. 국민들이 무서워 정부의 오만과 독단이 무너질 때 진정으로 국익 증진과 국민 복지의 길이 열릴 것이다.

우리의 살 길이 여기에 있다.

(2012년 3월 17일)

옳은 일

세상에서 가장 하기 어려운 일이 무엇입니까. 옳은 일입니다. 상식적으로 생각하면 가장 쉬운 일일 것 같은데 왜 어렵습니까. 그것은 우리가 사는 세상이 불의에 덮여 있기 때문입니다. 인간의 무지는 옳은 일이 무엇인지 모르기 때문입니다.

옳은 일을 하려면 권력자, 지식인, 부자, 힘센 자들의 잘못을 이야기해야 합니다. 이들이 가장 큰 잘못을 저지르는 자들이기 때문입니다. 그런데 그들의 잘못을 말하면 "당신이나 잘 하시오!" 하고 곱지 않은 눈초리로 핀잔을 주고 듣기 싫어합니다.

왜 그렇습니까. 그것은 자신이 그들 중에 속해 있거나, 잘못을 지적하는 소리를 가만히 듣고 있다가 권력자들의 눈 밖에 날까봐 그런 것입니다. 이런 세상에서 옳은 일을 하기란 쉽지 않습니다.

아니 쉽지 않은 정도가 아니라 감옥으로 잡혀 들어가고, 길고 긴 재판과 무거운 벌금형을 받고, 살림이 어려워지고 집안이 풍비박산 납니다. 누가 이런 세상에서 옳은 일을 하려 들겠습니까.

그럼에도 불구하고 인류 역사에는 옳은 일을 하다가 죽은 사람이 너무도 많습니다. 오늘날의 세계가 이만큼이라도 발전할 수 있었던 것은 목숨을 걸고 옳은 일을 하는 사람들이 있었기에, 그들의 숭고한 피가 있었기에 가능했던 것입니다.

권력자나 힘센 자들은 옳은 말을 듣지 않습니다. 옳은 말을 싫어합니다. 비웃습니다. 옳은 말을 따르면 자기들의 목적을 달성할 수 없기 때문입니다. 현대사회는 돈이 중심이고 주인입니다. 모든 것이 돈으로 귀결되고, 모든 것이 돈 때문입니다.

지도자에게는 높은 도덕성이 요구됩니다. 이들의 과오는 파급력이 커서 그 영향을 받는 사람이 많아지고 치르는 대가도 엄청나기 때문입니다. 심지어 나라를 잃게 되기도 합니다. 그런데 이상하게 보수와 진보 중에는 진보에게만 높은 도덕성을 요구합니다. 마치 보수는 도덕성과 무관해도 되는 것처럼 말합니다. 왜 그렇습니까.

그것은 이제껏 보수가 권력을 쥐었고 또 그 권력에 빌붙어서 불법과 탈법을 저질러왔기 때문입니다. 그들은 돈벌이가 된다면 불의도 불법도 개의치 않았습니다. 그래서 보수가 도덕적이지 않은 것은 문제 삼지 않습니다. 으레 그러려니 하는 것입니다. 그러나 진보를 표방하는 사람에게서 도덕적인 문제가 발견되면 가차없이 비난을 하고 마치 세상에 있어서는 안될 일을 저지른 것처럼 난도질을 합니다.

불법으로 돈을 벌었어도 돈이 있는 사람은 얼굴에도 여유가 있고 이웃을 대할 때도 온화함을 드러냅니다. 그래서 마치 덕이 있는 사람처럼 보입니다. 자연히 따르는 사람이 많습니다. 그러나 옳은 일을 하고자 하는 사람들은 돈 벌이와 거리가 멀고 먹고 살기도 힘든 사람들이 많습니다. 이웃에게 줄 것도 없고 사는 데도 여유가 없습니다. 그러니 매력이 없습니다. 힘도 없습니다. 분란을 일으키는 사람으로 인식되어 미움을 받고 외톨이가 됩니다. 이것이 바로 강자인 보수의 도덕성에는 눈 감고 약자인 진보의 도덕성만 강조할 때에 생기는 현상입니다.

이렇게 되면 약자를 짓밟고 강자 편에 선 자들이 호의호식하고 부귀영화를 누리는 것을 본 국민들은 너도나도 강자의 편에 서려고 줄을 설 것입니다. 그러면 이 나라가 어떻게 되겠습니까. 의로운 좁은 길은 사람들이 다니지 않아 더 좁아지고, 불의한 넓은 길은 사람들의 발자국으로 다져져 더 넓어질 것입니다.

옳은 일, 잘못된 세상을 바꾸는 일이 쉬울 수는 없습니다. 잘못된 세상을 만든 사람들이 자신들의 안락과 영화를 지속시키려고 더욱 힘을 쓰고 있으니 이들과의 싸움이 쉬울 수는 없습니다. 이들은 권력, 자본, 지식, 법률을 모두 자기편으로 만들어 놓고, 이 모든 것을 동원하여 사람을 괴롭히다 결국 죽음에 이르게 합니다. 예수도 결국 옳은 일을 한 죄로 죽은 것 아닙니까.

불의한 자들이 약한 자들을 죽이는 방법은 여러 가지입니다. 전쟁을 일으켜 죽이고, 굶주려 죽게 하고, 합법을 가장한 불공정한 거래를 해서 힘없는 자, 서민들을 살 수 없게 만듭니다. 무역을 한다면서 세금 없이 장사하는 FTA는 양쪽 두 나라의 대기업들만 돈을 벌어들입니다. 그 사이에서 농민들이 죽어갑니다.

신자유주의가 판치는 요즘 세상에서는 국제적인 돈놀이꾼들이 국경도 없이 여러 나라를 드나들며 돈을 빨아갑니다. 그들의 농간에 순진한 개미 투자자들과 펀드 가입자들이 죽어 나갑니다.

경제 위기 극복한다고 하더니 국민 모두를 위기에 몰아넣었고 금융 위기 극복한다고 하더니 더 많은 국민들을 빚쟁이로 만들었습니다.

기업하기 좋은 나라 만든다며 빈익빈 부익부의 세상을 만들었습니다. 노동 유연성을 강조하더니 노동자들을 죽음으로 내몰고 있습니다.

바로 이런 죽임의 세력을 몰아내고 세상을 바로잡는 일이 옳은 일입니다. 아무리 물대포를 쏘고, 억울하게 벌금을 물리고, 사찰을 하고, 고소 고발을 남발하며 괴롭혀도, 옳은 일을 하는 사람들이 언제나 있습니다.

마음 약한 서민들은 공권력이 무서워 떨면서도 어떤 것이 옳은지 알고 있습니다. 다들 입을 다물고 속앓이를 하면서도 힘을 발휘할 때가 오면 힘을 발휘합니다. 그것이 우리 국민의 저력입니다.

아무리 탄압을 해도 옳은 일을 하는 사람들이 끊이지 않는다는 것, 아무리 겁박하고 눌러도 결국은 옳은 일을 하는 사람들의 손을 들어주는 국민들이 있다는 것, 이것이 대한민국의 희망입니다.

(2012년 3월 29일)

국회의원은 누구인가?

국회의원은 누구입니까. 941만 원의 월 세비를 받고, 보좌진 최대 9명의 급여, 의원회관 25평 사무실, 사무실 운영경비 679만 원, 차량 유지비 36만 원, 유류대 110만 원을 받고 면책특권에 회기 중 불체포 특권, 공항 이용편의, 주차장 귀빈실 이용, 보안 간소화, 신속한 출입국 수속 등 최상급의 대우를 받습니다. 국회의원은 결코 지역개발 사업자가 아닙니다.

유능한 국회의원은 여당의 수뇌부와 정부에 줄이 닿아서 자기 지역구의 발전 사업을 잘 따오고 지자체 보조금도 많이 받게 손을 쓸 수 있습니다. 국민들은 다리 놓고 도로 건설하고 좋은 기업을 유치하고 신공항 건설을 원합니다.

후보자는 자신만이 그런 일들을 할 수 있다고 말하면서 과거의 업적들을 늘어놓습니다. 내가 사는 동네가 발전되어야 집값도 올라가고 살기도 좋아지니 국민들은 당연히 여당의 힘 있는 후보에게 표를 던집니다.

위대한 정치인이라는 이 국회의원이 하는 일은 자기 지역구에 세금을 많이 가져다가 지역 사업을 하는 것입니다. 그 세금은 어떻게 만들어진 것입니까. 부자감세 정책으로 상위 20%의 세금은 줄어들고 나머지의 세 부담은 20~30%씩 늘어났습니다. 부자들에게는 특혜를! 그러나 서민들은 가혹한 정책으로 더 가난하고 힘들게 만들어 놓았습니다. 이런 세금을 자기 동네 발전을 위해 많이 가져갔다면 그 사람은 불량 국회의원입니다. 이런 사람에게 표를 던지는 것은 자기 이익을 위해 공공성을 무시한 투표 행위로, 국가 발전에 해악을 끼치는 것입니다.

그런데 지금까지의 국회의원 선거는 이런 후진성을 면치 못하고 있습니다. 내게 이익이 없어도 내 고장 발전이 뒤늦어도 공정한 정치, 국민이 주인 대접 받는 민주주의가 실현되는 정치를 원해야 합니다.

나만 잘 되면 너는 죽어도 좋다는 생각은 버릴 때가 되었습니다. 어떻게 하면 천문학적 부채를 정리할 것인가를 생각하고 국민들과 함께 의논하는 국회의원이 있어야 합니다.

교육비에 등골이 빠지는 국민들을 어떻게 구할 것인가를 생각해야 합니다. 국민경제로 벌어들이는 돈이 50대 재벌의 금고로 들어가는 경제제도를 과감하게 청산하고, 이 나라를 과연 어떤 나라로 만들 것인가를 밤 새워 고심하고 연구해서 얻은

답이 정강 정책이 되어야 합니다.

때가 되면 눈 가리고 아웅하는 임시방편을 마련해서 국민들의 비위나 맞추는 정치는 대국민 사기극이 될 뿐입니다. 이런 정치는 국민을 무시하고 대통령 입맛대로 국정을 운영하는 나라가 되고 결국에는 강대국의 먹잇감이 될 수밖에 없습니다. 대통령 마음대로 하는 정치는 정당의 뒷받침이 있기에 가능한 것입니다. 따라서 정당도 공범이고 그에 대한 책임을 면할 수 없습니다.

당명을 바꾸고 대통령의 실정과 선을 긋고 차별하기 이전에, 먼저 무엇이 잘못인가를 명맹백백하게 지적해서 용서를 빌고 난 다음에 앞으로는 어떻게 바꾸겠다고 말해야 합니다.

경제 시스템을 바꾸지 않고는 경제 민주화를 이룰 수 없습니다. 예산 중에는 국방이나 개발을 내세워서 불요불급하고 쓸데 없는 곳에 쏟아붓는 돈이 많기 때문에 정작 서민들의 복지에 돌아갈 분깃은 몇 푼 되지 않습니다. 이래서는 경제 민주화도 복지사회 건설도 말잔치로 끝나고 아무리 바꾸려고 해도 바꿀 수가 없는 결과가 되고 맙니다.

더구나 한 · 미 FTA는 가난한 사람 더 힘들게, 아픈 사람 약값은 더 비싸게 하면서 복지정책에 제동이 걸리고 망하는 농민들만 늘어나게 되어 있습니다. 그 와중에 이익을 보는 곳은 몇몇 대기업 밖에 안 되기에 아무리 경제 민주화, 복지사회를 만들고 싶어도 할 수 없게 되어 있습니다.

그렇다면 국회의원은 무엇을 하는 사람입니까. 헌법이 정한 입법권을 행사하도록 국민들에게 권리를 위임받은 사람들입니다. 그래서 국민 생활에 필요한 법을 만들고 잘못된 법은 고치고 국가 살림살이의 기반이 되는 예산안을 심의 의결하고, 정부의 문제점이 들어나면 국정조사권을 발동하는 권한을 가지고 있습니다.

그런데 오늘날의 국회의원은 마치 자기 사명이 지역사업인 것처럼 정부를 때로는 구스르고 때로는 압박해서 예산 따내기에 혈안이 됩니다. 또 유권자들은 이런 사람이 유능하다고 생각해서 표를 줍니다. 국회의원은 지역개발업자도 지역 살림을 하는 지방의원도 아닙니다. 의원 한 사람, 한 사람이 나랏일, 법 만드는 일을 하는 헌법기관입니다. 그래서 앞에서 말한 그 많은 특권이 주어지는 것 아닙니까.

국회의원의 책무는 대통령과 정부가 민주주의를 후퇴시키거나, 인권을 유린하거나, 경제 주역인 노동자를 탄압하고 국민들을 억압하려 한다면 그렇게 하지 못하도록 막는 것입니다.

국회의원은 부익부 빈익빈의 경제 양극화를 국회에 앉아서 비난만 하는 것이 아니라 그런 일이 일어나지 않도록 사전에 잘못된 경제 정책을 바로잡는 일을 해야 합니다. 부자를 더 부자되게 하는 정책을 펴지 못 하도록 특혜를 없애야 합니다.

다른 나라는 금융위기 이후 부동산 거품을 빼고 가계 부채는 줄이는 방향으로 가는데 이 나라는 거꾸로 가는 정책을 폈습니다.

그 결과 부채 공화국이 되고 말았고, 누가 정권을 잡아도 국민들의 삶은 고생길로 갈 수밖에 없는 상황이 되었습니다. 부채가 감당할 수 없을 만큼 늘어나버렸기 때문입니다. 나라 전체가 부채에 빠져 허우적거리는 지경이 되었는데도 국민들의 대표로 뽑힌 국회의원이라는 사람들이 이에 대해 아무 말도 하지 않고 있으니 정말 이상한 일입니다.

오는 4월 11일은 제19대 국회의원 선거일입니다. 선거일이 다가오자 정치인들은 민심탐방을 한답시고 시장 골목골목을 누비며 만면에 미소를 띠고 손을 내밉니다. 그 골목의 상권을 대기업들에게 다 갖다 바치도록 뒷받침을 해준 자들인데도 눈앞에 나타나니까 열광을 합니다. "어서 오십시오" 하고 환영을 합니다. 왜 그래야 합니까.

부자들의 편을 들어준 당신들의 잘못된 정책 때문에 우리 서민들은 먹고 살길이 막막해졌고 가난의 밑바닥으로 떨어졌습니다. 우리는 분노로 숨이 막혀 죽을 지경인데 당신들은 왜 웃습니까. 용서를 빌어도 시원찮은데 무슨 표를 내놓으라는 것입니까. 서민의 편에 서겠다고 한 약속은 말뿐이고 한 번도 지키지 않은 사람들이 어떻게 다시 얼굴을 들고 나타날 수 있습니까. 이 동네를 고치겠다고 하지 말고 당신들의 잘못이나 반성하고 고치십시오!

그런 사람들은 이렇게 호통을 쳐도 정신을 차릴 둥 말 둥한 사람들입니다. 선거가 끝나면 또다시 고개가 뻣뻣해지고 있는 사람들과 한 통속이 될 사람들이 태반입니다.

여야합의로 결정한 강정해군항 건설예산을 전액 삭감하고도 강정에서 해군기지를 건설하는 것은 국민을 우롱하는 것 아닙니까.

왜 거기에 대해서는 말이 없습니까. 국가나 개인이나 손해 나는 장사는 장사가 아닙니다. 손해 나는 FTA에 대해 국민들이 반대를 하면 한번쯤 생각해봐야 하는 것 아닙니까. 한 EU간 FTA에서 손해가 났다면 한 · 미 FTA도 다시 한번 생각해봐야 하는 것 아닙니까.

한 · 미 FTA를 여당 단독처리로 밀어붙이고는 부끄럽지도 않은지 강남에는 FTA 협상의 선봉장인 김종훈 씨를 공천했습니다. 끝까지 해보자는 작태입니다. 아마도 부자들이 자신들의 편이니 이기는 게임이라고 생각했겠지요. 그러면 이런 때에 가난한 사람들은 어떻게 해야 하겠습니까.

총선 전의 달콤한 속삭임은 독약입니다. 거기에 속으면 안 됩니다. 국회의원 후보를 위해 인심 쓰는 투표를 해서도 안 됩니다.

그들이 우리를 생각해야지 우리가 그들을 생각해줄 필요가 없습니다. 그들은 내가 생각해주지 않아도 잘 살 수 있는 능력자들입니다.

나도 살고 이 나라도 사는 투표를 해야 합니다.

어떤 사람이 나를 위해서, 나라를 위해서 일할 사람인지 잘 판단해야 합니다. 나를 고통스럽게 하고 나라를 가난으로 몰아넣는 정치를 끝내는 선거를 해야 합니다. 제대로 정신을 차리고 똑바로 보고 올바른 생각을 가지고 투표를 해야 정치를 살리고 나라를 살릴 수 있습니다. 그래야만 나에게 행복이 있고, 이 나라에 장래가 있습니다.

(2012년 4월 4일)

권력자의 유혹

유혹이 있어서 인간이다. 아무런 유혹이 없다면 별 가치가 없는 인간이다. 그러나 값어치 때문에 유혹에 빠졌다면 그 인생은 파탄난 것이다.

유혹에 빠지지 않으려면 '유혹에 빠지지 않기 위해 기도하라'고 예수는 가르치셨다. 사람의 마음은 내 맘대로 할 수 있을 것 같지만 내 마음대로 되지 않는 것이 마음이다. 그래서 기도하라고 하는 것이다.

대통령에게 찾아오는 유혹은 내 맘대로 하려는 유혹이다. 법대로가 아니라 내 마음대로 하기 위해 임금님이 되어 간다. 임금처럼 행세한다.

그러기 위해서는 3권만 장악해서는 안 된다. 언론까지 장악해야 한다. 그 과정이 과욕이 된다.

순사가 칼을 차는데 그 칼로 사람들의 목을 치고 다니라는 것은 아니다. 목을 칠 수 있는 칼을 차고 있는 것만으로도 순사 역할은 충분히 할 수 있다.

대통령에게 막강한 권력이 주어져 있다. 그 권력을 있는 대로 다 행사해 버리면 불안이 찾아온다. 불안이 견딜 수 없는 경지에 이르면 불법을 자행한다. 이것이 독재다.

처음부터 나는 독재가 되어야겠다고 생각한 일은 없을 것이다. 하다가 보니까 독재자가 되어 있는 것이다. 내 마음대로 하면 좋을 것 같지만 모두가 내 마음대로 한다면 세상이 어떻게 되겠는가? 그것이 바로 암흑천지가 아닌가.

대통령에게는 법이 안전장치다. 불편해도 이 길로 가야 한다.

권력의 상징인 검사에게는 강압 수사가 유혹이다. 일정 기간 안에 잘 엮어서 집어넣어야 유능한 검사가 된다. 그 길이 뻥 뚫린 출세 가도다. 넓은 길이다. 그런데 지금은 이것만 가지고는 안 된다.

돈이 유무죄를 가린다. 유전무죄 무전유죄다. 정의 구현의 초심은 내가 가기에는 너무나 먼 길이어서 쉬운 길로 간다. 쉬운 출세길이 유혹한다.

땀 흘리지 않은 많은 돈은 고통을 수반한다. 고통스럽게 사는 것보다 땀 흘리고 사는 것이 훨씬 더 낫다.

아무리 돈 가뭄이 들어도 권력자에게 주는 돈은 풍년이다. 이것이 이들의 유혹이다. 입만 벌리면 큰돈, 뭉칫돈이 날아든다. 이것이 경제사범이다. 경제사범은 너무 신사적인 말 같다. 도둑놈이라고 해야 경제사범이 없어질는지도 모른다. 그런데 도둑놈은 살기 힘들어 도둑질을 한다. 힘도 많이 든다. 불안해서 땀이 난다. 때론 사선을 넘나들고 도망도 쳐야 한다.

권력의 경제사범은 얼른 듣기에 권력자들의 경제 모범사례인 것 같이 들린다. 그러니 앞으로는 경제사범이라 부르지 말고 큰도둑놈이라고 했으면 좋겠다. 그럼 그 말 때문에라도 경제사범이 더 적어질 것 같다.

더 큰 문제는 큰도둑놈이라고 신고하면 신고한 사람부터 구속하는 것이다. 도둑 신고를 하면 도둑놈부터 조사해서 구속해야 맞는 것 아닌가.

내가 이런 말을 할 수 있는 것도 민주주의를 위해 자기를 희생한 분들이 있었기에 가능한 것이다. 그분들께 머리 숙여 감사한다. 그런데 요사이 보니 그분들이 종북좌파 빨갱이가 되었다.

민주주의가 좋기는 좋은 모양이다.

앞에다 자유를 붙인 자유민주주의가 더 좋은 줄 알았더니, 민주주의 덕을 많이 본 자들이 민주주의를 후퇴시키고 자유스럽게 민주주의를 짓밟기 위해 자유를 더한 것처럼 보여 이 자유는 보기가 싫다.

이대로가 좋은 사람은 아무 일도 안 생기는 안정이 좋고 살기 힘든 이들은 무슨 일이든 일어나는 개혁을 원한다.

개혁을 원하는 사람은 자유를 갈구한다. 이 자유는 역사발전의 원동력이다. 가난한 사람은 가난이라도 보듬어야 살 것 같으니까 개혁을 두려워한다. 가난의 이대로는 영원한 가난이다. 가난은 당신의 동반자가 아니다. 가난을 박차버려야 가난이 도망간다.

'그래, 그래' 하면 가난이 떼 지어 달려든다. 가난에 포위된다. 부자가 노리는 것이? 당신의 '그래, 그래'이다. 반대로 '아니다, 아니다'가 당신의 살 길이다.

부자가 가난한 당신을 위해서 하는 일이나 말은 영원히 당신을 가난에 묶어 두는 일, 바로 '그래, 그래'이다. 그래도 '그래, 그래' 할 텐가.

'그래, 그래'가 긍정적인 삶은 아니다. 잘못한 정부에게 아무 말도 안 하는 것이 제일 나쁜 것이다. 잘못을 계속하면 잘못했다고 말해야 한다.

말하지 않는 것은 망하라고 내버려두는 꼴이 된다. 그것은 저주가 된다. 국민이 잘못을 지적하면 사실이면 사과하고 고치면 된다. 그런데 '그전에도 이렇게 했다, 너희들도 그렇게 했다'고 하면서 고칠 생각은 안 하고 잘못을 더욱 크게 만들어서 같이 죽자고 하면 될 일인가.

잘살게 해준다고 하고 정권을 잡았으며 그 말대로 하면 된다. 그런데 '지금 우리가 잘못했는데 그전에 너희들도 잘못했잖아. 그러니 조용히 있어. 특검하면 어떻게 되는 줄 알지. 과거에 너희들이 잘못했으니까 우리도 잘못해도 괜찮아'라고 한다.

마치 '우리도 너희들처럼 잘못해서 정권 교체되도록 하겠다'는 것처럼 보인다. 정신 나간 사람들이 아닌가. 상식이 통해야 대화가 되는 것이 아닌가. 과거에는 잘못했다. 우리는 지금 민간인 사찰 안 한다고 해야 하는 것 아닌가.

청와대가 개입하고 국무총리실이 개입해서 민간인을 사찰한 것이 들통이 나고, 진실을 밝히려는 자를 돈으로 직장으로 입막음하려고 했던 구체적인 정황이 드러났는데 머나먼 길인 특검을 하는 것이 옳은가. 옳은 소리처럼 들리지만 국민을 무시하고 계속 민간인 사찰하겠다는 말이 아닌가. 머슴이 주인을 감시하는 꼴이다.

콩을 팥이라고 하는 것도 사람들의 양식에 문제가 있는 것인데 통과 팥은 똑같다. 신장을 콩팥이라고 하지 않는가. 궁지에 몰려서 어쩔 수 없어서 그러겠지만 참으로 한심한 사람들이다. 어떤 사람의 머리에서 나온 기획인지 모르지만 소가 웃을 일이다.

이 나라에 이런 일이 있었다는 걸 알고 있는 국민들이 정의가 무엇이라 생각할 것이며, 이 나라에 정의가 살아 있다고 보겠는가. 정의가 죽었단 말은 불의가 득세해서 불의에 뒤덮인 세상이란 말이다. 모든 걸 주인이 모르게 해야 되기 때문에 항상 비밀이 많다.

똑똑한 국민이 이런 나라에는 필요가 없다. 얼이 썩은 국민이 더 좋다. 항상 긍정적인 사고방식! 잘 하든지 못 하든지 무조건 '옳소, 옳소' 하는 국민이 좋다. 잘못한 놈한테 '옳소'는 망해 버리라는 말과 같다.

반대가 있으면 가던 길도 되돌아보고 심사숙고해야 하는데, 반대할수록 얼른 해치워 버리고 만다. 무엇 때문에 그랬는지 얼마 안 가 다 밝혀진다. 하지만 그때는 너와 내가 다 불행해진다. 주인된 국민의 말을 안 듣는 것은 유혹자의 말을 듣는다는 것이고 힘센 놈의 말을 듣는다는 것이다.

그 결과는 나라와 국민의 비극이다. 국민이 잘못한다고 소리를 지르니까 잘한다는 패거리가 나타나서 설친다. 이런 현상은 못된 권력자의 세상이 끝나간다는 징조이다.

잘못한다고 하니 너는 얼마나 잘했나 한번 보자 해서 자세히 보는 것이 민간인 사찰이다. 이것은 머슴이 주인을 감시하는 것과 같다. 먼저 주인을 주인의 자리로 되돌릴 때 잘못이 고쳐진다.

방귀 뀐 놈이 성 낸다고 하더니 그 말이 맞는 것 같다. 방귀 뀐 놈은 따로 있는데 다른 놈에게 방귀 뀌었다고 덮어씌우니 적반하장을 제대로 보여준다. 혼자 조용히 말하면 극소수의 의견! 여럿이 말하면 국기문란! 그래서 다 잡아 가두면 감옥을 더 지어야만 할 것이다.

주검으로 내몰린 자가 많아지면 원성이 하늘을 찌른다. 한 생명이 천하보다 귀한데 그 많은 사람들을, 하늘에서 들리는 소리가 두렵지 않은가.

우이독경, 소통부재. 내가 제일이다, 내 하는 대로 놔 두라! 이 모두가 돈에 가려 주인을 못 보는 데서 출발한다.

자기가 판 무덤에 자기가! 남잡이가 저잡이! 이것이 세상 이치고, 이것이 역사가 아닌가. 이런 길로 가지 말라고 가는 길을 가로막고 되돌아가라는 하느님의 음성은 사람을 향한 놀라운 사랑이 아니겠는가. 이 사랑 받아들이면 모두 행복할 텐데!

(2012년 4월 10일)

생각나는 대로 쓰다

선거가 끝났다.

'투표하라'고 똑같이 부르짖었다. 그러나 결과는 평소 수준! 아무런 힘도 발휘하지 못했다.

저들은 심판에 심판으로 맞섰다. 심판은 집권 여당과 정부의 실정을 심판하자는 것인데 오히려 아직 구성조차 되지 않은 거대 야당의 횡포를 막아달라고 호소했다. 그 결과는 거대 야당이 아니라 거대 여당이 탄생했다.

이제 이들의 횡포는 무엇으로, 어떻게 막을 것인가. 이에 대한 대답은 누가 해줄 것인가.

8년 전 막말을 부각시켜 현재의 민간인 불법 사찰을 덮었다. 후보 한 사람의 잘못을 가지고 진보 진영 전체를 공격하고 민주주의의 근간을 흔든 불법 사찰을 무력화시켰다.

그들은 이렇게 말한다. 사찰은 우리만 했나. 지난 정권에서도 했다. 불법 사찰인지 적법 감찰인지는 따지지 마라. 그런 건 가릴 필요 없다. 무조건 같다면 같은 줄 알아라. 그러니 잘못이라도 너나 나나 같이 저지른 것이다. 그리고 우리에겐 소명해 줄 검사가 있다.

불법이든 탈법이든 아무 걱정 없다. 입 다물고 잠잠하게 있어라.

FTA는 말할 것도 없다. 너희들이 시작한 것을 우리가 마무리한 것뿐이다. 누구더러 잘못했다 하느냐. 잘못이라면 모두 너희들에게 있다.

그러니 이런 자들에게 정권을 맡길 수 없다. 우리가 가질 수밖에 없다.

골목상권을 보호하라고? 상인들이 하는 꼴을 봤지? 얼마나 우리를 환영하고 좋아하는지 봤지?

우리가 손을 내밀기도 전에 먼저 손을 내밀고 얼싸안는 거, 봤지? 못 봤다면 얼마든지 다시 보여줄 수도 있어. 이제 우리가 이겼으니 얼마나 더 환영할지 너무나 뻔해.

골목상권을 아무리 망가뜨려도, 일본인들이 골목골목을 잡아먹어도 아무 생각이 없지. 원망하려면 우리를 탓하지 말고 돈 없는 서민인 것을 한탄하면 돼. 그 이상은 생각도 하지 말아.

제주 강정마을 해군항 너희들 때 시작한 것 맞지? 왜 말 바꾸기를 하는 거야. 이런 자들에게 정권을 맡길 수는 없어. 그러니 당연히 정권을 우리가 차지할 수밖에!

국회의원들의 하는 짓을 보아라. 한 사람이라도 군항 건설에 시비를 거는 사람이 있는가. 눈을 씻고 찾아보아라. 2012년 강정 해군항 건설 공사비를 전액 삭감해 놓고도 국방부가 공사를 강행하니 아무 말이 없지 않은가. 얼마나 점잖은가. 이 정도는 되어야 국회의원이 될 수 있다.

밸이 없는 사람은 불의 앞에서도 항상 겸손해. 그래서 표가 모이는 것이다. 앞을 내다보는 혜안이 있어 선불리 나섰다가는 죽은 목숨이니 죽은 듯 엎드려 있는 것이지.

이번 총선에서 야당은 누구 하는 대로 따라만 다닌 것 같다.

앞서서 용기 있게 치고 나가야 매력이 있을 것인데 모두들 안전하게 뒷북만 친다. 하는 말이 모두 같고 들리는 소리가 모두 하나다.

부정, 불의, 불법이 판을 치는데도 모두들 안전하게 같은 말을 되풀이한다. 불의가 밝혀졌는데도 분노하지 않고, 진실을 알고도 잠잠하다. 이것이 4년짜리 금배지의 위력이다.

그 결과 거대 여당의 횡포는 줄기차게 이어질 것이다. 이것이 4 · 11 총선이 말해주는 바이다.

다행히 서울 수도권 호남권에서는 이 정부의 잘못을 아는 것 같다. 그래서 바꾸고 싶은 것 같다. 그런데 세금 많이 뿌려진 곳의 땅 색깔은 왜 그렇게 붉게 물들었는가. 신의 조화인가, 인간의 만행인가?

박근혜 씨는 선거의 달인이 되었는지는 모르지만 최고 지도자로서는 허점투성이다. 대통령을 할 사람이라면 현실을 직시하고 그것을 기준으로 말을 해야 하는데, 그에게는 현재, 과거, 미래가 혼재되어 있다. 그래서 상식이 통하지 않는 점이 지금 횡포를 부리고 있는 권력자와 비슷해 보인다. 걱정이 되지 않을 수 없다.

첫째, 현재의 심판이 아닌 미래의 심판으로 맞섰다.

이분은 때를 분간하지 못하는 것 같다. 아직 한밤중이다. 그러나 한밤중은 새벽으로 가는 길목에 있다.

둘째, 민간인 불법 사찰 문제를 덮었다.

현재 수사중이다. 길고 긴 이 수사가 어떤 괴변(디도스 공격을 푸는 것은 신의 영역이라고 했다)으로 어떤 결과를 낳을지 모르지만, 수사중이라는 구실로 미뤄두고 8년 전 막말을 공격의 전면에 내세웠다. 손바닥으로 하늘을 가렸는데 가려졌다.

자기도 피해자였다고 말하면서도 적극적으로 진실을 밝히지 않는 걸 보면 당해도 아무 상관 없었던 모양이다. 자신은 상관없는지 모르지만 사찰당하는 민간인은 모든 것을 잃었다. 직장도 잃고 가족들도 상처 입고 친구들도 잃었다.

그런 사찰을 왜 하는가. 권력자가 자기 마음대로 권력을 휘두르기 위해서다. 사찰방지법은 만들 것도 없다. 지금 있는 법대로만 해도 충분하다. 민간인 사찰은 지금도 엄연히 불법이다. 그러니 법대로 처리하라.

깃털이다, 몸통이다 하면서 술수 쓰지 말고 머리를 제대로 찾아내서 법대로 처리하면 된다. 제발 법대로 해라. 그렇지 않으면 사찰은 또다른 사찰을 낳을 뿐이다.

셋째, 한 · 미 FTA 무조건 하려 하지 말고 이것이 국민에게 이익이 되는지 고통이 되는지를 생각하고 결정하라. 반대하는 목소리는 무시해 버리고 좋아하는 자들끼리 작당을 해서 법을 통과시키면 이것이야말로 권력의 횡포가 아니고 무엇인가.

자기들이 해결해야 할 문제를 앞에 놓고, 지난 정권 때 일이니 잘못된 것은 무조건 그들을 탓하란 것도 우습지만, 지난 정권의 잘못을 그대로 따라하겠다는 것은 정말 억지 코미디다. 자기들은 박수 치고 웃을 수 있는지 모르지만, 아무 힘이 없어 보고만 있어야 하는 사람들은 그들의 뻔뻔스러움에 눈물만 난다. 국가백년대계가 온통 눈물이다.

넷째, 강정해군항 공사. 여야합의로 공사비 전액을 삭감했는데도 절차를 무시하고 공사를 밀어붙이고 있다. 주민들이 반대하고 도지사와 기초의회 의원들이 절차적 이의를 제기하는 하는데도 무시하고 강행하는 공사에 대해 말이 없는가.

이런 일을 바로잡으란 말이다. 지금 당장! 혹시 그랬다가 사찰당할까봐 겁이 나는가. 아니면 표를 의식해서 그러는가.

앞으로 정치권이 풀어야 할 문제들은 산적해 있다.

1. 부채

삶의 질을 높이기 위해 얻어 온 빚이 IMF로 갔다. 잘 사는 것처럼 보이는 경제 정책으로 부채공화국이 되었다. 원래 빚은 돈이 되는 곳에 투자하기 위해 얻는 것이다. 그런데 계속 해서 돈을 들여야 하는 곳에 써버리면 국민의 고통으로 이어질 뿐이다. 아무리 빚을 내도 돈이 들어가는 구멍 때문에 경제가 풀리는 것이 아니라 갈수록 서민들의 숨통을 조이게 될 것이다.

2. 교육

우리나라는 대학 진학 84%의 세계 최고의 교육열을 자랑한다. 그런데 이것이 물거품이 될 날이 다가올 것이다. 아니 벌써 다가왔다. 어떻게 할 것인가. 취업이 목적이면 대학 교육은 어디로 갈 것인가. 직업훈련원과 구분 안 되는 대학교육은 이대로 괜찮은가.

3. 노동자

땀 흘려 일하는 사람들을 무시하고 홀대하는 나라가 잘 되는 예가 없다. 그런데도 정책은 거꾸로 가고 있다. 과학과 기계의 발달로 점점 입지가 좁아지는 노동자들을 어떻게 할 것인가.

4. 지금 이대로의 정치나 경제는 활로가 없다.

정치 경제 모두 잘못되는 길로 들어섰다. 너무 쉬운 길을 택했기 때문이다. 그래서 개혁이 반개혁에 잡혀먹힌다. 경제 민주화, 복지 사회 말은 좋지만 선거 때만 피었다 지는 꽃이다. 돈이 있어야 해결이 될 것인데 돈은 다 어디로 가고 있는가.

여야 모두 이 나라를 어떤 나라로 만들 것인가에 대한 전망이 희미하다는 것이 문제다. 절망스러운 미래를 현재에 어떻게 해서 극복할 것인가에 여야가 힘을 합해도 어려운데 서로 금배지를 향해 힘겨루기만 한다. 있지도 않은 거대 야당의 횡포를 막아달라고 목청을 높인다. 이것이 희망이 있는 정치인가? 지금은 고달파도 내일의 희망이 있다면 기운이 생기고 생기가 돈다. 우리 국민들의 얼굴에 생기가 돌 때가 언제인가!

(2012년 4월 19일)

문제를 알아야 해결책이 나온다

정도를 넘어선 편리, 널찍한 집, 높이 솟은 빌딩, 빚으로 건설한 도로와 항만 시설, 이 나라가 잘살게 된 것처럼 보이게 하는 온갖 시설물들…

표면적으로는 우리를 화려하고 부유한 나라에 사는 것처럼 보이게 하는 이런 것들이 사실은 국민들을 고통스럽게 짓누르고 있다. 이런 것들이 국민들에게 고통이 되지 않으려면 빚을 갚을 수 있는 여력이 있을 때만 가능하다. 좋은 공기업들을 민간기업에 팔고 민자로 가는 방법은 국민들에게 부담만 지우고 후손들에게는 고통을 남겨주게 된다.

GDP 2만 달러 시대(숫자는 허울뿐 국민생활과는 관계없음)

주가 2000선에서 오락가락(폭락 위험 안고 외국인만 보고 있다.)

부동산 거품 조금씩 빠지고(돈 있는 사람들이 부동산을 사지 않는 이유)

외환보유고 3천억 달러, 무역 1조 달러(1,130조 원) (빚은 늘어만 간다.)

그런데 채권과 주식 대금 유럽분 1,500억 달러 유입

아시아 700억 달러 유입(홍콩 싱가포르)

미국 1,700억 달러 유입 언제든지 빠져나갈 수 있는 돈이 3,900억 달러다.

넉 달 동안 9억 달러의 유럽분이 나갈 때로 한국경제는 휘청거렸다.

2008~2011년 4년 동안 부채가 400조 원이 늘어났다. 그래서 OECD 3위 부채국(부채 2011.11월 현재 1,350조, GDP 대비 115%)

하우스 푸어 100만, 인건비는 한 달 평균 100만 원도 안 된다.

OECD 자료에 의하면 우리나라는 온갖 악성 지표로 가득 찼다.

· 비정규직, 세계 최고 수준, 극심한 청년 실업

· 자살률, 1위, 세계 최고의 재해율

· 출산율, 188개국 중 186위

· 고령화 속도, 세계 1위

· OECD 국가 중 최장 노동시간
· 소득 수준 대비, 세계 최고가의 주택
· 경제력 대비, 높은 생활 물가 저임금 비율 OECD 1위
· 정규직 대비, 비정규직 임금 차이 세계 1위 빈부격차 급등
· 조세 조정의 빈부 격차, 조정 꼴찌
· 공동사회복지, 지출 세계 꼴지
· 대학등록금, 세계 1위
· 고교 대학 사립비율, OECD 1위

불안, 불신, 불만으로 가득 찬 후진국형 비인간적인 사회이다.

주식시장 국민연금으로 떠받쳐주면 주식 투자자가 좋아하고, 미분양주책 사주면 건설업자가 좋아하지만 세금 내는 국민들은 분통 터진다. 달러 강세되면 원화 가치 떨어져 물가는 올라가고 대기업들은 수출로 달러로 쉽게 돈을 번다. FTA 손실은 세금으로 매우고 이익은 대기업 금고로 들어간다. 2010년에는 GDP보다 국민 총소득이 40조나 적었다. 국민총생산에서 나간 돈이 많았다는 것이다. 국민총소득은 발표를 안 하고 있다. 뭔가 숨겨야만 하는 이유가 있을 것이다. 반대로 잘못된 정보는 친절히 반복해서 천천히 머리에 남게 알려준다. 대표적인 예로 실업률 3%, 거짓말이 아닌가.

정부는 모든 정보를 사실대로 알려주어서 국민들이 앞날을 대비하도록 해야 할 것인데, 오히려 사실은 유언비어처럼 떠돌

아다닌다.

국민들은 삼성 때문에 먹고 산다고 생각한다. 대기업이 없으면 굶어 죽을 것으로 생각하는 사람들이 많다. 언론이 그렇게 유도한다.

삼성, 현대, SK 등 50대 기업 대부분이 탈세하고 위법한 행위를 했는데도 다 풀려났다. 그러면서 한편으로는 골목 상권까지 잠식해서 서민층이 해먹고 살 것이 없게 만들었다. 경제 전문가들은 이대로 가면 멕시코와 같이 된다고 말한다. 혹은 필리핀처럼 될 거라고 전망한다. 멕시코는 세계 최대 부호인 텔멕스 회장이 90%의 멕시코 경제를 독점했다. 그 덕분에 전 국민이 가난하게 되었다.

한국경제는 문제가 무엇인지 알지 못한 것이 문제다. 알려고도 하지 않고 있으니 알 수가 없고, 모르니까 답답할 수밖에 없다. 그래서 "언제 경제가 풀립니까?"라는 소리만 몇 년째 계속하고 있다.

무엇보다 국가가 우리를 위해서 무엇을 해 줄 것이라는 생각을 버려야 한다. 그 대신 "이렇게 하라!"고 우리가 말을 해야 한다.

무슨 말을 해야 하는가? "빚을 갚게 하라. 사교육비 대책을 세우라!"고 해야 한다.

문제를 알기 위해서는 올바른 정보가 필요하다. 올바른 정보를 알려면 언론이 살아있어야 한다. 따라서 국민들에게 바른 정보를 제공해야 할 KBS, MBC 노조가 왜 파업을 하는가를 알아봐야 한다. 그래서 언론의 역할을 제대로 못하게 하는 권력자들을 함께 막아내야 한다. 이런 일들은 국가가 해줄 것이라고 생각하는 것은 '지금 이대로 간다'는 것과 같은 뜻이다. 내가 할 일을 누가 해줄 것이라는 생각이 이 나라를 이렇게 만들었다.

우리가 왜 일은 더 많이 하고도 더 살기 힘들게 되었는가에 대해 항의하고 시정을 요구해야 한다. 국회의원이 해주리라고 생각하면 큰 오산이다. 국회의원은 이미 최상위권 생활로 들어갔기에 여유가 있는 사람들이다. 그런 사람들이 어려운 서민들을 대변하기는 어렵다.

사회복지 경제 민주화 가능하다고 생각하는가. 아무리 발버둥을 쳐봐야 힘들 것이다. 반개혁자들의 공세가 강하게 나타날 것이기 때문이다. 잘못된 경제 정책을 바로잡지 않으면 복지나 경제 민주화가 이루어질 수 없다. 정말 서민들을 위한 정치를 하려는 정치인들에게 힘을 실어 주어야 한다.

노동자들은 하루하루 살아가기에 급급하다. 빚을 지지 않으면 물가고와 교육비를 감당하기가 어렵다.

무엇보다 시급한 것은 해고 노동자가 속히 일터로 복귀하는 것이다. 정치권은 언제까지 불쌍한 노동자들을 계속 죽음으로 몰아넣고 정권잡기 노래만 불러야 하는가.

경제 민주화는 좋은 것이다. 그런데 그건 단번에 이루어지지 않는다. 또 노동자 문제가 자연히 해결되는 것도 아니다. 눈앞에서 급하게 처리해야 할 일을 뒤로 미루는 것은 그대로 방치하겠다는 것이나 다름없다. 벌써 22명이나 죽었는데 앞으로도 더 죽어야 해결을 할 텐가.

대기업은 돈을 얼마나 더 벌어야 하는가. 돈이 얼마나 더 있어야 이웃을 돌아볼 계획인가.

인간의 욕심은 끝이 없는 것 같다. 멕시코를 망하게 하는 것은 90% 이상의 경제를 독점한 텔멕스 회장이 될 것이다. 멕시코의 국가 운명과 함께 독점 기업의 운명도 함께 침몰할 것이다.

잘못된 정책은 나라를 망친다. 이 나라에도 텔멕스 회장의 후예들이 들끓고 있다. 대기업들이 하는 행태를 보라. 이들 앞에는 법이 있으나 마나이다. 이것이 국민정신을 썩게 만든다. 눈앞에 벌어지는 이런 일들을 보고 누가 바로 살려고 하겠는가. "나를 비난하려면 아무리 잘못을 해도 법의 제재를 받지 않는 대기업들을 보라"고 할 것이다. 그래도 저들은 서로 쳐다보고 웃고 말 것이다.

삼성 덕에 먹고사는 사람이 만 명이라면, 먹을 것을 빼앗기고 죽어나는 서민은 셀 수가 없을 정도로 많다. 그런데도 삼성 회장은 "국민들이 정직했으면 좋겠다."라고 훈계조로 말한다. 그는 국민 위에 있는 사람 같다. 국민들은 죽겠다고 아우성인데 삼성은 높은 돈방석에 올라앉아 있다.

문제는 경제다. 특히 개인 부채다.

자기가 진 빚을 자기 힘으로 갚을 수 있도록 하는 정치가 필요하다. 그것은 일자리를 많이 만드는 것이다. 그러나 대기업은 일자리를 줄인다. 교육비가 국민의 숨통을 조인다. 사교육비가 국민을 고통스럽게 만든다. 이런 것을 해결하는 것이 정치다.

민생문제가 바로 이것이다. 부작용을 두려워해서는 안 된다. 지금은 부작용이 없는 줄 아는가. 개혁은 부작용을 동반한다. 부작용 걱정보다는 바른 길로 가는 것이 더 중요하다.

권력자가 자기 마음대로 하는 것이 독재다. 독재자는 정치를 마음대로 하기 위해 독재를 하는 것이 아니라 돈을 마음대로 하기 위해 독재를 한다. 문제는 돈이다. 뒤끝이 그를 평가한다.

조용히 생각하면 그도 서글플 것이란 생각이 든다. 그래도 다른 사람의 고통에 대해서는 함구할 것이다.

(2012년 4월 27일)

부활
-옳은 일을 할 수 있는 힘

유대왕 헤롯은 광야에서 외치는 요한을 잡아 가두었다. 그의 소리가 헤롯의 권좌를 흔들었기 때문이다.

요한이 그들에게 잡힌 뒤 예수는 갈릴리로 가서 하느님의 복음을 선포했다.

"때가 찼다. 하느님의 나라가 가까이 왔다. 회개하라! 복음을 믿어라!"

이 예수는 30년 동안 사람들과 함께 이 세상을 보았고 체험했다. 그래서 마침내 때가 찼다고 생각했다. 이대로는 안 된다고 본 것이다.

가난하고 병들고 눈멀고 귀신 들려 고통 받고 삶에 지친 이들이 살고 있는 고난의 땅 갈릴리에서 동지들을 모으고 하느님 나라 운동을 시작했다.

식민지 지배를 받는 백성으로 멸시받고 천대받는 동족들이 또 다시 멸시하고 천대한 지방 갈릴리에서 예수는 하느님나라 운동을 시작한 것이다. 가난한 자와 함께 하고 창기와 사람 대접 못 받는 자들과 어울리며 병든 이들을 고치고 귀신을 쫓아내고, 안식일은 사람을 위한 안식의 날로 선포하며 억눌린 자의 해방을 위해 온몸을 바쳤다.

하느님나라 운동은 억압과 착취를 끝내고 서로 사랑하고 살자는 운동이다. 날이 갈수록 당시의 종교 지도자와 로마 제국의 눈초리는 예수에게 집중되었고 결국 옳은 일을 하는 예수를 죽게 했다.

하느님을 위한다는 종교인과 로마제국의 하수인 빌라도가 예수에게 죽음을 선고했다. 죽임 당한 예수는 말한다. 종교는 사람을 위한 가르침이어야 한다고. 종교는 머리가 되는 가르침, 최고의 가르침이다. 사람을 위한, 사람을 살리는 가르침이어야 한다.

십자가형은 생사람을 십자가 나무틀에 못 박아 죽이는 극악무도한 형벌이다. 십자가에 매달린 예수의 좌우편에 두 강도가 함께 매달렸다.

예수의 처형장에는 그를 따르던 무리들이 다 도망가고 멀리서 여인들만이 지켜보고 있었다. 지나가는 사람들은 머리를 흔들면서 예수를 모욕하였다.

"성전을 허물고 사흘만에 다시 짓겠다는 사람아, 자기나 구원하여 십자가에서 내려오려무나!"

대제사장들과 율법학자들도 똑같이 조롱하여 말하였다.

"남은 구원하고 자기는 구원하지 못하는구나! 십자가에서 내려와봐라. 그래야 우리가 믿겠다."

나중에는 함께 십자가에 매달린 두 강도까지도 예수에게 욕을 하였다.

그는 사람에게 버림받고 하느님께도 버림받았다.

그는 부르짖었다.

"나의 하느님, 어찌하여 나를 버리셨습니까!"

그러나 마침내 십자가에 매달린 한 강도는 "예수는 잘못한 것이 없다."고 그를 변호하였다. 그 말과 동시에 빌라도의 판결은 무력화되었다.

이 유명한 변호는 십자가에서 물과 피를 다 쏟은 예수의 목을 생수처럼 축여주었을지도 모른다. 그는 진정 이 말을 듣고 싶었을 것이다.

"예수는 잘못한 것이 없다." 이 말이 십가가상에서 그가 진정 듣고 싶었던 선고였을 것이다.

죽여 버리면 끝날 줄 알았던 자들은 예수가 다시 살아났다는 소리를 듣고 기겁을 했을 것이다. 아니 또 다시 없애 버리려 했을 것이다. 그러나 부활한 예수는 죽일 수 없는 몸이다.

다시 살아난 예수가 보여주고 싶은 것이 있다면 그것은 자신이 다시 살아났다는 사실 그 자체일 것이다. 그래서 제자들 앞에 나타나 자신이 다시 살아났음을 알렸다. 그런데 다시 살아난 예수를 본 사람들은 그의 모습을 서로 다르게 표현하고 있다. 그래서 우리는 서로 다른 부활을 이야기할 수밖에 없는 것이다.

많은 사람들이 예수가 십자가에 죽임당하기 이전의 모습 그대로 부활하기를 바라고, 그대로 부활했다고 믿고 있다. 그러나 예수의 부활은 그런 부활이 아니다. 다시는 죽일 수 없는 몸으로 부활한 것이다.

그는 죽임을 당하기 전의 모습으로 부활한 것이 아니다. 문을 열지 않고도 들어오고 나갈 수 있는 예수! 부활을 못 믿는 자에게는 못 박힌 곳의 상처를 만지라는 예수!

엠마오의 두 제자에게 빵을 들어서 축복하시고 그들에게 주신 예수! 그제서야 눈이 열려 그들이 예수를 알아본 순간 사라져 버린 예수!

예수는 여러 가지 모양으로 자신의 부활을 알렸다. 먹는 것을 보아야 부활한 예수를 알아볼 사람에게는 먹어 보였다. 만져보아야 부활한 예수를 알아볼 사람에게는 만져보게 했다.

예수의 부활은 그가 죽었다고 슬퍼하고 분개하고 실망한 제자들에게 여러 모양으로 다시 살아났다는 것을 확신할 수 있도록 했다. 그의 부활은 이런 부활이다.

예수의 부활이 무엇이기에 그토록 부활 알리기에 집착했을까.

예수를 따르던 무리들은 그가 십자가형을 받아 죽임을 당함으로 절망했다. 그 이후 쓰러져 일어설 수 없었다. 그러나 부활한 예수를 만난 사람들은 절망과 두려움에서 벗어나 다시 일어섰다. 이들에게 할 말이 생겼다. 대제사장과 율법학자, 지도자들이 빌라도와 함께 예수를 십자가에 못 박아 죽였는데 다시 살아났다는 말이다.

인간에게 억울한 일을 당했는데도 할 말이 없다면 어디에서 희망을 찾겠는가. 할 말이 있다는 것이 바로 희망이다. 예수를 죽인 적대자들은 예수가 부활했다는 소식에 아무 말이 없었다. 다만 '그 말은 거짓이요, 예수의 시체를 제자들이 도적질해 갔다'고 했을 뿐이다.

사람이 사람을 죽인다는 것은 가장 잔인한 일이다. 누가 사람을 죽인 자들을 사람으로 보겠는가. 예수가 다시 살아났다고 하는 것은 적대자들이 자신을 죽였다는 것을 만천하에 알리는 것이었다.

"그들은 사람을 죽인 자들이다" 그런데 "죽임을 당한 분이 다시 살아나셨다!"고 알리는 것이 바로 선교였다.

지금도 하느님을 반역하는 무리들은 강력한 힘을 가지고 전쟁을 일으켜 사람을 죽인다. 잘못된 경제정책으로 사람들을 가난의 구렁텅이로 몰아넣고 있다. 오직 돈만을 좇는 기업가들은 노동자의 건강이나 생활을 생각지 않고 이들을 죽음으로 마구 몰아간다. 목숨과도 같은 직장에서 잘라낸다.

자기들 뜻대로 안 되면 사람 죽이는 일도 사양치 않는다. 누가 뭐래도 사람 죽이는 일은 옳지 않다. 아니 죄악이다. 이에 맞서 사람을 살리는 일은 옳은 일이다. 꼭 해야 할 일이다.

아무리 큰 이권이 소리치며 나를 불러도 그것을 박차고 나와 옳은 일, 사람을 살리는 일을 해야 한다. 그 일을 위해서 어떤 생명의 위협이나 불이익이나 위험이 닥쳐오더라도 생명을 내걸고 그 일을 한다면 그가 바로 예수로 말미암아 부활한 사람, 즉 부활 신앙을 가진 자이다.

기독교의 생명은 십자가이다. 죽었다가 살아난 사건의 종교이다. 그러므로 크리스천은 죽기를 무서워하므로 일생에 매여 종노릇하는 삶에서 벗어나서 예수의 몸으로 다시 부활해 참 자유를 누리는 생명의 삶을 살아야 한다.

(2012년 5월 4일)

반대, 대가성, 횡포

권력자들은 반대하는 세력을 꺾기 위해 자신에게 반대하는 사람들을 향해 '반대를 위한 반대는 나쁘다.'고 말한다. 그러나 그런 말 때문에 반대하기를 주저해서는 안 된다.

반대는 일이 그렇게 되어서는 안 되겠기에 하는 것이다. 일을 그르치지 않기 위해서는 반대가 꼭 있어야 한다. 반대가 없는 것은 인민재판과 같다. 반대를 못하도록 몰아가는 것이 인민재판 아닌가. 그래서 수많은 억울한 죽음들을 보지 않았는가.

국회에서 날치기를 하는 것은 반대가 두려워서가 아니라 날치기 법안에 들어있어서는 안 될 것들이 있어서 그것이 탄로 날까봐 두려운 것이다. 그래서 반대하는 사람들은 사안을 바로 알아야 하고 용기가 있어야 한다.

이 나라에서 반대하다가 고난을 받고 죽어간 생명들이 얼마나 많은가. 반대를 할 때는 그만큼 큰 고난을 무릅쓰고 하는 것인데 우리 국민들까지도 반대를 나쁘다고 한다면 슬픈 세상이 아닐 수 없다. 반대는 사회발전의 원동력이 된다.

한국적 상황에서 정치인이 힘 있는 자의 요구를 조용히 물리칠 수 있는 구실이 된다. 반대가 많아서 할 수 없다고 거절할 수 있기 때문이다. 이런 것이 정치 아닌가. 미국이 요구하는 것이 우리에게 다 좋은 것이 아니다.

현명한 정치인은 이렇게 힘 있는 자가 부당한 요구를 하는 경우에 반대자들이 고마운 것이다. 미국의 항의 한 마디에 한국의 법은 맥도 못 추고, 법은 있어도 있으나 마나 미국 맘대로다.

국민의 반대를 교묘하게 꺾어버린 정치인은 조국을 등진 행위를 할 수밖에 없고, 그 이름에 불명예가 따라붙는다. 그러므로 대한민국 대통령에게는 반대자가 꼭 있어야 한다.

반대자 없는 정치는 독재정치다. 잘못된 정치에 반대하고 나선 것이 4 · 19이다. 사필귀정을 실현하기 위한 운동에 참여한 것이 4 · 19이다. 사필귀정은 손놓고 기다리는 자에게는 오지 않는다.

대가성

대가성은 정권 실세가 돈 받아먹은 것을 풀어줄 때 사용하는 말이다. 부정하게 돈 받아먹은 것은 이유를 불문하고 엄중히 다스려야 하는데 대가성이 있느냐 없느냐로 기준을 바꾸어 풀어준다.

돈을 갖다 준 놈도 나쁘지만 돈을 주고도 일이 성사가 안 되니 구속될 각오를 하고 고소를 한다. 그러자 고소한 놈만 몇 번 오라 가라 하더니 돈 먹은 놈은 놔두고 고소한 사람만 먼저 구속시킨다. 이걸 보고 실세들에게 돈 준 것은 알아서 고소하지 말라고 경고하는 것 같다.

방통대감이라는 자는 '내가 돈을 받았다 그리고 썼다. 액수는 대략 짐작하면 알 것이고 대가성은 없었다.' 고 말한다.

미리 자기 재판을 예시하고 이렇게 되도록 수사도 하고 재판도 하라고 암시한 것 같다. 방송을 통해 나오는 분위기는 엄격한 것 같은데 결과는 미미하기 짝이 없을 것 같다.

정의가 사라지면 모든 것에서 신뢰를 잃는다. 신뢰를 잃은 정권이 무엇을 할 것인가. 대가성이라는 것이 신뢰를 잃게 되는 것이다.

횡포

횡포를 막아달라고 한 측에서 횡포를 저지르면 누가 막나! 같이 결의를 해놓고도 지키지 않는다. 같이 결의한 것이 무용지물이 된다. 예산안 통과 때마다 날치기가 연례행사다.

여야 합의해서 예산 통과해 놓고 해군항 시설공사 강행으로 합의 통과예산을 뭉개버린다. 어떻게 할 도리가 없이 당하는 것이 횡포가 아닌가.

총선 후 국회선진화법을 서로 지키자고 해놓고 안된다고 비틀어버렸다. 이런 것이 횡포가 아닌가. 횡포를 막아달라는 당이 횡포를 하게 됐으니, 국회선진화법이 장애가 될 것이기 때문에 이 법을 통과시키지 않으려고 했지만 여론에 밀려 다시 통과시켰다.

국회 싸움 안 봤으면 좋으련만 제 버릇 남 주겠나. 두고 볼 일이다. 횡포 막는 길은 싸움인데 싸움 안 보려면 대통령이나 잘 뽑으면 되려는지.

친구여, 자네 생각은 어떤가! 반대해도 좋으니 말이나 한 번 해 보소.

1. 반대는 나쁜 것이 아니다.

2. 대가성은 신뢰받지 못하는 원인, 독 먹은 놈 풀어주겠다는 소리.

3. 횡포는 또 쌈박질하고 국제 망신 당하자는 것.

(2012년 5월 9일)

돈 먹는 버릇

무엇이든 해본 사람이 잘 하게 마련이다. 선물이나 뇌물도 늘 받아본 사람이 잘 받는다. 높은 자리에 올라가면 액수도 커지고 방법도 과감해진다. 젊어서부터 깨끗하게 살아온 사람은 늙어서 뇌물 먹기가 쉽지 않다. 왜냐하면 이제까지 깨끗하게 살아온 그 세월을 애석하게 망치고 싶지 않기 때문이다(전공가석이라!).

고기도 먹어본 사람이 잘 잡수시고 뇌물도 평소 연습이 잘된 사람이 잘 받아 먹는다. 평소에 위장전입이나 불법을 자행한 사람들은 높은 공직에서도 불법에 가담하기 쉬워진다.

큰 권력자가 불법자를 높은 공직에 임명하고 추천하는 것은 노리는 것이 있기 때문이다. 그러나 이것은 미련한 짓이고 사람 잡는 일이다.

방통대군의 경우 방송사들을 친정부 방송사로 만들어 여권에게 불리한 방송을 못하게 제동을 걸었다. 그래서 지금 MBC를 비롯하여 모든 방송사가 낙하산 사장님에게 낙하산은 위험하니 비행기 타고 다른 곳으로 가라고 한다. 신사적인 권고다.

그런데 한사코 비행기 타고 가지 않겠다고 한다. 할 일이 남아 있다는 것이다. 그것은 대선에서 방송이 해야 할 일이 있기 때문이다.

총선에서 방송의 위력은 대단했다.

150명 이상의 국회의원을 당선시켜서 심판하자는 소리를 한 구석으로 몰아넣어 버렸다. "공정해야 할 방송이." 야당의 '이명박 정권 심판'이라는 소리는 들리는데, 무슨 일을 했기에 심판해야 된다는 각론은 국민들이 알 수 없었다. 결국 심판은 헌신짝이 되었다.

시민단체들의 활동에 기대어 열매만 따먹겠다는 후보들이 많기 때문에, 심판은 도리어 혀 심판으로 맞서는 세력에게 심판 받고 무릎을 꿇었다. 그 뒤로는 죄송하다는 소리만이 요란스러웠다.

· 최시중 방통대군과 박영준 왕차관은 파이시티 사업에서 돈을 받아먹어서 구속 수감되었다. 이것은 평소 습관이 이어졌기 때문이었을 것이다.

파이시티 사업비는 1조 450억 원, 이자 17%, 금융비용만

4,000억 원 이런 식의 PF 사업이 27건, 총투자액은 74조 원이 이미 투자되었다.

그런데 25건은 멈춰버렸고, 1. 용산 역세권 사업 2. 판교 알파돔시티 그곳만 남았다.

돈이 높은 이자를 따라다닌다지만 17% 이자는 사람 잡는 이자인 것 같다. 은행 대출이자만 나오는 사업도 찾기가 어려운데 17%의 이자는 너무 높다. 그러니 은행 대출 받아 이자놀이 할 만하다.

· 요사이 저축은행은 저축은행 피해액 1조 원, 피해자 8만 2천 명.

금융위원장 김석동 금융감독원장 권혁세 상호신용금고의 위상을 높여 저축은행으로 이름 바꾸고 부동산 PF대출로 큰돈을 거둬들이고, 경기 하강 땐 나라 경제가 골병 들게 하고, 부실 저축은행이 생기면 우량 은행에 떠넘겨서 전체 부실로 이어지게 하고, 이런 과정을 따라 2011년부터 지금까지 20곳의 저축은행이 문을 닫았다.

윤현수 한국저축은행 회장은 2000~2009년까지 증권거래법 위반으로 여러 차례 처벌 받은 사람이다. 그런 분이 지난 3월 정기 심사 때는 무사통과했다. 무사통과시킨 분들은 누구일까 궁금하다.

· 미래저축은행 김찬경 회장

김 회장은 비리백화점이다.

1. 자기 은행에서 천억 원 넘게 불법 대출하여 골프장, 리조트에 투자

2. 유령회사 만들어서 CNK 광산 개발에 투자

3. 영업 정지가 코 앞에 닥치자 203억 원을 빼돌림

4. 밀항 도우미, 운전기사 등에게 인사치레 10억여 원 지급

5. 2006년 대출 보증금으로 164억 원을 갚지 않아 신용불량자 등록

6. 자기 부인이 운영하는 외식업체에 200억 원대 대출 확인 수사 중

7. 신용불량자이면서도 2조 원대의 돈을 맘대로 주물렀다.

8. 마트 주인인 친척을 은행 지점장에 앉히고 가까운 친척들로 자기 세력 구축

9. '수지김 사건' 때 살인범 윤태식을 자기가 인수한 대기상호금고 회장으로 추대

10. 2010년 지분 61% 본인 명의로 취득하고 대표 이사 취임

11. 은행돈으로 음주 상태로 벤츠를 몰아 차량 7대를 충돌시킨 아들 뺑소니 사건 합의금 지출

12. 2008년부터 중문 단지 호텔 카지노 소유. 연 수익 54억 원, 자산 130억 가치, 밀항 전날 매각.

김찬경은 압구정동 80평 아파트 시가 40억짜리에 거주하면

서 65억 원 대출. 53억 원이 근저당이 있는 줄 알고도 국민은행 11억 원, 우리은행 42억 원 더 대출. 충남 아산 아들 재산 45억 설정, 솔로몬 저축은행에서 10억 원 대출. 밀항 시도 직전 200억 원을 빼갈 때 은행 직원의 저항이 대단했지만 인감 등 서류를 갖추고 비밀번호를 바꾸어서 인출.

밀항시도 직전까지 저축은행 임원들을 모아놓고 최선을 다하겠다고 공언. 회사를 살리기 위해 직원 400여 명이 퇴직금 중간 정산을 하여 80억 원 유상증자에 참여했다. 직원 김 씨는 퇴직금 5,900만 원에 100만 원을 더 보태 6,000만 원을 김 회장에게 주었는데 김 회장의 밀항 시도 소식에 그 자리에 주저앉아 버렸다.

김찬경 회장의 행차에 주저앉고 눈물 흘리고 고통 받는 자가 얼마일까. 피눈물을 흘릴 서민들을 생각하면 이렇게 법을 농단하는 미친 돈장난에 분노가 치민다.

서민의 돈은 저축은행 회장이 맘대로 먹어치우고 시민들의 피해는 누가 부담할 것인가.

높은 이자 받으려 저축은행에 예금하다 피해를 본 사람들의 피해를 보상하기 위해 저축할 돈조차 없는 사람에게까지 고통을 분담시켜서는 안 된다. 거액의 돈은 몇 놈의 배를 불리고 피해는 전 국민이 분담한다. 그 사이에 서민들이 죽어난다. 이런 사회가 정의로운 사회인가.

김석동 금융위원장님! 권혁세 금융감독 위원장님!

부실 은행 정리에 서민들 생각 좀 해주십시오. 우리가 무슨 죄가 있습니까. 있다면 이자 많은 저축은행에 넣을 돈조차 없는 죄밖에 없습니다.

돈 없는 것이 죄가 되는 세상이라면 그것이 사람 사는 세상이라 할 수 있습니까. 우리를 일부러 도와주려 할 필요도 없습니다. 그냥 법대로만 하십시오.

서민을 살릴 생각까지 할 것도 없이 불쌍한 서민들 죽이지나 마십시오. 천리만리라도 쫓아가서 몇몇 놈들이 먹은 돈을 다 찾아주십시오.

피해액을 골고루 분배하니 얼마 안 되는 부담이라구요? 그 얼마 안 되는 부담이 쌓여서 서민들이 눌려 죽습니다. 제발 엎드려 비오니 사람 죽이는 일은 하지 말아 주십시오.

금융 위기 때에도 은행 부실을 국민들에게 떠넘겨 서민들이 고생을 죽도록 했는데 또 그러시면 안 됩니다. 우리 좀 살려 주십시오.

앞으로는 신용불량자 김찬경이나 범법자 윤현수 한국저축은행 회장님과 같이 증권거래법 위반으로 처벌 받은 사람은 제발 금융계에 얼씬도 못하게 막아 주시기를 두 손 모아 빌고 또 빕니다. 감독을 잘못한 자들에게도 응분의 조치가 필요합니다. 부디 조치해 주십시오.

제발 부탁드립니다. 서민들도 평화롭게 살 수 있는 정의로운 사회를 만들어 주십시오.

우리는 바라봅니다. 환부를 도려낼 칼을 손에 쥔 당신들만을.

(2012년 5월 18일)

소경들의 세상

사람이 세상에서 세상 만물을 본다는 것은 놀라운 일이다. 눈이 있어서 본다고 생각하지만 눈이 볼 수 있으려면 빛이 있어야 한다. 빛이 있어야만 눈이 눈의 구실을 할 수 있게 되는 것이다.

눈이 있어도 볼 수 없는 사람들이 있다. 소경들이다. 눈이 있어도 볼 수 없는 처지를 생각하면 너무나도 안타깝다. 하지만 이러한 소경들 속에 빛이 들어와 있으면 새로운 세계를 볼 수 있게 된다. 그 세계는 평범한 사람들이 못 보는 세계다.

예수께서 제자들과 함께 여리고에 들렀다가 다시 길을 떠날 때의 일이었다. 길가에 바르티메오라는 앞 못 보는 소경이 있었다. 그는 소경이라서 일할 수가 없으니 거지가 되었고 얻어

먹기에 알맞은 겉옷을 입어야 했다. 예수가 자기 동네를 지나간다는 소리를 들은 바르티메오는 있는 힘껏 소리를 질렀다. 볼 수가 없으니 귀로 듣고 입으로 소리 지르는 것이 그가 할 수 있는 일의 전부였다. 그는 자기가 불쌍한 존재라는 것도 알고 있었다.

그래서 "나사렛 사람 예수여, 나를 불쌍히 여겨주십시오!"하고 소리를 질렀다. 주위에 있던 많은 사람들은 도움을 주기는 커녕 그를 꾸짖고 조용히 하라고 야단이었다. 주위 사람들의 이런 핀잔을 듣고 조용히 했다면 그는 영원한 소경이었으리라. 평생 거지 신세를 면하지 못했으리라.

자기 손으로 벌어먹지 못하고 오는 사람 가는 사람들이 던져주는 동냥으로 살 수밖에 없으니 사람다운 삶을 산다고 할 수 없었을 것이다.

소경 바르티메오는 주위 사람들이 조용히 하라는 말에 주눅 들지 않고 더욱 더 크게 소리 질렀다. 그 소리에 예수는 가던 길을 멈추고 소리치는 자를 불러 오라고 했다.

살다 보면 좋은 이웃도 있는 법이다.

"네가 부른 그분이 너를 다시 부른다. 용기를 내라"고 격려하는 이웃이 있었다. 이 소경이 두번째 낸 용기는 얻어먹기에 알맞은 겉옷을 벗어 던지는 것이었다. 그리고 예수께 다가섰다.

"네가 나에게 바라는 것이 무엇이냐?"

"보는 것입니다."

"가라! 네 믿음이 너를 살렸다!"

그 말과 동시에 소경은 눈을 떴고 그 즉시 예수를 따라 나섰다.

어쩌면 소외당한 인간들의 삶은 이 소경처럼 보인다. 나의 삶도 이 소경과 마찬가지로 느껴진다. 앞 못 보는 것도 원통하고 서러운데 소리라도 좀 지를라 치면 주변 사람들이 조용히 하라고 윽박지른다.

볼 수 없어 소경이고, 소경이기에 얻어먹어야 하고, 얻어먹어야 하기에 동냥에 걸맞은 겉옷을 입고 동정심에 의지해서 지나가는 사람들에게 구걸을 해서 먹고사는 눈먼 거지 바르티메오.

이 바르티메오는 사회적으로 귀찮은 존재, 사회에서 사라져야 할 존재로 살아간다.

세상에서 많이 배우고 잘난 사람들은 권력 실세들의 주의를 맴돈다. 이들이 위기를 기회로 바꾸는 사람들이다.

이들은 국가 위기를 더욱 고조시키고 기회는 자기들의 출세 기회로 만든다. 국민들은 안중에도 없고 자기를 위한 기회만 활짝 연다.

요사이 위기를 기회로 바꾼 자들은 불리하면 숨어 버리고 조용해지면 어두운 권력을 이용해 자기 볼 장부터 본다.

이들이 교도소로 가는 행렬은 장관이다. 인간의 허상만 날뛰는 세상이다.

오늘날 우리가 사는 세상은 모두가 소경인 것 같다. 눈은 있지만 빛이 없어 볼 수가 없다. 암혹세상이다. 모두가 어떻게 살아가야 할지 방향을 잃고 고통 속에서 살아간다.

다른 희망이 없으니 하루빨리 경제가 풀려 부동산 경기가 살아나서 빚을 내서라도 사기만 하면 돈이 벌리는 그런 세상만 오기를 기다린다.

기다리는 시간이 너무 길어 자포자기한 사람도 생겨난다. 삶에 지쳐서 생기를 잃고 희망 없는 삶을 살아간다. 모두가 눈은 지녔지만 빛이 없어 볼 수 없다.

빛이 있어도 빛을 가리고 덮고 해서 어둠 세상을 만든다. 어둠 속에서는 부정부패만 만연한다. 어둠 속에서 기쁨과 행복을 누리는 자들은 빛을 싫어한다. 빛을 원수처럼 대한다. 모든 사람을 소경으로 만들어 못 보게 하고 자기들의 더러운 욕망을 채워간다. 그러다 발각되면 자기들이 만들어 놓은 권력기관들을 동원해서 이미 드러난 부정부패를 줄이고 덮고 가리고 축소한다.

어쩔 수 없이 교도소를 가더라도 죄를 가볍게 해 빨리 나오게 만들고, 그것이 여의치 않으면 병을 핑계로 나오고 돈을 내고 보석으로 나오거나 특사로 나온다. 이들이 머물렀던 자리에 남겨놓은 부채는 국민 부담으로 귀착한다.

사람은 누구를 만나느냐에 따라 소경으로 살아가기도 하고 온전한 사람으로 살기도 한다.

문제는 눈이 아니라 빛이다. 볼 수 있는 눈, 빛의 세계다. 밝은 세상을 만드는 사람을 만나야 한다. 이 나라는 밝은 세상을 만드는 사람을 싫어하고 미워하고 가두고 죽이기까지 한다.

진실을 전하는 언론인들을 몰아내고 일하는 노동자를 무시하고 원수처럼 대하면 누구와 같이 살겠다는 것인가! 몇 안 되는 자기 패거리 세상 만들어 온갖 특혜 다 주고 부귀영화 누리면 나머지는 슬피 우는 자들 뿐이리라.

여리고의 소경을 눈 뜨게 해서 사람으로 살게 하신 그분은, 멀쩡한 사람을 암흑천지로 몰아넣어 전후좌우를 분간하지 못하게 만드는 눈 뜬 자들을 향해 "차라리 너희가 소경이 되었으면 좋았을 것인데, 본다고 하니 죄가 너희에게 있다!"고 하셨다.

이 말을 때문에 저들은 그분을 죽이려고 모의하고 기회를 보다가 마침내 죽여 버렸다. 그래서 저들은 사람을 죽인 살인자가 되었다. 이 살인자들이 바로 우리가 되고자 바라는 지도층이요, 권력을 가진 자들이다. 이 사회에서 존경받는 자들이다.

우리가 바라는 인간상이 이런 자들이라면 우리 인생이 너무 불쌍하지 않은가! 지금 이 나라에서 권력을 가진 자들을 보고 나도 그런 사람이 되고자 한다면 말이다.

(2012년 5월 25일)

민생 문제의 본질

아파트 값은 땅값에다 건축비를 합한 것이다. 압구정동 80평 아파트는 40억 원, 평당 5,000만 원이다. 건축비가 평당 500만 원이면 4억이다. 땅값은 36억 원이다. 건축비가 평당 1,000만 원이면 8억이다. 땅값은 32억 원이다. 땅값 때문에 아파트 값이 비싸다.

땅값이 올라간 이유는 재건축 재개발과 관계가 있다. 기존의 주택값은 땅값인데 땅값을 높이 쳐주어야 사업이 가능하다. 그것이 땅값 상승을 부추겨 한번 올라간 집값은 계속 올라갔다. 이때는 빚을 내서 집만 사 두면 돈 버는 시기였다. 그러자 전 국민 투기꾼 시대가 되어 버렸다.

정부는 경기가 하강 국면으로 들어가 집값이 떨어지는 것을 막기 위해 갖가지 방법을 동원해 부동산 대책을 만든다. 오르면 팔려고 빚 내서 사놓은 집값이 몸살을 하면서 떨어지면서 사람들도 몸살을 하면서 고통 속에서 살아간다. 이때에도 정부는 집값이 바닥을 쳤으니 이제 올라갈 것이라고 전문가들을 동원해 집을 사라고 선동했다.

시장 기능에 맡겨진 집값으로 건설사들은 큰돈을 벌었다.

그런데 집값이 떨어지니까 건설사들을 부양하기 위해 시장 기능에 맡겨야 할 집값을 올리려고 병든 부동산 대책을 연발했다. 경기 좋을 때 돈을 벌고 경기가 나쁘면 손해나는 것이 시장 기능인데, 그것을 무시하고 건설사가 자나깨나 돈 버는 대책을 세우다 보니 부동산 대책이 이제는 백약이 무효인 속수무책이 되고 말았다.

정부가 집을 사라고 빚을 더 주고 세금을 깎아 주고 투기요건을 갖추어 주어도 사람들은 집을 사지 않는다. 집값이 더 떨어질 것이 뻔한데 돈 있는 사람들이 무엇 때문에 지금 집을 살 것인가.

돈 없는 사람이 가는 곳이 임대주택이다.

돈 있는 사람이 사고 싶은 아파트는 수지가 맞아야 산다.

수지 맞는 아파트 값은 자기가 받을 수 있는 월세가 은행이자 이상이 되어야 한다. 부동산 매매 활성화는 이 시점부터 될 것이다.

이렇게 되려면 집값이 더 많이 떨어지든지 월세가 오르든지 해야 한다.

두 가지 모두가 양날의 칼, 이래도 큰일 저래도 큰일이다.

현실적으로 월세 올리기는 어렵고 집값이 더 많이 떨어져야 되는데 이때 은행 대출금 이하로 떨어지면 이 나라는 경제 위기가 아니라 경제파탄이다. 제 때에 부동산 대책이 수립되었어야 했는데 시기를 놓치고 뒤늦게 나온 병든 부동산 대책이 환부만 키웠다.

이제 부동산 대책은 무대책이 대책이다. 이 정부가 마지막까지 집값 떠받치고 가는데 부동산 활성화는 기대할 수 없을 것이다.

자기에게 유익한 것을 믿으려는 사람의 심성이 안일한 정부의 부동산 대책에 기대어 수고 없이 돈을 벌려고 하다가 100만 하우스 푸어, 1000조 원 개인 부채 이에 따른 연이자 56조 원, 1조 달러(1,130조 원) 수출 실적은 국민 생활과 상관없이 살기만 더 힘들어지고 이 나라는 빚만 눈덩이처럼 늘어났다. 고환율, 고물가에 수입 없는 실업, 세계적으로 높은 교육비 이것이 민생의 실상이다.

민생고를 고조시킨 정부나 정당은 민생문제 때문에 큰 고통을 당할 것이다. 땅값 때문에 올라간 집값, 땅값 내리는 방법이 열쇠다. 이것이 진정한 부동산 대책 아니겠는가.

수입 없는 사람들이 돈 벌어서 은행 이자라도 낼 수 있게 하고, 적은 돈으로 살 수 있도록 교육비 부담은 국가 부담하면 기업도 살고 빚진 사람이 빚을 갚을 수 있게 된다.

이것이 민생문제다. 맞춤형 복지나 지엽적인 특수계층의 복지로는 민생문제를 해결할 수 없다. 정권은 민생이 좌우한다. 살기 힘들어진 사람들이 살기 힘들게 만든 자들에게 정권을 안겨줄 수 없는 것이다.

그런데 살기 힘든 사람들이 살기 힘들게 하는 정책에 계속 박수만 친다. 이것을 구제불능이라고 하는가. 생각은 없이 박수만 치는 기계적인 인간이라고 해야 할지 모르겠다. 사람이 살기 힘들어지고 가난해졌다면 왜 이렇게 되었는가를 심각하게 고민하고 생각하는 데서 가난과 힘든 삶이 극복된다. 누가 해주는 것이 아니라 자기가 자신을 위해 생각하고 행동할 때 가난과 고통을 벗고 사람다운 삶이 될 것이다. 이런 일을 위해 정치인의 힘이 필요하다.

민생 해결을 위한 정치는 많은 사람을 고통에서 해방시킬 수 있다. 이런 정치인을 찾아 선택하는 일은 국민의 몫이다.

(2012년 6월 1일)

제3부

부정부패,
여성이 막는다

부정부패, 여성이 막는다

권력과 부정부패는 같이 먹고 같이 노는 동반자인 것 같다.

부정부패는 국민의 정신을 썩게 만들고 나라를 망하게 만들기 때문에 부정부패라고 하는지도 모른다. 이런 부정부패나 비리는 엄중 처벌보다는 아예 처음부터 일어나지 않도록 다스려야 뒷북 치는 정치가 아니고 좋은 정치다.

특히 권력 실세들의 비리나 부정부패는 영향력이 대단해서 나라를 골병 들게 하고 정권을 앓아 눕게 만들 수 있기 때문에 만연하기 전에 싹을 잘라야 된다. 권력 실세들의 비리와 부정부패를 지위 고하를 막론하고 엄벌에 처하는 것은 공정한 것 같지만, 그것은 이미 그 정권의 치부를 드러내는 수치스러운 일이요, 국가 경제를 좀먹는 일이기도 하다.

그런데 이런 일이 수치인 줄도 모르고 엄벌을 했으니 잘했다고 여기는 것 같다. 한심한 일이다. 부끄러움의 기준이 바닥으로 내려가 있다.

이 나라 권력 실세들의 비리나 부정부패의 도는 이미 위험 수위를 넘었다. 권력을 가지고 돈 벌기는 너무나 쉽다. 그 대신 다른 사람이 큰 손해를 입는다. 이는 바른 자본주의의 파괴다. 이런 일을 하는 권력 실세들을 열거해 보자.

박영준 · 전 지식경제부 2차관

최시중 · 전 방송통신위원회 위원장

천신일 · 이명박 후원회장, 세중나모 회장

이영호 · 전 청와대 고용노사 비서관

신재민 · 전 문화체육관광부 차관

방수만 · 전 방위사업청장

장진수 · 전 총리실 공직윤리지원실 주무관(민간사찰 건 폭로자)

정석영 · 청와대 공직기강 비서관

이상휘 · 청와대 홍보기획 비서관 인사 담담 비서관

이외에도 크고 작은 비리 부정부패 연루 의혹은 셀 수 없이 많다. 비리 부정부패 그룹이라도 만들 만한 규모다.

이들은 모두 고학력 명문대 출신이란다. 또 모두 남자들이다. 이들이 모두 다 남자들인 것을 볼 때, 남자가 비리나 부정부패에 쉽게 빠지게 된 이유가 어디에 있는 것일까. 이들이 가장 무서워하는 것은 무엇일까.

나라 망치는 일은 남성이 했으니 이 나라를 살리는 일은 여성이 해야 될 것 같다. 남성들에게는 여성이 하는 말이 제일 무서울 것 같다. 남성들이 제일 무서워하는 그 말이 무엇인가. 남편을 향해 정색을 하면서 "야 이놈아, 누가 너더러 돈 먹고 교도소 가라고 하더냐?

그럼 그 말을 한 그 년놈한테 가서 살든지 말든지 해라. 그리고 여기에 도장 찍어라. 이혼 서류다. 나는 너 같은 전과자하고는 살 수 없다. 새끼들도 전과자의 새끼로 키울 수 없다.

누가 너를 그렇게 하라고 가르치더냐? 어디에서 그런 버르장머리를 배웠느냐? 일류 대학에서 배웠느냐?

교도소 문을 나올 때는 이 집은 네 집이 아니다. 네가 먹은 돈은 이 나라 국민의 돈인데 누가 주더냐. 더러운 놈아, 그 돈 가지고 외국에 가서 살겠다고!

일해서 버는 돈 가지고도 이 나라에서 부모 형제 자매와 행복하게 살 수 있는데 왜 그랬느냐?

이 나라에 끼니를 거르고 노숙자로 사는 자가 얼마냐! "이 정신 빠진 작자야!" 이 소리가 이 나라를 살릴 것이다.

이런 아내의 호령은 지위고하를 막론하고 엄중 처벌한다는 소리보다, 검판사의 선고보다 훨씬 더 무섭다. 권력 실세들의 아내 여성들이여, 이 말하기는 쉽지 않습니까?

"야, 이 작자야! 여기에 도장 찍어, 이혼서류다!" 여기에 이 나라의 살길이 있다면 현명한 여성인 아내들은 이 말을 할 것이다. 지위가 높은 사람은 부정부패로 교도소에 가도 거기서도 대접 받고 역시 높은 놈 행세를 한다. 그런 자는 높은 사람이 아니고 도둑이다. 그것도 아주 큰 도둑이다. 큰 도둑은 잡혀도 큰 대우를 받으니 도둑이 들끓을 수밖에 없다.

교도소에 들어온 높은 양반들도 일반 죄수들과 똑같은 대우를 해야 한다. 밖에서 지위가 높았다고 교도소 안에서도 분수에 넘치는 대우를 하는 것은 이 나라를 망치는 행위다.

다른 수감자들이 그 꼴을 보고 어떤 생각을 하겠는가. 고급 도둑이 교도소에 가서 대접 받는 나라라면 옳은 일을 하는 사람들은 고난과 고통을 받는 세상이 되고 말 것이다.

우리가 선망하는 명문 대학, 우러러보는 높은 자리가 교도소로 가는 길로 이어진다면 우리 국민은 모두 헛수고를 하고 있는 것이다.

명문대, 높은 자리? 우리의 목표는 잘못되었다. 이런 것은 식민지 백성들이나 갖는 비굴한 사고방식이다.

명문대, 높은 자리가 낮은 자리에 있는 사람들을 섬기는 세상이 될 때야말로 너와 내가 서로 사랑하는 세상이 될 것이다. 그래서 교육은 국가가 책임져야 한다.

그래야만 명문대를 나와 본전 빼기식 부정부패의 길로 가는 길을 막을 수 있다. 돈 버는 교육은 이제 그만 해야 한다.

국민들에게 내줄 교육비가 없다고요? 권력 실세들에게 줄 돈은 얼마든지 넘쳐 나는데 무슨 소린가!

(2012년 6월 7일)

막장 드라마에서 희망 찾기

지금은 돈과 권력만 있으면 살 만한 세상이다.

돈과 권력이 온 세상 사람들의 삶의 목표가 되어 버리면 돈 가진 자, 권력 가진 자의 세상이 된다. 돈과 권력 가진 자의 삶이 온 국민의 본보기가 되고, 그 길을 따라가기 위해 교육을 받고 권력을 장악하기에 전력을 기울인다.

정치인은 돈과 권력을 향유하기 위해 역사를 무시하고, 국민을 무시한다. 돈과 권력을 위해서라면 조국을 등지는 행위는 말할 것도 없고 다른 사람을 죽이는 일도 서슴지 않고 자행한다.

이것이 이 나라의 현실이다. 그래서 돈이 생기고 권력을 얻는 일이라면 어떤 악한 방법을 동원해서라도 생명을 걸고 싸운다.

이 싸움에는 옳고 그른 것이 문제가 아니라 이기느냐 지느냐만 있을 뿐이다. 그러니 거짓과 불법을 동원되기 마련인데, 돈과 권력 가진 자들은 이것을 이용해서 합법적으로 돈과 돈이 되는 권력을 잡는다. 그로 인해 세상은 어지러워지고 결국은 교도소를 찾는다.

세상 사람들은 돈 가진 자, 권력 자진 자의 생활을 보고 '이것이다. 내가 살길이 여기에 있다'고 생각하고 그 길로 가고 있다.

오직 돈과 신분 상승을 목표로 가다 보니 갖가지 부작용이 생겨서 부익부 빈익빈의 사회가 되고 승자만이 살아남는 세상이 되었다.

그 소수의 승자들 때문에 고통 받는 사람들은 대다수 국민들이다. 너도 나도 그 길에 뛰어들어 불을 보고 덤벼들었다 그 불길에 타죽는 부나비처럼 죽어간다. 일단 들어선 길은 바꿀 수가 없다. 앞사람이 계속 가고 뒤에서 밀어대니 가는 길이 틀렸다 싶어도 그대로 가고 있다.

종착역은 고향역이 아니고 고통역이다.

"지고 있는 진달래꽃은 아무리 다시 살리려고 해도 살릴 수가 없다."

앞산에 진달래꽃이 지고 싶어서 지느냐. 때가 되면 시들고 지게 마련이란 노래다. 사람이 늙고 싶어서 늙느냐. 때가 되면 늙게 마련이지! 돈 가지고 괘를 부리면 삼년 못 간다는 괘불삼년! 권세도 십년 못 간다는 권불 십년! 인간 백세 수명에 비하면 너무 짧다.

그 돈 남이 가지면 안 되고 내가 가지려고 발버둥치는 세상! 그러나 내가 가져도 별 수 없다는 것이 사실로 드러났다. 이명박 대통령이 측근들을 교도소로 보내고 싶어서 보내는가. 안 보낼 수 없기에 할 수 없이 보낸다. 때가 되면 대통령도 별 수가 없다.

떨어지는 집값을 두 손을 떠받치면 어깨만 아프다. 주식도 마찬가지다. 앞산에 진달래 지고 싶어서 지느냐. 일제 때 징용이나 정신대도 가고 싶어서 갔는가. 꽃은 져 버리고, 주권은 잃어 버리고, 아무리 발버둥쳐도 징용이나 정신대로 갈 수밖에 없는 당시의 상황이 너무나 가슴 아프다.

그날은 오고야 만다는데 그날은 숨겨져 있다.

아버지 어머니가 죽을 그날을 안다면 더 많은 효자가 생겨날 것인데 그날을 모르니 안타깝다. 왜 그날이 숨겨져 있을까를 생각하라.

그날을 백세라고 생각하고 인간의 도리를 다하면 그날은 수치가 아니고 영광이 될 것이다. 그날을 알려고 할 필요도 없을 것이다.

돈과 권력이 쓴웃음을 웃으면서 속아 넘어간 자들을 향해 손을 흔들고 떠나간다. 가짜남편인 돈과 권력이 고통만 남겨 놓고 떠나간다.

고통당한 국민들이 가짜남편 돈과 권력의 옛정에 취해 울고불고한다. 고통 주고 떠나간 그놈들을 향해 다시는 오지 말라고 해야 한다.

이들과의 영원한 이별이 행복이다. 잘못된 소유욕에 사로잡힌 정치인은 막강한 권력을 장악하면 잘못된 소유욕에 더 깊이 빠져 빠져나오지 못한다. 이들과는 이별이 상책이다.

선진국이 무엇이고 사람이 무엇이냐! 돈과 권력을 목표로 하는 국가나 정치는 후진국이다. 돈과 권력의 맛을 본 정치인들이 계속해서 이 나라의 주권을 행사하고 있다. 주권재민은 헛구호! 투표가 모든 것이다! 그들은 계속해서 거짓말을 해야 한다. 무엇 때문에! 돈과 권력을 위해서.

지금 우리는 정치 경제 사회에서 막장 드라마를 보고 있다. 이 막장 드라마가 이 나라의 마지막 모든 것인지도 모른다. 이것을 보고 돈과 권력을 목표로 하는 삶을 청산하고 사람인 너와 내가 함께 사는 세상, 국민을 위한 정치 경제 사회로 짜여진 나라가 되어야 한다.

악한 정치인도 나라와 국민을 위한다는 말을 한다.

이들에게 우리는 묻는다. 네가 공부하고 살아간 삶이 돈과 권력을 지향했다면 너는 이제 물러갈 때가 된 것이다. 바로 지금 물러가야 한다. 국민을 위한 나라가 너와 나를 행복하게 할 것이다. 이것이 막장 드라마에서 보는 새로운 희망이 될 것이다.

정치인 당신은 세계 역사에 관통하고 예지 능력이 있어야 세계 정세를 바로 알고 숨겨진 그날을 알 수 있다.

강대국의 일방적인 요구에는 설득력 있는 조정 능력을 가진 자가 나서야 한다. 이런 정치인을 국민이 따라주면 이 나라를 사람 사는 세상으로 바꿀 수 있다.

그들의 잘못된 소유욕을 다른 사람은 다 알고 있는데 그들 자신만 모를 것이라고 생각한다. 아무도 모를 것이라고 생각한 정치인이 막장 드라마를 다시 연출할 것이다. 이런 세상이 다시는 오지 못하도록 그들이 누구인지 똑똑히 보라!

(2012년 6월 14일)

그들의 돈을 어디에 쓸 것인가

사람이 돈을 벌었으면 값지게 써야 할 곳을 찾아야 한다.

보통 사람으로서는 상상할 수 없을 정도로 많은 돈을 버는 30대 재벌들이 1,134조 원, 연 매출 96. 7%를 차지하고 있다. 0.1%의 재벌이 우리가 사는 사회를 장악하고 국민들의 삶을 포위하여 더욱 살기 힘들게 만들었다.

다음의 내용은 이를 뒷받침하고 있다.

이건희–매출 254조 5.620억 원 이익 24조 4,980억 원

정몽구–매출 129조 8,430억 원 이익 13조 5,400억 원

최태원–매출 112조 30억 원 이익 4조 9,690억 원

구본무–매출 107조 1,130억 원 이익 3조 6,340억 원

신격호–매출 47조 5,370억 원 이익 3조 3,930억 원

이건희 씨의 경우 8조 원 이상의 주식을 소유하고 배당금도 받는다. 이외의 30대 재벌들도 주식 부자인데다 배당금까지 챙길 것이다.

수조 원의 이익을 낸 재벌들이 얼마나 더 많은 돈을 벌어야 만족할지 알 수가 없다. 사실 돈은 돌고 도는 것, 큰돈은 먹고 입고 써서 없어지는 것이 아니다. 국가적으로 맞는 경제 위기, 외부적인 환경, 금융 위기, 갑작스런 위험 요인, 사망 등이 큰 돈이 없어지는 요인이다.

정치인들이 말하는 재벌 개혁, 경제 민주화가 재벌들로서는 돈 내놓으라는 말로 들려 심기가 불편할 수도 있다. 그렇다 해도 재벌들의 방어 수단이 이들 정치인들의 수단보다 몇 수 위여서 실현하기가 쉽지 않을 것이다. 이런 잘못된 경제 구조가 영속할 수는 없는 것이다. 재벌에게는 영예를, 국민에게는 놀라운 혜택을 베풀 수 있는 해결책을 찾아야 한다. 어떻게 대재벌이 되고 어떤 경로를 통해 돈을 벌었는지를 따지는 것은 무의미하다. 서로 감정의 골만 생길 뿐이다.

그러나 그것에 대해 잘 알고는 있어야만 새로운 도약의 기회를 만들 수 있다.

이 정권에서 국가 부채는 400조 원이 늘어났고 재벌들은 매년 계속해서 큰 돈을 벌었다. 역대 대통령들은 5년 권력 뒤의 대책은 돈뿐이라고 생각하고 기업으로부터 국민 자산인 돈을 거둬들였다. 이것은 국민들이 아는 그대로이다.

그들은 돈 없이 퇴임해도 누구보다도 멋지게 잘 살 수 있고, 돈 없는 것이 오히려 빛이 난다는 것은 모르시는 것 같다. 그래서 나라 망치는 행위를 해온 것 같기도 하다. 막강한 권력을 가지고 있으면 돈 버는 것은 순식간이다. 그러나 그런 일은 더 이상 있어서는 안 되고 앞으로는 철저히 차단시켜야 한다.

지금 30대 재벌들에게는 좋은 기회가 찾아왔다. 돈이 있을 때 꼭 써야 할 좋은 곳이 있다. 그것은 바로 국공립대학 학생들의 교육비를 대신 내 주는 것이다.

10조 원이면 5년간의 교육비가 될 것이기 때문에 이 돈으로 국공립대학생들을 위한 장학기금을 만들면 이 나라를 살릴 수 있다. 왜냐하면 이 학교들의 입학 자격을 학원이나 사교육을 받지 않는 자에게 줌으로써 공교육도 살리고 사교육을 줄일 수 있기 때문이다.

이런 장학 제도가 생기면 가난한 집 학생들이 입학할 것이고 우수한 인재들이 몰릴 것이다. 국공립대에서 우수한 졸업생들을 뽑아 기업에서 입사시키면 놀라운 성장을 기약할 수 있다. 이것이 한국 대학교육의 개혁 시발점이 될 것이다.

가난한 사람이 더 가난해지는 이 나라에서 가난한 자를 위한 교육이 무상으로 실행될 수 있다는 것은 새로운 변화의 바람을 일으킬 수 있다. 본전 빼기식 부정부패도 막을 수 있다. 그러면 교육이 목표가 되어야 할 사립대학이 돈 버는 대학에서 대학 본연의 길로 바로 들어서게 될 것이다.

정치도 국민을 위한 정치로, 새로운 개혁의 길로 나아갈 수 있다.

돈 많은 사람들이 가는 명문 대학은 그대로 가고, 질 낮은 대학은 자연히 도태되거나 국공립대학으로 전환하면 이 나라의 교육 개혁은 자연스럽게 이루어질 것이다. 잘못된 교육제도는 근본을 바꾸지 않고서는 고칠 수가 없다.

누더기처럼 새로운 처방을 하기보다 아예 새로 시작해야 한다. 이것이 훨씬 빠르다. 가난한 자가 희망을 품고 살 수 있는 나라가 되어야 한다.

돈 많고 잘 사는 사람이 가기 쉬운 사립대학이 있으면 가난한 학생들이 배울 수 있는 국공립대학도 꼭 필요하다.

한심한 것은 8조 원의 전투기 구입! 전투 비행 실험을 하지 않고 전투기를 구입한다는 것이다. 이런 일은 물리칠 수 있는 명분이나 이유가 참으로 없는가. 못된 짓은 본받을 필요가 없다.

다행히 국민 여론 때문인지 전투기 구입은 다음 정권으로 넘길 수도 있다고 한다. 이것이 단순히 여론 떠보기식 언론 플레이가 아니라 진정으로 우리 국민과 나라를 생각한 판단이기를 바란다.

교육 개혁을 위한 투자가 이 나라의 성패를 좌우할 것이다. 이 나라의 정치인, 기업인들이 돈을 어디에 쓰는 것이 이 나라를 위해 꼭 필요한가를 깊이 생각하고 예산을 편성하고 통과시켜야 할 것이다. 분수에 넘치는 이기주의는 나라를 위하는 행동이 되지 못한다.

재벌에게 하고 싶은 말이 있다. 돈을 버는 것은 쓰기 위해서이다. 저장만 해놓는 것은 자기에게도 유익하지 못하다. 돈을 필요한 곳에 바로 쓰면 영예가 뒤따른다.

저장해 놓은 돈은 결국은 쓰도, 먹도, 입도 못하고 한꺼번에 날아갈 수 있다. 쟁쟁한 기업들이 소리 없이 시들어 없어지는 것을 이미 보았을 것이다. 그대 재벌들의 돈이 국공립대 학생들의 교육비로 사용된다면 가난한 학생을 위한 제도적인 장치가 될 것이요, 가난한 자와 부자가 똑같이 돈을 내는 불합리한 제도를 깰 수 있게 된다.

그것으로 인해 가난해도 의욕과 재능만 있으면 국공립학교의 입학 자격을 얻을 수 있는 교육 개혁의 시발점이 된다면 모든 영예는 재벌님들께, 혜택은 꼭 받을 학생에게 돌아가서 온 국민들로부터 존경과 감사를 받게 될 것이다. 더불어서 잘못된 정치인의 돈 먹는 버릇도 고쳐져서 정의로운 나라 건설의 기초가 될 것이다. 또 혜택을 받은 국공립대 학생들은 나라에 대한 고마움은 물론 기업을 위해서도 전력을 다할 것이다. 이렇게

다 같이 잘 사는 길로 한 번 가보면 얼마나 좋을까.

예쁜 꽃도 때가 되면 지기 마련이다. 당신네들의 돈도 언젠가는 없어진다. 좋은 곳에 써놓고 보면 훗날의 영예는 자손대까지 영원할 것이다.

(2012년 6월 22일)

살 길이 어디에 있는가

이자 교육비 부담이 숨통을 짓누른다. 필요한 것은 많은데 살 돈이 없다. 돈이 없으면 살아가는 데 너무 힘들다

돈 벌기는 힘드는데 쓸려고 하면 몇 가지 먹거리만 사도 금방 돈이 없어진다. 돈 벌 일도 없고 돈벌이 직장도 없으니 들어올 돈은 없고 나갈 돈만 줄줄이 기다리고 있다. 아파트 대출로 이자를 내야 하는데 돈 나올 데가 없으니 큰일이 아닐 수 없다. 연체 몇 번이면 아파트는 경매로 날아간다. 기가 막힌다.

정부에서 부동산 거래 활성화를 위해 내놓은 조치는 빚내기 쉽게 하는 거다. 기왕에 진 빚 위에 또 빚을 낼 수는 없으니 백약이 무효다.

사기만 하면 값이 올랐던 그 시절이 다시 온다면 빚을 내서라도 사겠는데 돈 있는 부자들이 사지 않는 것을 보면 집값은

더 떨어질 것이니 뻔하다. 집을 사면 손해 본다. 살 수도 없고 사서도 안 된다.

사실은 돈이 없는 사람이 너무 많다. 돈 벌 길도 없다. 써야 할 돈이 없으면 불편을 넘어 살기가 힘들고 이 상태가 계속된다면 더 살아야 할지 말아야 할지 생사의 기로에 선 서민들은 하루하루가 고통이다. 그래서 죽음을 택한 사람들이 많은가 보다.

하지만 돈벌기가 너무 쉬운 사람들도 많이 있는 것 같다. 권력 실세들에게 줄 돈은 많기에 받기만 하면 되는데, 받으면 교도소행이라 이것도 쉽지 않은 것 같다. 정치는 국민을 부하게 만들기도 하고 가난하게 만들기도 하는데, 이 나라는 가난한 사람이 더 가난해지고 있다. 학원비 등 사교육비 낼 마한 처지가 못 되어도 남은 자식들 다 시키는데 내 자식 안 시킬 수도 없고, 식당 일 청소 일 아무리 해 보아도 돈이 안 된다.

우리 서민들에게 돈이 있게 만들 수는 없을까?

부자는 더 부자되게 해놓고 왜 가난한 사람 더 가난하게 되었는가. 정말로 서민들이 돈 좀 있게 만들 수 있는 정치는 할 수 없는가.

무상보육도 시행하는가 싶더니 중단 위기에 이르렀다고 한다. 돈 없는 지자체더러 하라고 명령한다 해서 되는 일이 아니다. 4월 11일이 승리로 지나갔으니 이제 볼 일을 다 본 것 같다. 이제는 무기 사고 항만 건설하는 데 돈 들이려고 하고 있다. 다른 대통령은 전쟁 무기 과도하게 안 사들여도 국가 안보 잘 되었고, 별 탈 없이 잘 지내왔다. 민생이 급한데 8조 원이 넘는 전투기 구입, 해군 항 건설 조금 뒤로 미루면 안 되는가.

정치인들에게 묻습니다.

국회의원이 세비를 안 받겠다 하니 이런 애국적인 정치인 때문에 마음 든든합니다. 월급 없이도 쓸 돈은 있는 것 같으니 다행한 일입니다.

민생 해결 위한 집단 투어로 민생 문제 알아보려고 한다는데 이런 것은 국회의원 되기 전에 이미 알고 있어야 되는 일 아닙니까.

이런 일은 홍보나 쇼처럼 해서는 안 되는 일입니다. 그런 일에 힘쓰는 대신 서민들에게 돈이 있게 만들 수는 없습니까. 그래야 돈 없는 서민을 위한 정치가 되는 것 아닙니까.

피해 갈 수 없는 막다른 골목에서 서민들이 돈이 없어요. 내어야 할 돈은 줄줄이 있는데 낼 돈이 없어요. 물건 살 돈이 없어요. TV만 켜면 물건 사라고 하는데 먹거리 살 돈도 없어요. 집집마다 빚더미인데 이자 낼 돈이 없어요.

살고 있는 집이 전 재산인데 연체되어 경매되면 어쩌나, 돈이 없어요. 학원비, 사교육비 낼 돈이 없어요. 1, 2만 원짜리 국내 여행 가서도 물건 사라 떠미는데 돈이 없어요.

관리비로 내야 하는데 돈이 없어요. 공공요금도 기한 내에 내야 하는데 돈이 없어요. 병든 몸 수술해야 하는데 돈이 없어요.

민생 문제는 80%의 국민들에게 돈이 없다는 것입니다. 돈만 없는 것이 아니라 빚까지 있다는 것입니다.

약 1,000조 원이 있으니 이자만 해도 연 56조 원이 은행으로 들어가고 그 이익의 절반은 또 외국 돈쟁이들한테 가고 있다고 하니 나라 경제가 어떻게 되겠습니까. 서민들은 돈이 없고 국부는 유출되는데 이것을 국민들의 책임으로만 돌릴 수는 없습니다.

정부가 1,000조 원의 개인 부채를 다 갚아 줄 수도 없고, 갚아 주어도 안 되는 일입니다. 국가의 위기 앞에 정치인 여러분은 모슨 해결책을 가지고 있습니까. 우선 80%의 국민들이 크게 돈을 쓰는 곳을 찾아서 국민을 위한 정치를 해야 합니다. 그것이 바로 교육비입니다.

가난한 국민이 대학교육을 받기 위해 등록금과 사교육비에 허리를 펴지 못합니다. 대학 진학률은 80%가 넘습니다.

여태까지 부자들을 위한 경제정책이었다면 이제 가난한 국민들을 위한 경제정책을 펴야 합니다. 그것은 국공립대 대학 등록금을 국가가 부담하는 것입니다. 입학 자격은 가난한 학생, 사교육 안 받는 학생입니다. 이렇게 되면 명실공이 국공립대가 되는 것이고, 땜질 식 복지를 하는 것보다 민생문제가 확실하게 해결될 것입니다.

국공립대는 확장해 나가고 명문 사립대는 돈 많은 사람들이 가면, 부실한 대학은 정리가 될 것이고 실력 있는 학생들이 국공립대로 몰릴 것입니다. 그러면 많은 경제 민생 문제가 해결되고 교육 개혁이 자연스럽게 이루어집니다. 정치인이 국민을 위한다고 소리쳤으니 국공립대 교육비 국가 부담으로 해서 경제 위기를 극복해 나가면 돈이 없는 국민에게 희망의 정치가 될 것입니다.

우리나라 돈은 30대 재벌들에게로 모인다. 연 매출 1,134조 원의 96.7%가 그들에게 간다. 1위부터 5위까지 5인의 재벌 총수에게 가는 돈이 51조 1,039억 원이다.

돈은 0.1%의 재벌에게 가 버리고 서민에게는 돈이 없다. 그런데도 돈이 없는 서민들이 국가 부채까지 끌어안고 살아야 하는 부조리가 이 나라 경제의 모순이다.

생산적인 곳으로 들어온 빚은 갚을 수 있는 좋은 빚이다. 그 외의 빚은 일단 지면 갚기가 어렵다. 그러면서 허리띠 졸라매고 사는 국민들에게 내핍을 강요한다. 이것이 세계 경제 위기의 현실이다.

고수익을 따라 움직이는 세계적인 부자들의 돈이 세계 금융위기의 본체다. 그들의 돈이 들어가는 나라에 경제 위기가 함께 들어온다. 경제 위기는 좋은 공기업을 민간 기업에게 싼 값에 내주고 경제 노예로 가는 민자 도입, 민영화로 이어지고 그 비용을 감당하느라 서민 고통은 그 끝이 안 보인다. 각성이 모두에게 일어나야 살 길이 보일 것이다.

(2012년 6월 3일)

다가오는 위기 미리 막아야

자본주의 사회에서 살아가려면 돈이 필요하다. 돈이 없는 사람은 살아갈 수가 없다. 돈 없는 사람들에게 돈을 벌 수 있게 해주어야 한다.

돈을 벌 수 있게 하는 방법은 간단하다. 일자리를 만들어 주는 것이다.

경기 하강 국면에 접어들어 일자리가 사라지고 있는 마당에 기업에게 억지로 고용을 늘리라는 말은 억지 주장이다. 그것은 기업 그만하라는 말과 같아서 받아들여질 리가 없다.

일반 국민들은 IMF의 혹독한 훈련을 받았기 때문에 위기에 대처하는 힘이 강하다. 허리띠 졸라 매라고 하기 전에 솔선해서 내핍 생활로 들어가 살아남기에 전력한다.

문제는 큰돈이 들어가는 곳이다. 그게 바로 빚이다. 빚에는 이자가 따르기 마련이다. 이자를 몇 달 못 내면 경매에 들어가 집값은커녕 집 자체가 날아갈 수도 있다.

아파트 경매가의 20% 이하의 낙찰은 다가올 위기의 신호탄이다. 앞으로 경매에 의해 집이 날아갈 위기에 처한 사람들의 경우, 정부가 집값을 떠받치지 않고 다른 나라처럼 부동산을 시장기능에 맡겼다면 이렇게 비참한 결과에 이르지는 않았을 것이다.

이들은 반드시 정부가 구제해야 한다. 정부의 잘못된 정책 때문에 이들이 피해를 보고 있기 때문이다. 이것 때문에 국가의 위기가 다가오고 있다. 이것을 사전에 막아야 한다. 그것이 국가의 당면과제이다.

잘 사는 것처럼 보이게 만드느라고 진 빚 때문에 국민들이 망할 지경에 이르렀으니, 이제는 좀 못사는 것처럼 보여도 국민 경제가 무너지지는 않게 하는 대책을 세워야 한다.

이 일을 할 수 없다면 민생을 거론할 자격이 없는 정부일 것이다. 이것을 바로잡는 것이야말로 정부의 역할이자 의무이다. 어려운 문제처럼 보이지만 마음만 먹으면 해결할 방법이 있다.

하우스 푸어 전체를 놓고 이 문제를 해결하려고 하면 풀기가 어렵다. 분명히 밝히지만 손해를 최소화하면서 해결할 방법을 찾지 못한다면 정치할 능력이 없다는 증거이다. 이 문제가 민생을 옥죄고 있는데 지엽적인 선심형 복지로는 절대 근본 문제가 해결될 수 없다. 그런 것은 국민들의 표를 얻기 위한 눈가림

용 전시행정에 불과할 뿐이다. 더 큰 문제에 봉착하기 전에 빨리 해결책을 찾아야 한다.

문제는 해결할 수 없다고 생각하면 해결할 수 없다. 그러나 해결할 수 있다고 생각하고 접근하면 해결 방법이 나온다.

하우스 푸어는 현금이 없을 뿐 재산은 있다는 것에 초점을 맞추면 쉽게 풀릴 수 있다. 돈이 없어서 고통을 받는 사람에게 돈이 되는 재산은 있으니 이 문제는 분명히 해결할 수 있다. 돈이 생기게 만들어서 빚을 없애면 되는 것이다.

쓸 돈이 있게 하면 문제는 해결되는 것이다.

대학 등록금 문제도 마찬가지다. 돈이 있어야 낼 수 있는 등록금, 돈이 없어서 못 낸다면 돈 들어갈 구멍을 막으면 해결된다. 돈 없는 학생에게 돈 내라고 하면 빚 내서 등록금 내야 한다. 그러면 더 큰 사회문제를 유발시키게 된다.

빚쟁이로 학업을 마치면 직장이라도 마련되어야 하는데 이들에게 구직은 하늘의 별 따기다. 신용불량자로 가는 길만이 훤하게 열려 있다.

이 나라의 대학은 돈벌이 기관이 되어버린 것이 문제다. 국공립대는 명실공히 국가의 책임으로 등록금 없이 공부할 수 있는 학교가 되어야 한다. 국가가 추구하는 모범적인 형태의 대학으로 발전시켜야 한다.

명문 사립대는 돈 많은 사람들이 가는 학교로 놓아두고 국공립대는 가난한 학생, 유능한 학생이 들어가는 학교가 되어야 한다.

단 사교육을 안 받고 학원 교육을 안 받는 사람들만 지원할 수 있게 해야 한다. 이렇게 되면 사교육은 현저히 줄어들고, 가난한 학생들은 엄청난 사교육비에서 해방될 수 있을 것이다. 저임금으로도 경쟁력 있는 저력 있는 국가가 될 것이다.

국공립대는 "어디에서 그 운영비가 나오겠는가. 돈이 있어야 한다"고 할 것이다. 돈타령만 하면서 안 할 구실만 찾아서는 문제가 풀리지 않는다. 지금 우리나라는 연 1조 달러의 수출을 한 나라이다.

또한 엄청난 무기 구입을 하는 나라다. 조기무기 구입비가 14조 원, 엄청난 돈이지만 무기 구입에는 돈 없다는 소리를 못 들었다. 먹튀 론스타가 4조 6,000억 원의 국민자산을 먹고 튀었다.

이 돈은 국공립대학생 26만 명이 3년 동안 등록금 없이 공부할 수 있는 돈이다. 돈이 있는 사람만이 대학에서 공부할 수 있는 나라는 교육이 장사가 될 수밖에 없다. 그래서는 정말 능력 있는 인재들을 키워낼 수가 없다. 돈으로 공부를 사는 세상이 될 뿐이다. 경쟁력 있는 인재들을 키우기 위해서는 돈 없는 사람도 공부할 수 있는 국공립대가 꼭 있어야 한다.

돈이 없어 집이 경매대상이 되고 그로 인해 엄청난 손해가 예상되는 사람들이 무섭게 늘고 있다. 그것이 터지면 빚 폭탄이 된다. 그 대상자들의 손실을 극소화시키고 빚에서 해방되어 돈이 있게 만들어 줘야 한다. 대학 등록금 때문에 고통받는 사람들에게 국공립대를 등록금 없이 다닐 수 있게 하면 돈 들어갈 구멍을 메워서 고통에서 해방시킬 수 있다.

정치는 많은 사람을 고통 속으로 몰아넣을 수도 있고 극한 고통에서 해방시킬 수도 있다. 정치인, 당신은 국민고통을 해소시키는 좋은 정치를 하고 싶지 않습니까. 물론 하고 싶겠지요.

그렇게 하는 방법은 간단하다.

돈이 있게 만들고 돈 들어갈 돈 구멍을 막으면 된다. 더 늦기 전에 이 일을 시행해야 한다. 이것이 바로 당신이 할 일이다.

(2012년 7월 5일)

위기를 막는 부동산 대책

지금 우리에게 가장 큰 위기 중 하나를 몰고 올 문제는 부동산이다. 그러니 위기를 막는 부동산 대책을 이야기해야 한다.

"당신이 누구이기에 감히 부동산 대책을 말합니까?"라고 묻는다면 "나는 사실만을 말하는 사람"이라고 대답하겠다.

2011년 1월 28평 형 아파트 값은 6억 원이었다. 그런데 현재 아파트 값은 5억 원으로 1억 원이 떨어졌다. 만약 이 아파트가 경매가 된다면 시세 감정가는 5억 원이다. 1차 경매에서 유찰된다면 20%가 떨어져서 4억 원이 된다. 2차까지 가면 3억 원으로 떨어지는데 그러면 지난해 매매가에서 반값이 된다. 이대로 경락되면 빚으로 집이 날아간다.

이 아파트를 살 때 내 돈 3억 원에 은행대출 3억 원으로 매입하고 경비는 약 2000만 원이 들었다. 이런 집에서 살고 있다면 보증금은 내 돈 3억 2천만 원인 셈이다. 은행 대출 이자는 약 월 5%가 된다. 그러면 3억 원에 월 이자 5%를 곱하면 150만 원이다.

결론적으로 말해 3억 2천만 원 보증금에 월세 150만 원을 주거 비용으로 지불하며 살고 있는 셈이다. 여기에 집에 따른 봄가을 재산세, 아파트 관리비, 건강보험료를 내고 있다. 집을 사지 않고 살았더라면 전세로 2억 6천만 원이면 재산세 등 많은 주거 비용을 쓰지 않을 수 있다. 이런 상황에서 팔리지 않는 집값은 계속 떨어질 것이다. 그럼 집을 살 필요가 없다.

집값이 6억 원이면 너무 비싸다. 집값이 비싼 이유는 땅값 때문이다. 재건축이나 재개발 과정에서 헌 아파트 땅값을 경쟁적으로 올려놓은 것이다. 비싼 땅값 때문에 새로 지은 아파트 값이 평당 3천만 원, 4천만 원에서 1억 원까지 올라갔다. 국가적인 금융대란을 일으킨 미래저축은행 김찬경의 현 압구정동 아파트 평당 가격이 5천만 원으로 올라갔다.

땅이 40평이라면 땅값이 평당 1억 원으로 올라가서 재건축이 시작될 것이다. 그러면 아파트 값은 하늘 높이 치솟을 수밖에 없다.

아파트의 실 건축비는 평당 3백만~5백만 원밖에 들어가지 않는다. 기존의 아파트 가진 자들의 이익 추구와 건설업자들의 폭리 때문에 집 없는 사람들이 죽어난다. 집 있는 사람들이 집값이 올라서 좋아라 했지만 지금은 그 오른 집을 살 사람이 없다.

은행 빚으로 내 집을 산 사람들은 원금은커녕 이자를 감당하기도 힘들다. 그렇게 양산된 하우스 푸어가 100만이다. 이들은 자칫하면 집 잃은 기러기 신세가 될 것이다.

잘 살게 해주겠다고 출발한 정권이 잘 살게 해주기는커녕 망하지나 않게 해주면 다행일 판이다.

부동산 때문에 망하지 않게 하려면 경매가에서 20% 이하로 경락된 아파트는 재빨리 국가가 인수해야 한다. 5천만 원 임대보증금에 70만 원 월세로 그 집에서 살 수 있게 할 수 있다. 어떻게 그렇게 할 수 있는지 그 근거로 다음과 같은 것을 제시한다.

1. 2011년 1월 28평 주공아파트 매매대금 6억 원
2. 자기자본 3억, 은행융자 3억, 월 이자 약 150만 원
3. 이 경우 임대보증금 3억, 월세(은행이자) 150만 원
4. 6억(2011, 1월)이었던 아파트가 5억으로 떨어짐
5. 현제 아파트 값 5억에서 매매가 되지 않는다는 것은 더 떨어진다는 신호
6. 5억을 감정가로 정하고 경매에 붙여질 경우
7. 4억 원, 20% 이상 떨어져 경매 낙찰가가 될 경우 국가가

매수

8. 현제 전세금액 2억 6천만 원

9. 국가가 4억에 인수할 경우, 기준금리 3.00%를 12개월로 나누면 0.25%

10. 4억에 인수한 월 이자 부담 0.25%에 4억을 곱하면 100만 원 이하 70만 원

11. 월세 보증금 5천만 원, 현금지불 5천만 원, 월세 100만 원 ~70만 원이면 된다.

12. 국가는 아무런 부담 없이 위기에 처한 경매대상자를 구할 수 있다. 국가가 망해가는 서민들에게 은행이자로 고통을 주어서는 안된다.

13. 지금 아파트 값을 4억 원 이하로 떨어지는 걸 막아야 경제 위기를 사전에 막고, 전세에서 월세로 전환, 부동산 매매 활성화가 되어 국민경제 활성화가 가능하다.

14. 주의할 점은, 아파트 값이 경매로 20%가 빠질 경우에만 국가가 인수한다는 원칙이다. 인수할 것이 많지 않은 때인 지금 시작해야 한다.

15. 국가가 해야 할 일은 이 과정에서의 부정행위는 종신형, 경제가 정상화 되면 형집행정지가. 가능하게 하는 것이다.

16. 28평이 4억이면 평당가는 1,428만 원이다.

이것도 비싸다. 공시지가를 조정해야 한다.

6억 아파트가 4억 이하로 떨어지면 경제위기, 금융위기가

겹쳐 망국강산이 되고 국민 고통은 이루 헤아릴 수가 없을 것이다.

이런 안을 내놓으면 안을 낸 사람을 보기 전에 그것이 타당한가를 진단하고 가치가 있는 안이라면 수용해야 한다.

나는 긴 세월을 가난 퇴치라는 과제를 안고 공부하고 오랫동안 노력해 왔다. 세계 경제 속에서 한국경제를 이해하기 위해 공부했다. 나의 산 경험은 서민들이 경매로 인해 빈털터리가 되지 않게 하는 방법이다.

나의 이 제안에 양심적인 경제전문가가 함께 하면 반드시 성공할 것이다. 통상적인 경매진행에 맡겨 두면 서민들은 망하고 집까지 잃을 것이다.

이들을 위한 정부의 배려로 기준 금리 이하로 은행이자율이 조정되면 이들은 다시 생기를 찾을 수 있을 것이다.(국가가 인수하는 이율 인하) 정부가 돈 들이지 않고 경매 대상자를 보호해 주면 경제 위기를 사전에 막을 수 있다.(아직은 소수이기 때문이다)

우리는 금융 위기 때 천문학적 세금으로 은행을 살렸다. 이제 가난한 자를 위한 제도적인 장치가 필요한 때이다. 땅값인 공시지가가 조정되어 아파트 값이 경매 1차 값 이하로 내려가면 정상적인 월세 제도가 시작되어 부동산 활성화가 이루어질 것이다. 월세가 투자 금액의 이자보다 높으면 매매는 활성화 된다.

정부가 임대주택을 지어 임대하려면 막대한 돈이 들어간다. 집 잃고 망하게 된 서민의 집을 돈 없이 정부가 인수하여 임대하면 서민도 살리고 경제위기도 막을수 있다. 이것이 일석이조가 아니겠는가. 서민 망하는 것을 보고만 있는 정부는 어디에도 쓸모가 없을 것이다.

대통령은 말이 아니라 법대로!
정부는 서민을 위하고, 모든 국민은 정부에 고마움을!
이런 세상을 국민들은 바라고 있다.

(2012년 7월 13일)

아이들의 페이스북

요즘 아이들은 페이스북에 친구들, 가족들, 그리고 지인들과의 일상을 나누는데 많은 시간을 사용합니다.

이메일보다 더 가까운 페이스북, 자신의 생각과 삶을 작은 공간에서 표현하는 하나의 도구로 쓰이는 곳인 것 같습니다.

얼마 전 직원 채용을 위한 박람회에 갔을 때, 이력서를 받으면 가장 먼저 페이스북을 보라는 설명을 들었습니다. 이력서에 나와 있지 않은 가장 훌륭한 자료를 구할 수 있는 곳이라고 말이지요. 어떤 생각을 하면서 사는 사람인지, 어떤 친구를 갖고 사는 사람인지 알 수 있는 생생한 자신의 표현을 볼 수 있는 곳이기 때문이겠지요.

이제는 대학교 원서를 보낼 때도(미국의 경우), 페이스북을 본다고 합니다.특별히 한국 학생들의 학원 및 개인 교사가 작성해 주는 에세이 읽는 것에 지쳐서 (모두 같은 내용의 전혀 감동적인 일이 아닌데도 감동적인 것 같은 글) 더 이상 믿지를 못하는 것이겠지요.

여름 한철 서울에 가서 태권도를 배워 검정띠를 땄다는 학생도 있고, 아프리카에 3주 동안 자원 봉사를 했다는것을 대학 지원서에 써 넣기 위해 교회에서 운영하는 고 1, 2 아프리카 여행을 떠나는 곳도 있고, 그 모든 것을 순서에 맞게 진행을 해주는 대행업소가 2천만 원의 안내비를 받는 것도 다 한국 아이들을 상대로 하는 장사꾼들의 서식지가 되어가는 미국.

그래서 더욱 페이스 북이 실질적인 평가를 받을 수 있는 도구가 되어 대학이나 직원 채용에 중요하게 작용을 하게 되는 것 같습니다. 얼마 전, 회사에 대한 부정적인 글을 페이스북에 올렸다가 문제가 된 경우도 있었던 것을 생각하면, 어른도 아이들도 인터넷이 가진 정보력에 대해 생각을 해 봐야 할 것 같습니다.

(2012년 7월 16일)

정부와 검찰에게 바란다!

재벌 개혁, 경제민주화는 꼭 이루어져야 한다.

지금은 경제 구조가 잘못되어 있어서 번 돈은 재벌에게 가버리고 빚은 국민이 다같이 떠안고 있다. 국가와 공공기관까지 빚 때문에 고통을 당하고 부채의 지배를 받고 있다. 잘 산다는 것이 오히려 사람이 돈의 지배를 받는 세상이 되었다.

이런 상황에서는 더 이상 앞으로 나아갈 수 없고 국민 고통은 가중될 수밖에 없기에 재벌 개혁, 경제 민주화가 꼭 필요하다.

이 말이 재벌에게는 돈을 내놓으라는 소리로 들려 회장님들의 심기가 불편해지고 그들끼리 뭉쳐 여기에 맞대응하려고 일어날 것이니, 재벌 개혁이나 경제 민주화가 쉽지는 않을 것이다.

민생은 1,000조 원의 부채 이자와 사교육비가 주가 된 교육비 지출, 대학 등록금으로 숨을 쉴 수가 없다. 이런 현실을 그대로 놓아두고 간다면 민생은 한계에 부딪혀 경제 위기로 치닫게 되고 사회 불안이 고조되어 민생 위기에 정치 위기까지 겹쳐지게 된다. 그러면 정말 큰일이 나는 것이다.

가난하게 된 국민이 희망마저 없다면 삶의 동력을 잃고 절망의 나락으로 떨어진다. 백약이 무효가 될 위기 앞에서 이것을 막을 대책이 있어야 한다.

빈익빈 부익부의 정부 시책으로 더 가난해졌어도 말없이 순응해온 서민들이기에 이들에게 '교육비 정부 부담'이라는 제도가 시급하다. 그래서 가난하고 사교육을 받을 수 없거나, 받지 않은 학생들을 위해서 국공립대 등록금을 국가가 부담해야 한다.

지금은 돈 있는 자만의 교육이다. 그러니 최소한 가난한 자를 위한 교육기관도 있어야 한다. 국공립대에서 가난한 학생들이 등록금 없이 공부할 수 있다면 놀라운 효과가 나타난다.(사교육을 안 받는 학생만 입학 허용)

국가가 국공립대 등록금을 부담하면 다음과 같은 이점이 생긴다.

1. 민생 문제가 해결된다. 돈 있는 사람은 명문 사립대를 지

금 그대로 간다. 돈이 없어 등록금 때문에 고통받는 사람이 줄어든다.

2. 가난한 학생이 공부할 수 있어서 희망이 있다.(사교육이 크게 줄어든다.)

3. 이 학생들은 국가에 고마움을 안고 공부하기에 애국심이 생긴다. 권력 실세의 부정부패가 사라진다. 이들이 사회에 진출하면 세상이 달라진다.

4. 국공립대의 교육은 최첨단 최고의 교육기관으로 만들어야 한다.

5. 사립대가 국공립대의 본을 받고 따라올 수 있도록 만들어야 한다. 국공립대에서 교육개혁을 시작하면 된다.

6. 돈벌이의 장이 된 사립대의 정비가 쉬워진다.

7. 교육과정이 새롭게 바뀔 것이다.

8. 고등학교까지의 대입시험 위주의 교육에서 삶에 활력을 불어넣는 교육을 해야 한다. 대학 입학과 동시에 공부한 내용을 다 잊어버리는 입시 공부는 깊이 생각해 봐야 한다. 새로워져야 한다.

9. 가난한 사람이 저임금에도 살아갈 수 있다.(대학 등록금이 없기에)

10. 과학의 발달은 노동자의 입지를 좁아지게 한다. 사용자의 권리는 커지고 일자리는 적어진다.

11. 적은 돈으로도, 먹고 살기만 해도 노동자 농민이 큰 불만

없이 사는 세상, 이것은 국가의 저력이고 기업의 경쟁력이 될 것이다. 이것은 최소한의 생활을 보장하는 사회안전망이 된다.

12. 선거 때 선심성 복지는 불안만 조성한다. 국민 우롱 행위는 근절되어야 한다. 제도로 보장 받는 국공립대 등록금 국가부담이 세계의 부러움이 되고 국격은 말할 것도 없이 높아지고 국민은 존경을 받는다.

13. 이런 제도를 만드는 데 재벌이나 돈 있는 자가 외면하겠는가. 고약한 대통령이나 정당이나 정치인에게 갖다 바친 돈이 얼마였는가. 또 권력 실세에게 주고 싶은 돈은 널려 있다. 무기 조기 구입비 14조 원, 먹고 튀는 돈, 잘못 투자해서 날린 돈, 쓸만한 공기업도 먹고, 민자로 안정된 수입 꿈을 꾸고 투자하는 돈이 얼마인가. 뉴타운 정책 실패로 세금은 탕진되고, 이러지도 저러지도 못하게 된 뉴타운 재개발, 재건축이 경기 하강으로 울고 있다.

14. 국민들을 위해 해야 할 일은 돈이 재원이 없다고 안 하고, 사리사욕에 사로잡혀 개인 투기사업에는 열을 올렸다. 경기가 나빠지면 모두의 손실로 이어진다.

좋은 집에서 풍족하게 사는 행복이 꺼질 듯한 한숨으로 바뀌었으니 이제라도 정신 차리고 우리 모두가 꼭 해야 할 일을 해야 한다.

이것이 국공립대 등록금 정부 부담이다. 이것은 교육 개혁의 시발점이다.

가난한 자의 교육기관을 제도로 확립하자는 것이다. 부자들한테 멸시당하고, 권력 있고 정치하는 사람에게 소외당하고, 계속해서 속으면서 표나 찍어주는 사람들은 이제 정신 차릴 때가 되었다. 이들이 정신 못 차린다고 나무랄 것이 아니다. 사람이 사람 대접 받으면 일등 국민이 되는 것이다.

재벌들이 고약한 대통령이나 정치인이 두려워서 가져다 바쳤던 천문학적인 돈을 이제는 국공립대 등록금을 부담하는 데 쓴다면 그들의 돈은 영원할 것이다. 돈은 반드시 없어지기 마련이다. 더 큰 이익에 눈이 멀어 없어지고, 좋은 데 써서도 없어진다.

이왕에 없어질 돈, 영원한 내 돈도 아닌데 이 나라의 미래를 위해 등록금을 부담하면 얼마나 좋을까.

좋은 정부가 되는 길은 좋은 일을 하는 것이다.

국공립대 등록금 부담해서 좋은 정부가 된다면 우리 국민 모두가 대동춤으로 어우러질 것이다.(국민 위한 정치)

여기에 참여 못한 재벌, 먼 훗날 땅을 치고 후회할 것이다.

내가 죽는 날, 권력과 돈은 어떻게 되든 나와 이별할 것이니까.

덧붙이고 싶은 말이 있다. 예금보험공사는 그동안 영업정지를 당한 저축은행에 22조 원의 공적자금을 쏟아부었다. 밑 빠진 독에 부어야 할 세금은 아직 더 있어야 한다.

검찰 수사! 과연 이 나라의 검찰 수사는 정직하게 수사했다고 할 수 있는가. 한푼 두푼 모아 이자 몇 푼 더 받겠다고 맡긴 돈을 도적 떼들이 나누어 먹었다. 그 돈이 공적자금 22조 원이 더 되어야만 비로소 정직한 수사라고 할 수 있다. 22조 원이 못 되면 검찰은 수사를 계속해서 찾아내야 한다. 그래서 손해 난 자들에게 돌려주어야 한다.

지금 현재로는 도둑맞은 돈이 터무니없이 적다. 도둑맞은 돈을 국민의 세금으로 막는 것은 도둑놈 양성소가 하는 행위다. 저축은행에 넣을 돈조차 없는 자들은 두 다리 뻗고 우는 모습이 눈에 안 보이는가.

언제까지 국민 무시하는 행위를 할 것인가?

감추고, 덮고, 길게 끌고, 축소해서, 벌 적게 받고 풀어주는 것까지는 눈 감는다 하자. 이런 자의 사면은 사법부가 있을 이유가 없게 하는 행위다.

이런 사법부는 있을 필요가 없다. 필요없는 기구를 없애든지, 사면을 없애든지 택일해야 한다.

검찰이 반드시 해야 할 일은 공적자금 22조 원보다는 더 많은 감추어진 돈을 찾는 일일 것이다. 이 모든 과정에서 이해관계의 손해를 떠안는 사람이 가난한 사람이다. 이 정부는 가난한 사람에게 사죄하는 마음으로 이들이 공부할 수 있도록 해야 한다. 그것은 명실공히 국공립대 등록금 정부 부담이다.

옳은 일, 좋은 일 하면 좋은 정부다.

(2012년 7월 23일)

법대로 한다고 선서!

임금님은 맘대로이고, 대통령은 법대로이다.

대한민국은 민주공화국이다. 주권재민의 나라다.

그러니 대통령은 임금님 행세를 해서는 안 된다.

임금님 맘대로는 국가의 운명이 임금님께 달려 있다.

임금님 마음이 선하면 선군이요, 악하면 폭군이다.

임금에 따라 때로는 선군이었다가 때로는 폭군이었다가 한다.

임금에 따라 나라의 운명이 갈린다.

폭군의 다스림은 백성을 곤경과 고통 속으로 몰아넣는다.

대통령이 법대로 하면 모두가 법을 지키려고 한다.

그런데 법대로 하지 않고 맘대로 해버리면 주위에 아첨꾼 불량배가 날아들어 부정부패가 만연한다.

부정부패는 권력 실세에게서 일어난다.

권력실세의 도적질은 규모가 크다. 도적질의 방법도 다르다.

도적질 같지 않지만 국민을 상대로 한 엄청난 도적질이다. 그래서 혼동하기 쉽다.

그들이 돈을 주고 받을 때는 너 좋고 나 좋고이다.

'누가 알 것이냐. 너와 나의 관계인데.'

그래서 안전하다고 생각한다.

철저하게 위장하고 비밀스럽게 주고받는다. 악질적인 범죄다.

그런데 그렇게 주고도 성과가 없을 때는 돈 준 놈이 악마로 변한다. 설사 일이 잘 된다고 해도, 어둠 속에서 하는 일은 밝은 날이 오면 밝혀지게 마련이다. 마침내 신상에 치명타를 당한다. 차라리 죽는 것만도 못해 자살까지 한다.

천년만년 행복의 꿈은 산산조각이 난다.

끝이 어떤지를 알면서도 이런 일이 반복된다.

안타깝기 짝이 없다.

왜 이런 부정부패가 일어날까.

권력 실세들은 모두 배울 만큼 배우고, 먹고 살 만큼 재력도 있고, 자식 교육 할 만한 실력이 있는 사람이다.

자신들의 능력으로 국민들을 섬길 수 있는 사람들이다. 섬기겠다고 말도 한다.

그런데 왜 큰 도둑들이 되는 걸까?

그 답은 간단하다.

돈에 대한 욕심이 발발하면 앞뒤 가리지 않고 눈이 벌개져서 돈 따라 가기 때문이다. 그래서 턴키 식 대형공사 발주, 파이시티 공사, 저축은행 등 대형 부패 사건이 일어난다. 2011년부터 지금까지 20곳의 저축은행이 문을 닫고, 예금보험공사에서 22조 원의 국민세금으로 그 부정부패의 뒤치다꺼리를 했다.

돈은 은행장, 유력 인사, 정치인들이 삼키고 그 뒤치다꺼리는 국민 세금으로 한다.

또 양재 파이시티와 같은 PF 사업이 27건!

총 투자액 74조 원이 이미 투자되었다. 그런데 25건은 사업 자체가 멈춰 버렸다.

용산, 판교, 두 곳만 남았다.

이런 일들은 모두 국정조사를 통해서 시비를 가려야 한다.

국민들에게 낱낱이 알려야 한다. 그리고 제대로 책임을 지게 해야 한다. 그렇지 않으면 이런 부정부패의 재발을 막을 수 없다.

알려야 할 것을 알리지 않는 데서 부정부패가 판을 치고 국민 경제는 좀먹는다. 부정부패로 썩어 냄새 나는 곳은 셀 수 없이 많다.

돈의 바다에서 헤엄치다 빠진 자가 몇 명인가.

좋은 자리가 오히려 자신을 망쳤다.

돈의 유혹이 슬며시 와서 아주 작은 소리로 소근소근대자 그 달콤한 유혹에 빠졌다. 그러나 당장은 달콤하지만 그 뒤끝은 감당할 수 없을 만큼 쓰다.

돈 벌기가 목표라면 갈고 닦은 실력으로 장사꾼이 되는 것이 좋을 것이다.

잘 사는 방법을 모르는 사람들에게 권력이 주어졌기 때문에 부정부패가 일어나는 것이다. 많은 돈을 갖는 것이 성공이라고 착각한 데서 오는 실패이다.

현재의 삶에 만족하고 행복해야 다른 사람을 행복하게 할 수 있다. 이 나라의 주인인 국민을 앞에 놓고 깊이 생각하는 정치인은 아름답다!

돈 많은 것 사실 별것 아니다.

돈은 먹고 쓰고 자식 교육시킬 수 있으면 만족할 줄 알아야 한다. 그래야 이웃이 보이고 섬기도 일도 할 수 있다.

국민의 공복으로서의 권력 실세가 너무 아쉽다.

너도, 나도 기회가 주어지면 유혹에 빠질 수 있다.

유혹을 물리치는 길은 땀의 대가만 받고 살아가는 것이다.

굶어죽을지언정 국민의 돈 먹은 일을 안 한다는 신념이 없으면 유혹은 욕심을 사로잡는다.

돈 먹는 습성이 생기면 부정부패가 만연할 수밖에 없다.

이것을 막기 위한 청문회도 필요하겠지만, 하나마나한 청문회는 안 하는 것만도 못하다.

네 돈이 내 돈이 되면 도적이 된다.

주고 받기가 잘못되면 부정부패로 간다.

민주주의는 후퇴하고 인권유린으로 이어진다.

잘못된 정치로 가는 것이다.

부정부패의 예방책은 대통령의 법대로이다.

법대로가 열쇠다.

그런데 이걸 못하게 가로막는 것이 이전 정권의 잘못도 조사하자는 주장이다. 정권 인수한 지가 언제인데, 이제 이 정권 끝이 얼마 안 남았는데, 이제와서 무슨 이전 정권을 운운하는가. 참으로 우스운 코미디이다.

하늘을 우러러본다. 우리의 도움이 어디서 올고!

이제는 너와 나, 우리가 우리를 도와야 한다.

(2012년 8월 2일)

국회의원과 국민

새누리당 국회의원들은 당명을 바꾸어서 국회의원이 되었다.

당명을 바꾸어서 이명박 대통령과 한나라당의 부패 정치와는 선을 그었다. 특권도 포기하고, 일을 안 했으니 품삯도 안 받고, 싸움판 국회에서 벗어나 선진 국회를 지향한다고 했다. 국회의원들은 이렇게 되기를 진심으로 바라고 원했을 것이다.

국민들도 이들의 진심을 믿었다.

그런데 요사이 새누리당 국회의원들이 하는 것을 보면 한심하기 짝이 없다. 그렇다고 야당 국회의원들은 잘하고 있는가.

그렇지도 않다. 참으로 잘못하고 있다.

민주통합당의 국무총리 해임 건을 보라.

대선을 앞둔 새누리당이 함께 해줄 것으로 기대하고 해임안을 제출했다면 계산을 잘못한 것이고 실패한 것이다.

옳고 그른 것을 분별해서 당연히 할일을 하는 국회를 바랐던 국민은 기대가 절망으로 바뀌었다. 새누리당이 한나라당과 똑같은 길을 가고 있기 때문이다.

분명히 말하지만 국무총리 해임안이 국회의장의 직권 상정에도 불구하고 회의 자체가 성립되지 않은 것은 큰 문제다.

해임안 가결 여부가 문제가 아니다.

국회의장은 해임 사유가 분명히 있다고 해서 직권 상정을 했을 것이다. 그런데 새누리당 국회의원은 한 명도 참석을 안 했다.

짜고 치는 고스톱이 있다는데, 서로 짜고 했다면 이런 것이 국회의원이 할 일인가. 그런 모습을 일사분란해서 보기 좋다고 국민들이 생각하겠는가!

이것은 이 나라의 정치가 선진화되기는 벌써 틀렸다는 소리다.

그렇다고 국회의원들이 모두 잘못된 사람들은 아닐 것이다.

진심으로 이런 정치 그만두고 국민으로부터 존경 받고 신뢰받는 국회의원이 되고 싶을 것이다. 여야를 막론하고 국회의원 모두는 국민의 지지를 받고 당선된 훌륭한 분들이고 존경받을 만한 사람들이다.

그래서 많은 표를 받고 국회의원이 된 것이다.

국회의원은 상호 견제가 필요한 입법, 사법, 행정 삼권 가운데 입법부의 일원이다. 여야 입법 의원들은 사법부, 행정부의 잘못을 막는 견제 기능을 해야 한다. 그런데 주 임무를 뒤로하고 여당, 야당으로 나뉘어서 국회에서 싸움판이 벌어지는데 참으로 가관이다.

그들이 이렇게 된 이유는 자기를 국회의원 되게 해준 국민들을 무시하고 공천해준 사람에게 충성하기 때문이다.

국회의원을 공천 받을 만한 자격이 있기에 공천을 받았다.

당선이 안 된 공천은 헌신짝이다.

당선은 곧 국민의 지지다!

그러니 당선이 되면 당선시켜 주신 국민들에게 봉사해야 한다.

여야가 서로 원수라도 된 듯 극한 싸움을 하는 것은 국회의원이 자기 무덤을 파고 들어가는 것과 같다.

여야는 정치 파트너이다. 입법부라는 한 집안 식구이다.

국회의원이 무시당하는 것은 여야 모두에게 치명상이다.

행정부의 독주나 독선에 가담해서 잘못된 정책에 뒷받침이나 하고 있는 국회의원은 입법부의 자기 식구 무시와 싸움으로 스스로 죽는 길을 걷는다.

국회의원이 행정부의 시녀가 되고 입법기관으로서의 당당한 모습을 잃은 지 이미 오래이고 지금도 그렇다.

코미디 같은 제안을 하는 사람도 있다.

현실적으로 불가능한 얘기지만 병든 국회, 입법부의 일원인 국회의원이 제자리로 돌아가게 위해 하는 고언이다.

이것은 4년의 임기 동안 누구든지 1년씩 여야 국회의원이 여당 의원으로 또는 야당 의원으로 대한민국의 무궁한 영광과 발전을 위해 국민에게 기여한 정치를 하도록 하는 방법이다.

당선된 국회의원 모두를 입법부에서 지지도에 따라 한 줄로 세우고 번호를 매겨 1년 씩 홀수는 여당, 짝수는 야당, 그 다음은 홀수가 야당 짝수가 여당으로 매년 여야가 바뀌는 제도를 만드는 것이다.

그러면 국회의원들끼리 싸우는 정치는 끝나고 입법부가 삼권분립의 헌법 정신에 따라 행정부의 독단 독주도 견제해서 막을 수 있고 국회의 기능도 살아나며, 훌륭한 국회의원을 허수아비로 비하하는 소리도 듣지 않게 될 것이다.

당선된 국회의원들은 모두 대한민국 국회인 입법부라는 큰 방에 수용해서 대화하고 소통하고 협의하는 기본자세를 익히고, 상대 당의 의원도 자기와 똑같이 국민의 지지를 받아 의원이 된 훌륭한 사람이라는 것을 이해함으로서 여야 국회의원 모두가 존경을 받을 것이다.

공천이 곧 당선으로 연결되어 국민의 지지를 무시하는 선거제도 하에서는 공천자의 뜻에 따를 수밖에 없게 되어, 대한민국 입법부의 국회의원으로서의 임무를 등지고 행정부의 시녀로 거수기 역할밖에 할 수 없는 것이다. 그러니 공천은 국회의원 입후보자로서의 자질을 인정받는 것으로 끝나고, 국민의 지지만이 국회의원이 될 수 있다는 주권 재민의 헌법 정신이 실현되어야 한다. 이렇게 될 때 국민을 위한 입법, 사법, 행정이 각각 국민을 위한 길, 제 갈 길을 갈 수 있다는 것이다.

여당이라는 이유로, 야당이라는 이유로 나라 망칠 사람, 애국자로 나뉘어 자기 살 길만 찾는다면 너나 없는 공멸을 자초하는 것이다.

나는 옳고 너는 틀렸어, 라고 싸운다면 너와 나가 다 같이 파멸로 갈 뿐이다. 진정으로 상대방을 존경하고 이해할 때 새로운 길이 열린다.

"여태까지 우리가 서로 무시당할 일만 했다. 이제는 선진 국회가 되어야 한다"고 분연히 일어나 국회의원직을 걸고 국회의원의 본분을 지킬 때 재선의 길이 열리는 것이다.

국회의원들도 "한국정치 틀렸다." "국회의원이 나라 망친다"는 소리가 원통하고 분할 것이다. 억울할 것이다.

그러나 국회의원이 잘못된 정책을 떠받치고 공조한다면 국회의원이 나라 망쳤다는 국민의 소리는 계속될 것이다.

물레의 병은 괴머리다. 정치의 병은 국회원이 둘러쓰고 있다.
사실은 국회의원은 들러리이고 싸움꾼이다.
잘못한 자는 따로 있다.

그래서 국회의원은 원통하고 분하고 억울하다.

여기에서 벗어나야 한다.

국민을 위한 정치가 정답이다.

갈 길을 바로 가면 누가 시비를 걸겠는가?

진정으로 존경받고 사랑받는 국회의원이 되기를 바란다.

정당만을 위한 국회의원은 국민에게는 필요없다.

(2012년 8월 9일)

세 개의 생각

1. 요나의 생각

야훼께서 요나에게 말씀하셨다.

"너는 저 큰 도시 니느웨로 가서 알려주어라. '너희들의 죄악이 하늘에 사무쳤다'고 외쳐라."

이는 그들이 망하지 않게 하라는 말씀이다.

그러나 요나의 생각은 달랐다.

그는 끊임없이 자기 민족을 괴롭히고 고통을 주는 니느웨가 망하기를 바랐고, 하느님의 용서가 내려지기를 원치 않았다.

그래서 야훼의 말씀을 듣기 싫어하였고, 그 말씀을 어겼다.

요나는 니느웨를 등지고 욥바로 가다가 갖은 고초를 당했다.

심지어 큰 물고기 뱃속에서 고통스러운 시간을 보내다가 결국 니느웨에 닿았다. 가기 싫은 니느웨에 억지로 갔고 "너희는 40일 후면 망할 것이니 악독함을 회개하라"고 마지못해 전했다. 이 말을 하면서도 니느웨가 망했으면 하는 요나의 생각은 변함이 없었다. 그런데 니느웨는 왕으로부터 신하까지 모든 사람들이 요나의 말을 듣고 야훼께서 하라는 대로 했다. 그래서 용서받고 구원받았다.

이것을 끝내 못마땅하게 생각한 요나에게 야훼께서 니느웨를 구하신 뜻을 설명했다.

"앞뒤를 가리지 못하는 사람들이 십이만 명도 넘고 짐승들도 많은 이 큰 도시를 어찌 내가 아끼지 않겠느냐! 짐승만도 못한 사람들을 위함도 아니요, 똑똑하고 권세 있어 악독을 자행하는 자들을 위함도 아니었다."

앞뒤 모르는 십이만 명과 많은 짐승들 때문에 니느웨가 악독한 죄악에서 불쌍히 여김을 받고 구원받았다는 내용이다. 짐승만도 못한 사람 때문이 아니라, 앞뒤 모르는 순진한 십이만 명의 사람과 많은 짐승 때문에 받은 구원이 아닌가.

2. 요즘 나의 생각

이명박 씨가 대통령 하는 5년 만에 시원하고 통쾌한 일이 일어났다.

독도에 가서 돌 위에 한국령이라고 새긴 큰 글자를 만지는 모습이다. 대통령이 자기 나라 영토를 간다는 것이 무슨 잘못인가. 당연한 것 아닌가. 세계 만방에 한국의 얼을 자랑한 축구 선수 박종우가 '독도는 우리 땅'이라고 하는 것이 무엇이 문제인가. 그것 때문에 메달을 안 주는 IOC는 무엇 하는 곳인가.

자기 나라 땅을 자기 땅이라고 말하는 것이 무슨 잘못인가.

독도에 가서 얻은 깜짝 인기를 유지하려면 현병철 인권위원장을 다시 또 임명한 것은 철회되어야 한다. 인권위원장을 바꾸면 대통령 인기가 더 올라갈 것이다.

그런데 염려되는 것이 있다. 한일군사정보 협정이다.

독도 문제는 독도 문제이고 한일군사정보 협정은 다르다.

그대로 추진한다고 하면 국민의 큰 저항에 부딪힐 것이다.

제발 부탁이다. 이미 국가 방위를 위해 미국에 방위비를 지불하고 평택기지를 주고 미군들을 위한 호텔식 아파트도 지어주고 있지 않은가. 이 나라 국방에 책임이 있는 미국이 방위비는 받아먹고 빚진 국민에게 빚을 더 내서 미국 무기를 사라고 한다. 미국은 우리에게 고마운 나라지만 대한민국 형편을 좀 생각해줘야 진정한 우방이 될 것이다. 너무 욕심을 부리면 이 나라 국민들이 살 수가 없다.

더구나 기나긴 세월 우리를 고통 속으로 몰아넣은 일본에게 한국에 와서 같이 한국 지키자는 말은 미국이 해서는 안 되는 일이다.

러일전쟁, 청일전쟁도 그 피해를 한국이 입도록 한국에서 전쟁을 했다. 36년 간의 식민지배, 2차대전 등 전쟁하다 망했고,

다시는 전쟁을 해서는 안 되는 일본은 독일을 본받아야 할 것이다.

그런데 일본은 전쟁을 못해서 안달이 난 것 같다. 독도를 자기네 땅이라고 주장하고, 수많은 사람들을 징용으로, 위안부로 끌어다가 노예로 부려먹은 일본은 우리나라에 속히 사죄하고 관계 정상화를 기해야 할 것인데 미운 짓만 골라서 하고 있다.

한국에 요나가 있었다면 요나가 니느웨가 망하기를 원하는 것처럼 일본 망하기를 바라고 원했을 것이다. 혹시 야훼의 자비로 일본이 용서를 받는다면 아마 후쿠시마 사람들과 기층민중 때문일 것이다. 민중들은 전쟁을 일으키지 않는다. 하루하루의 삶을 살기에도 바빠 전쟁 같은 것은 생각할 수도 없다.

전쟁은 민중들의 삶과는 무관하게 더 많은 권력과 부를 축적하려는 자들에 의해 일어났다. 그러나 그 결과는 참담하다.

일본이 전쟁을 하지 않았을 때는 경제대국이 되었다. 하지만 전쟁을 했을 때는 모든 부를 잃고 망했다.

3. 안철수의 생각

안철수는 이 나라의 정치 경제 사회의 상황을 정확하게 파악하고 그 문제의 원인과 처방을 알고 있다. 그도 실수를 하지만, 그런 때는 실수를 인정하고 같은 실수를 두 번 하지는 않는다고 한다. 무엇보다 값진 것은 상식이 통하는 인간이라는 사실이다.

국민의 대표인 국회의원과는 여야를 막론하고 상대방을 깊이 이해하고 대화와 협의를 통해 국민을 위한 정치를 할 수 있다고 생각된다.

경제 분야에서는 앞으로 닥칠 위기를 슬기롭게 대처해 나갈 것 같다. 화려하게 꾸며져 있지만 잘못된 현재를 상황을 정확히 파악하고 국민의 고통을 알고, 제대로 된 경제 정책을 펼칠 것 같다.

잘못된 경제를 바로잡는다는 것은 경제 민주화를 하겠다는 말만으로 되지 않는다는 것을 알고 있다. 30대 기업들의 독점무대가 되어 돈을 싹쓸이 해 가는 경제, 그러면서도 경제 민주화가 무엇이냐고 묻는 것(재벌의 물음)은 마치 국민을 조롱하는 것 같다.

자본주의는 자유경쟁이 원칙이다.

모든 사람들이 일직선상에서 출발하도록 해야 한다는 안철수의 경제정책은 병든 경제를 바로잡을 수 있다. 이것이 실현된다면 국민을 위한 정책의 기초를 놓을 것으로 생각된다. 그리고 중요한 것은 내가 경제를 살려서 모두 잘 살게 해주겠다는 생각이 아니라는 것이다.

어느 누가 경제를 살리고 잘 살게 해줄 수 있는가. 이것은 누구도 혼자 할 수 없는 일이다.

안 되는 것을 자기가 할 수 있다고 말하는 것은 정치 사기꾼의 허튼소리이다. 이 말에 속은 자의 고통을 국민 전체가 짊어지고 있다.

안철수는 이렇게 말하고 있다.

"나의 생각이 옳다고 생각하면 나와 같이 생각하신 분들과 함께 바른 나라, 잘사는 나라 만들어 갑시다."

네 생각대로 한 번 해봐라가 아니라, 이 생각이 옳다면 같이 하자는 것이다.

같이 하는 곳에 민주주의가 살아나고, 잘못된 경제가 바로잡히고, 갈 길을 잃은 교육이 제자리를 찾을 것이다.

서민 대중과 가난한 사람들이 희망을 안고 살아갈 것이다.

돈 있는 부자는 가만히 놔두어도 잘 살아갈 수 있다.

그렇지 못한 이들의 삶의 질을 끌어올릴 수 있는 정치가 국민을 위한 정치 아니겠는가.

우리는 이런 정치인을 원한다.

지금 우리는 누가 정권을 잡는가에 관심이 없다.

여당도 야당도 별 것도 아닌 것 가지고 싸우는 것에 진저리가 난다. 부정부패가 발각되면 바로잡을 생각을 하진 않고 전 정권의 부정부패까지 조사하자고 물고 늘어진다. 국민들은 수사 하지 말자는 소리로 듣고, '그래 너희들이 하고 싶은 대로 해서 부정부패와 함께 주거니 받거니 하면서 살아봐라.' 하고 냉소를 보낸다.

끝장은 뻔하다. 누가 이런 정치를 원하겠는가. 이런 정치를 원하지 않는 국민들이 새롭게 바꿔야 하는데 참 안타깝다.

정치인들에게 말한다.

안철수처럼 당신들의 생각을 적어 보라.

적은 다음 읽어보는 당신의 생각은 분명히 당신이 걸어온 정치 형태와는 다를 것이다. 그렇다면 정치를 다르게 하든지 그만두든지 양자택일을 해야 이 나라가 살 것이다.

(2012년 8월 23일)

한심한 정치, 얼이 썩은 투표

이명박 정권 말기의 상황은 그 정권과 함께했던 한나라당도 이대로는 안 되겠다고 생각한 사람들이 많은 것 같다. 이래서는 정권을 다시 잡을 수 없다고 생각하는 것이다.

그래서 선거 때 야권 다수의 횡포에서 우리를 구해 달라고 호소했다. 그러고 나서 찾은 길이 이름 바꾸기다. 잘못을 따지려고 하니 잘못한 놈이 없어져 버렸다.

그렇다면 어떻게 되었기에 한나라당 사람들조차 위기감을 느끼고 당의 진로를 새로이 모색했겠는가.

지금 이 나라는 개인 부채가 1,000조 원에 육박한 것으로 비롯하여 국가 부채, 공공 부채, 기업 부채 등으로 부채 공화국이 되었다.

너나 할 것 없이 부채의 지배를 받는 세상이 되었다.

집을 팔려고 해도 살 사람이 없으니 하우스 푸어가 150만, 대출 이자를 못 내서 신용불량자로 몰락할 사람이 80만 명, 가난한 사람이 더욱 가난해졌다. 서민들은 무엇을 해먹고 살길이 없게 되었다.

거기다 노동자의 무단 해고는 기업주의 배를 불리고 노동자에게는 고통과 죽음을 안긴다.

돈벌이의 장이 되어 버린 교육의 장, 높은 사교육비를 비롯하여 등록금 부담에 허리를 펴지 못하고 연 56조 원이라는 개인 부채 이자에 시달리고 있다. 그렇지 않아도 빚 때문에 고통받는 20대 30대 더러 DTI 규제 풀어줄 테니 빚 내서 집 사라고 한다. 또 대학생한테도 이자 깎아줄 테니 등록금 대출 받으라고 권한다.

대관절 돈 많은 놈이 어떤 놈인지 알고 싶다.

빚 때문에 고통 받고 있는데, 빚 문제 해결에는 관심이 없고 빚 더 주어서 이자 받는 데만 마음이 있는 것 같다.

또 권력 실세들은 저축은행을 20개나 털어먹고 사업장마다 부정부패가 만연해서 어디를 보아도 도둑놈뿐인 것처럼 되었다.

권력 실세는 돈 가지고 온 도둑놈을 경계해야 한다. 그런데 받아서는 안 되는 돈을 받고도 받기는 받았지만 대가성은 없었다고 말한다.

어떤 미친놈이 대가성 없이 돈을 뿌리겠는가. 똑같이 미친놈의 소리다.

거기다가 "내가 받는 돈은 대선자금이다"라고 하는 사람이야말로 감옥에 가야 할 큰 도둑놈인데도 맘대로 지껄이게 놓아둔다.

어떤 정치인은 대선자금을 조사하자고 하니까 전 정권 대선자금까지 조사하잖다.

정권 인수위는 눈 감고 했나!

아예 조사를 하지 말라는 말인데, 이렇게 되면 큰 도둑님들이 더 많이 생길 것 같다. 큰 도둑놈이 우리 돈 먹었는데 내 돈 아니니까 별 문제 없다는 태도이다. 우리는 바로 너와 나인데 나와 상관없는 것으로 여긴다.

그 외에도 왕따, 학교폭력, 성폭력 병자 등 사회병리로 만 원을 이룬 병원, 이리 봐도 저리 봐도 돈 들어갈 구멍밖에 안 보인다.

이러니 한나라당이 새 출발을 해야 되겠다고 새누리당으로 이름을 바꾸었다. 그래서 잘못한 놈이 없어졌다.

이명박 정권과 함께 세상을 이렇게 만든 사람들은 한나라당 사람들이다. 새누리당은 무관하다. 그러면서 백주대낮에 칼부림을 하는 사람들이 나타나는 것은 민주당 때문이라고 말한다.

개똥이를 말똥이로 이름만 바꾸면 개똥에서 말똥 냄새가 나는가? 개똥에서는 개똥 냄새밖에 나지 않는다.

한나라당이 새누리당으로 이름을 바꾼 이유를 국민들에게 자세히 설명해야 한다.

"한나라당인 우리들이 무엇 무엇을 잘못했습니다. 이 나라를 부채로 고통 받는 나라로 만들고, 교육도 돈벌이의 장으로 만들어 국민들께 크나큰 고통과 부담을 주었고, 부정부패로 이 나라를 썩게 만들었습니다. 참으로 우리가 잘못했습니다." 하고 잘못을 고해야 한다.

이런 절차 없이 한나라당이 새누리당으로 바꾼 것은 자기들 잘못에 대한 책임을 회피하고 국민을 무시하고 속이는 무례한 짓이다.

오로지 정권 연장에만 모든 힘을 쓰니, 정권 재창출을 위해서 책임도 없고 대책도 없이 당명만 바꾸어 놓고 해결책 없이 미래로 도망쳐 버렸다.

그저 앞으로는 잘하겠다는 말만 되풀이한다.

그들은 원칙과 신뢰, 국민과의 약속을 지키는 정치, 국민 한 사람 한 사람의 꿈이 이루어지는 나라를 만든다고 한다. 이런 말을 한다고 그 말대로 된다는 보장은 없다.

이명박 대통령도 잘 살게 해준다는 약속을 지킨다면서 이 나라를 이 꼴로 만든 것이다. 민주주의까지 후퇴시키고 인권을 무시하고 돈은 30대 재벌에게 가 버리고, 정말 살기 힘든 세상을 만들었다.

여당인 한나라당 사람들조차 이대로 가서는 안 된다는 나라, 이런 현실을 알고 행사하는 국민의 투표는 나라를 살리지만, 아무것도 모르고 눈 감고 하는 투표는 백해무익이다.

자기의 표를 자기 이익과 바꾸는 투표는 대통령의 정책을 비틀어지게 몰아가고 충성의 대가로 이익과 영달로 보상받기 위해 하는 권력 실세들의 행동은 부정부패로 이어진다. 문제는 이 나라의 현실을 알고 투표하는 국민을 좋아하는 정치인은 나라 망치는 정치인이라고 떠드는 것이다.

사실은 이런 국민, 이런 정치인이 나라를 망치고 있다.

어리석은 국민의 지지로 대통령이 되면 어리석은 대통령으로 정권을 마감할 것이다. 그리고 그에 따른 대가는 모든 국민의 고통으로 돌아온다. 잘못된 공약이라고 무조건 지키기 위해 국정을 망치기보다는, 그 공약을 반대하는 사람들의 목소리를 경청하고, 설득하는 상식이 통하는 정치가 필요하다.

잘못된 공약을 지키느라 나라를 망치는 것보다는 어떤 나라로 만들 것인가가 더 중요하다.

새누리당으로 당명을 바꾼 이유가 무엇인가.

이 나라의 정치상황이 어떠했기에 그랬는가를 깊이 생각해서 여야 정치인들이 설명해야 한다.

지금 광풍이 몰아치는 광야의 촛불처럼 나부끼는 이 나라를 살리는 길은 미친바람을 막는 것이다.

미친바람 막는 길은 여야가 같이 힘을 합하는 것이다.

합쳐진 여야와 재벌과의 싸움이 경제민주화이다.

그리고 외국자본 침탈이다.(잘 살기 위해 불러들인 경제)

여야가 하나가 될 때에만 국제 대자본의 침탈을 막고 경제 민주화가 가능하다. 여나 야, 한쪽의 일부만 반대해도 경제 민주화는 되지 않을 것이다. 경제민주화가 무엇이냐는 비아냥 섞인 그 물음은, 터무니없는 소리 하지 말라는 것이다. 이런 상황에서 경제 민주화 구호만 외친다고 순순히 되겠는가.

치열하게 싸우지 않으면 안 된다. 온 힘을 다해 싸워도 힘겨운 싸움이다.

경제 민주화는 최소한 먹고 사는 것이 법제도로 보장되고, 부자나 가난한 사람이나 다같이 교육을 받을 수 있도록 만드는 것이다.

이런 일부터 먼저 해놓은 뒤에야, 잘 사는 나라나 '네 꿈 내 꿈이 이루어지는 나라'가 가능할 것이다.

우리 국민들이 주인 노릇을 제대로 하려면 이 나라의 현실을 바로 알아서 바른 투표를 해야 한다.

이 나라의 현실을 모르고 내 동네 사람, 내가 아는 사람, 나에게 좋은 말 해주는 사람에게 투표하는 것은 어리석은 대통령을 뽑아 고통을 자초하는 길이고 자손에게까지 그 고통을 물려주는 것이다.

따라서 현실을 알고 투표하는 것이 이 나라가 사는 길이다.

현실이 어떻게 되어 있는가부터 알아봐야 한다.

얼이 썩은 자의 투표가 한심한 정치를 만든다.

얼이 썩은 투표는 현실을 모르는 장님 투표다.

못된 정치인은 이런 투표를 좋아한다.

한심한 정치는 얼이 썩은 자의 지지로 출발한다. 그 결과는 지금 국민 대부분이 겪고 있는 희망 없는 고통이다.

이제는 살길을 찾아야 되지 않겠는가!

(2012년 8월 29일)

안 지킨 반값 등록금, 지금 실천해야

정부 여당이 반값 등록금 한다고 해놓고 그 약속을 지키지 않았다. 대선이 다가오자 여권의 대통령 후보가 또다시 대학생들에게 같은 약속을 했다. 선거 때마다 하는 약속이 이번에는 지켜질지, 신뢰가 가지 않는다.

같은 약속을 되풀이하기보다는 지금 실천한다고 말해야 옳을 것이다. 정치인의 죄는 거짓말이다. 국민을 속이는 것이다.

하나밖에 없는 투표권이 정치인의 거짓말에 좌우되면 민주주의는 허울뿐이다.

민주주의 국가에서 국민의 표를 얻기 위해 대통령 후보가 거짓말을 하는 것은, 하나밖에 없는 국민의 선거권을 유린하는 것이기 때문에 무엇보다도 크게 생각해야 한다. 대통령 후보의 거짓말은 절대 해서는 안 되는 대형 거짓말이다.

5천만 국민에게 하는 거짓말이기 때문이다.

우리 국민은 선진국 미국이 거짓말하는 정치인을 어떻게 하는가를 참고해야 한다.

오늘의 정치 불신은 거짓말이 그 원인이다.

거짓 없이 산다는 말 자체가 거짓말인 세상이라, 거짓 없이 산다는 것이 불가능한 것처럼 되어버렸고 정치도 거짓말을 해야 할 수 있다고 생각한다. 그러나 정치가 바로 서려면 거짓말하는 정치인은 다시는 정치를 할 수 없도록 만들어야 한다. 우리 국민들은 지난 5년 동안 정치인들의 거짓말에 "선거에 이기기 위해서는 무슨 말인들 못하겠는가!"로 화답해서 고통 받고 고생하고 있는 것이 아닌가.

그래서 우리 국민들은 정치인이 거짓말을 못 하도록 해야 한다. 그것이 국민들이 사는 길이다. 방법은 간단하다. 거짓말하는 후보에게서 등을 돌리는 것이다. 표를 안 주는 것이다. 그런 사람은 박대해야 한다. 그런데 이런 후보가 가는 곳마다 환영을 받고 무슨 일이든 할 수 있는 구세주처럼 생각하는 국민들 때문에 거짓말하는 정치인이 세상을 지배하고 있다.

거짓말은 사기꾼이 하는 것이지 정치인은 해서는 안 되는 것이다.

잘못은 사과하고 그 잘못을 바로잡으면 된다.

잘못은 고치면 되지만 거짓말을 돌이킬 수가 없다.

이제라도 반값 등록금 말이 나왔으니 지금 당장 반값 등록금을 실시해야만 정부 여당은 거짓말에서 해방될 수 있다.

반값 등록금 실시는 과거의 잘못에서 벗어나는 길이다.

전에 한 약속을 지키지 않고 또 다시 같은 약속을 하는 것은 또 거짓말을 하겠다는 말로 들릴 것이다. 지금이 반값 등록금을 실시해서 보여주어야 할 좋은 시기다.

국민들이 높은 사교육비에 시달리고 빚에 시달리고 있기 때문에 지금 실시한다고 하면 새누리당은 대선 승리의 기반을 다지는 것이다.

국민들은 목 마를 때 한 모금 물이 더없이 고마운 것이다.

지금 이 정부는 8조 원의 엄청난 돈으로 조기 무기구입을 하겠다고 나서고 있다. 그러나 150명 이상의 국회의원을 거느리고 있는 새누리당의 실력자 대통령 후보가 할 수 있는 일은 무기 구입이 아니라 반값 등록금이다.

이것을 추경예산에 반영해서 확실하게 약속을 지키는 것만이 대통령 되는 길이기도 하다.

정치는 약속이 아닌 실천이다. 당명 바꾼다고 되는 문제가 아니다. 교육 개혁의 철학이 있어야만 실천할 수 있기 때문이다.

교육, 이대로 가면 안 된다.

반값 등록금 실천하면 그때부터 교육개혁이 시작되고 교육이 돈벌이의 장에서 근본 교육 이념으로 갈 수 있다. 그런 뜻에서 반값 등록금 실시는 지금이 최적기이다. 바로 지금 해야 한다. 빈부 조건 없이 반값으로 통일하는 것이다.

반값 등록금은 부자나 가난한 자나 똑같이 혜택을 받는 제도여야 한다.

부자는 이미 더 많은 세금을 냈기 때문이다.

가난한 자만 반값인 제도는 옳은 것 같지만 크게 잘못된 제도이다.

다 같이 혜택 받는 제도가 큰 호응을 얻고 국가에 고마움도 크게 생겨날 것이다.

여태까지 국민을 위한 정치가 없었던 상황에서 아무 조건 없는 반값등록금은 국민을 위한 정치의 시발점이 될 것이기 때문이다.

한 가지 덧붙인다면 국공립대 등록금을 국가 부담으로 해주면 더욱 좋을 것이다. 가난해서 사교육 못 받고, 안 받는 학생을 위한 국공립대가 된다면 이 나라에 사는 국민으로서 자긍심을 가지고 살아갈 것이다.

국격도 높아지고 존경도 받을 것이다.

이것은 훌륭한 경제민주화의 길이기도 하다.

옳은 일을 경제인과 함께하면 경제민주화가 되는 것이다.

꼭 해야 할 일을 하면 경제민주화로 가는 것이다.

이런 길을 마다할 경제인도 많지 않을 것이다.

얽매인 이해관계에서 떠나 옳은 일, 꼭해야 할 일을 하면 벌써 경제민주화가 되고 있는 것이다.

앞으로는 어떠한 약속에도 박수치지 마시라.

손바닥만 아플 뿐이다.

보여주지 않으면 믿지 말라.

그동안 얼마나 속았나!

또 속고 싶으면 믿으시든지!

(2012년 9월 6일)

정치의 선진화

대선 후보자들이 함께 정책을 만드는 것이 정치 선진화의 길로 가는 것이다.

오는 12월 19일, 누가 대통령이 되어도 경제민주화, 국민을 위한 복지 정책을 수행하기가 쉽지 않을 것이다. 반칙을 일삼는 구태 정치로는 여야로 갈라져서 싸울 수밖에 없다.

정당이 여야로 나뉘어서 싸우는 것은 국민을 위해 하나의 좋은 정책을 만들기 위해서이다. 싸움은 하나된 좋은 정책을 만들기 위한 것이라야 한다. 나라 망치는 싸움을, 국민 살리는 정책 싸움으로 바꾸라는 것이다.

여당은 새누리당으로 이름 바꿀 때의 마음으로 돌아가야 한다.

야당은 실리 없는 싸움은 뒤로 미루고 좋은 정책으로 맞서야 한다.

국민들은 빚 때문에 가난으로 가는 고속 열차에 몸을 실었다.

가난한 자, 망한 자들이 무더기로 쏟아져 나올 판이다. 이런 사회, 경제적 불안은 정치 불안으로 갈 수밖에 없다.

그래서 위기를 느낀 대통령 후보들은 잘못된 경제 정책을 바로잡는 경제 민주화와 복지를 주장하고 나섰다.

여야가 서로 정권쟁탈전을 벌이는 구태 정치는 새누리당이 한나당보다 훨씬 앞선 것 같다. 국민들은 새누리당이 구태를 벗고 당이 잘못한 정책을 과감히 개혁해 나가기를 바라고 있다. 그들은 잘못을 저지르고도 국민들에게 잘못했다고 시인하는 것을 보지 못했다. 대통령의 잘못된 정책에 힘을 실어주고 그 잘못에 동참해놓고도 책임을 지는 자도 없다.

새누리당을 이끌어가는 사람들은 여야의 극렬한 싸움을 부추기는 말, 상식이 통하지 않는 말을 감투만 쓰면, 누구를 믿고 그러는지는 모르지만 연발하고 있다.

상식이 통하지 않는 정권 때문에 얼마나 큰 고통을 당했는가. 답답하고 견디기 힘들었다.

그런데 지금도 그런 말을 서슴지 않고 토해내고 있다.

한나라당이 잘못햇다고 선을 긋고 칸을 막았던 새누리당이 또다시 정권이 나를 감쌀 것이니 무슨 말이든지 해도 괜찮다고 생각하는 것 같다. 이것은 자기를 망치는 행위다.

속히 상식으로 돌아가야 한다. 빠를수록 좋다.

몰상식으로는 나뉘고 분쟁하는 것밖에 없다.

이것은 통합으로 가는 길을 가로막는 것이다.

통합으로 가는 길은 민주주의를 회복하고 상식이 통하는 정치를 하는 것이다.

이런 상황에서는 야당이 한다고 잘될 것이란 보장도 없다.

여야가 하나된 정책이 없으면 안된다.

여야가 이 나라를 살리는 옳은 정책을 만들어가야 하는데, 서로 자기들이 해야만 잘할 수 있다는 생각은 잘못된 것이다.

바른 정치는 여야가 바른 정책으로 하나가 될 때에 가능하다.

내가 해야만 된다는 사고방식으로는 경제민주화도 복지도 되지 않는다.

계속된 논란으로만 치달아 경제민주화가 될 수가 없다.

다들 복지를 해야 한다고 말한다. 그런데 이 말은 거짓말이 되기가 쉽다.

돈이 없고, 돈 나올 곳도 없다.

돈 들어갈 큰 구멍만 늘어간다. 갚을 돈만 늘어난다.

돈이 없는데 복지가 되겠는가. 빈손 복지는 복지가 아니다.

돈 없이 복지정책을 한다는 말 자체가 거짓말이다.

돈이 없는 복지는 변칙을 하겠다는 말이다.

또 빚 내자는 말인데, 빚진 국민을 보라.

좋은 집 때문에 행복했지만 그 행복이 한숨으로 변했다.

돈 버는 길은 막혔는데 물가는 올라만 간다.

막가는 세상이 되어 안심하고 살 수가 없다.

가난한 사람이 더 가난해지는 동안 몇 안 되는 기업은 천문학적인 돈벌이를 했다.

가난으로 가는 길을 막는 것이 최고의 복지다.

부자는 가만 놓아두어도 잘 산다.

부자나 가난한 사람 모두 똑같은 의무를 지고 있다.

미국과 같이 자본주의를 하려면 군인에게도 월급을 주어야 한다.

가난한 사람은 국가가 말하는 생명과 재산을 보호 받을 것이 없다.

재산은 없고 생명은 죽지 못해 사는 형편이다. 그래서 세상을 원망하고 자살하는 사람이 많아지고 있다.

재산도 생명도 보호받지 못하고 오직 자식 잘되는 희망 하나를 붙들고 가난을 숙명처럼 생각하고 살아간다.

하나밖에 없는 투표권은 이보다 더 나빠지면 안된다고 생각하고 구태 정치인에게 던진다.

결과는 빈익빈이다.

가난해서 벗어날 길이 없다.

가난한 사람의 희망은 자식교육이다.

반값등록금, 이 말은 잘못된 말이다.

적정 등록금이라고 해야 맞다.

문제는 얼마의 반값이냐는 것이다. 얼마가 가변이다.

반값 등록금은 시작할 때는 굉장히 힘들지만 조금 지나면 많은 희생만 남기고 하나마나한 것이 될 수밖에 없다.

반값등록금보다 국공립대 등록금을 정부가 부담하는 것이 훨씬 좋은 방법이다. 국공립대는 전국에 골고루 분포되어 있고 농촌 학생이나 가난한 학생의 교육장으로서 적당한 대학이다. 돈이 없어 사교육도 못 받고, 안 받는 학생들을 위한 국공립대가 된다면 가난한 자의 희망이 이루어질 것이다.

무상교육이 가난한 자에게 최고의 복지이다.

교육개혁은 시발점이 된다. 아울러 경제 민주화의 실천이 된다.

이 모든 국정 전반의 계획을 세우는 일은 대통령 후보자가 모두 모여서 의논해야 한다.

내가 해야 잘한다고 생각하면 큰 시행착오에 빠진다. 그러니 후보자 모두가 모여서 대선 전에 국정 목표를 세워야 한다.

그 절차와 순서는 다음과 같다.

1. 대통령 하겠다는 후보자는 함께 모여야 한다.

2. 국정을 함께 의논하고 목표를 정해야 한다.

3. 서론 토론하고 의논하여 국정 목표가 하나로 집약되어야 한다.

4. 누가 대통령이 되든지 여기서 정한 국정 목표대로 해야 한다.

5. 대통령이 된 사람은 이들과 정치적인 모임을 갖고 국정을 보고한다.

이렇게 되면 모두가 대통령이 된 것 같고 서로 협력 관계가 되고 국민을 위한 정치가 실현될 것이다.

국민들은 이런 정치인, 이런 대통령을 요구하고 있다.

모두가 함께해야 국난을 극복할 수 있다.

이것이 정치 선진화이다.

(2012년 9월 13일)

정치, 국민에게 돌려라!

정치! 지금 여야가 하는 정치는 국민이 원하는 정치는 아니다.

왜 당신들이, 무슨 권리로 잘못된 정치로 국민들을 괴롭히는가! 더 이상 보기 싫다. 보기가 너무 괴롭다. 너무나도 저급하다.

해서는 안 되는 말, 해서는 안 되는 행동을 하면서도 후안무치하니 더 이상 참을 수가 없다. 잘못했다고 판정 받은 이명박 정권은 안하무인 국민 무시하기를 서슴지 않고 새누리당으로 이름 바꾼 뒤에는 오히려 전보다 더 강도 높은 잘못을 저지르니 국민들이 할 말을 잃었다.

정치가 이런 것이라면 '무자식 상팔자'란 말처럼 정치 없는 것이 차라리 더 낫지 않겠는가.

지금은 정치, 경제, 교육, 보육 그 외의 모든 부분에 있어서 비상사태다. 한나라당으로서는 안 되겠다고 해서 새누리당인데, 새로운 당이 하는 것도 그 전과 진배없다. 잘못해야 되겠다고 생각하고 일부러 잘못된 정치를 하는 사람이 누가 있겠는가? 정치 제도나 선거 제도, 경제 정책이 잘못 되어서 아무리 바른 길로 가려고 해도 안 되는 것이다.

정당 간의 충돌이 일상화되고 정권 재창출에만 매달리면 국민이 원하는 정치는 안 된다.

공약이 공적인 약속이 되어야지 빈 약속이 되어 버리면 거짓말 약속만 남발한다.

이는 거짓 약속 그만 하고 국민들이 원하는 정책을 가지고 여야 대통령 후보가 머리를 맞대고 이 나라를 바로 세워야 한다.

정치를 국민에게 돌려야 한다. 거짓말 정치는 당장 그만두고!

국민들이 원하는 정책을 받아들여 여야 후보가 합의하여 최종 하나의 정책을 만들라.

여기 국민들이 원하는 정책을 나열해 본다. 정치 문외한의 소리지만 의미는 있을 것이다.

1. 민주주의를 발전시킨다. 인권이 보장된 나라를 만들어라.

2. 경제 민주화를 여야가 함께 실현하고 빈익빈을 몰아내라.

3. 교육개혁 목표를 바로 세워라. 무한 경쟁보다 힘 있는 자가 섬기는 제도를 마련하라. 가난한 사람도 공부할 수 있는 제도, 그것은 국공립대 무상교육이다.(이것은 교육 개혁 시발점이 된다. 가난한 자에게는 최고의 복지이자 노동자의 안심 생활을 보장한다.)

4. 올바른 대북정책은 대결 전쟁보다는 서로 하나 되는 마음으로! 먼저 변하는 쪽이 승자가 된다.

5. 표를 얻기 위한 거짓된 복지 지양. 실속 있는 실현 가능한 정책 선거로.

6. 악덕 기업을 사회적 기업으로. 억지 고용은 기업 망하라는 것이다.

일자리는 자기가 만들어 자기가 먹고 살도록 지원하는 정책으로, 실업자가 대거 참여할 수 있는 사업을 펼쳐라(노동자가 머슴에서 주인으로). 웃으며 일할 수 있는 노동정책.

7. 이 외에 국민들이 생각하지 못한 주요 정책들을 찾아라.

대통령이 되고자 하는 후보는 국정목표가 머릿속에 이미 새겨져 있다. 여야 후보가 머리를 맞대고 진지하게 논하라.

의논해서 하나가 된 국정 목표를 만들어라.(후보들이 말하는 것은 거의 같다.) 하나된 국정 목표를 여야 후보든 누가 대통령이 되든지 지킨다고 선서하고 직무에 임한다.

(실력이 부족한 사람이 반칙하듯 능력 없는 사람이 이것을 반대할 것이다.)

이것이 국민의 눈에 보일 때 국민들은 평안할 것이다.

또한 대통령 퇴임 뒤에 불행으로 가는 것을 막는 길이다.

정치가 국민을 위한 정치로 제자리를 찾게 될 것이다.

잘못된 정치인의 전유물이었던 구태 정치가 국민의 정치로 돌려질 때 이 나라가 희망의 정치로 나아갈 것이다. 이것이 정치 선진화로 가는 길이다.

비상 시기 때의 과감한 한 번의 시도가 나라를 살리는 기초가 될 것이다.

(2012년 9월 19일)

서민들이 웃어야!

정치가 무엇인가?

국민들이 행복하게 살아갈 수 있도록 만드는 것이다.

부자는 가만히 놓아두어도 행복하게 살고 제 갈길을 간다.

문제는 가난한 사람들의 삶이다.

경제민주화를 외치는 것은 경제가 독점경제가 되었다는 말이다.

그런데 왜 독점경제가 되었는가는 말하지 않는다. 자기들의 잘못을 드러내야 하기 때문이다. 경제민주화로 바른 길을 가야 하는데 이에 역주행을 해서 잘못을 저질렀으면서도 한마디 반성이나 사과도 없이 경제민주화만 말한다. 경제민주화를 실현하려면 먼저 무엇을 잘못했기에 이렇게 되었는지를 말해야 한다.

그런데 경제민주화만 외칠 뿐 이에 대해서는 말하지도 않고, 말하라고 요구하지도 않는다.

사람들은 약자의 죄에 대해서는 추상 같은 처벌을 요구하고 할 수 있다면 죽이기까지 할 것 같은 기세로 달려든다.

그런데 강자의 죄, 권력자의 죄, 부자의 죄에 대해서는 알고 있는지 모르는지 눈 감고 살아간다.

강자 앞에서 설설 기는 모습은 식민지 백성의 모습을 떠올리게 한다. 36년 간의 일본의 지배, 그의 절반인 18년 간의 박정희 정권의 강압 정치로 생긴 습성이다.

그 뒤 전두환의 철권 정치로 강자의 잘못이나 횡포에 눈감아 버렸다. 입도 닫아 버렸다. 보고 말하면 범법자가 되기 때문이다.

그러나 어떤 사람은 온갖 불이익을 감수하고 잘못된 것을 바로잡기 위해 몸을 던져 투쟁했다.

어떤 놈은 이들의 노력으로 민주주의를 공짜로 누리고 돈벌이에 눈을 떠 돈버는 귀재가 되었다.

돈은 이들에게 다 가버리고, 민주주의는 허울만 남고, 인권은 뒷전이고, 많은 국민들이 해먹고 살 것이 없다고 아우성이다.

노동자는 일하는 기계 취급해서 사람으로서의 대접을 아예 하지 않는다.

이 정권은 노동자를 마치 원수처럼 대한다.

상처투성이 병든 자본주의는 서민들의 삶을 무너지게 만들어 0.1%의 사람이 큰 돈벌이를 하고 나머지는 빈익빈으로 갔다.

이 과정에서 서민들은 일을 해도 빚만 자꾸 늘었다.

좋은 집이 있는데도 집 때문에 고통을 당하고 있다.

여기에 자녀 교육비, 사교육비에 시달린다. 짓눌린다.

교육, 이것이 문제다.

복지를 말하려면 복지할 돈을 보여달라. 빈손 복지는 거짓말이다.

많이 배워서 똑똑한 사람이 윗사람 노릇하면서 누리는 호화생활을 보고 내 자식도 그렇게 만들기 위해 공부시키다보니 부모의 삶은 무너지고 가 빚, 교육빚에 살길이 막혔다.

이것이 민생 현장인데 민생투어한답시고 '나 훌륭해서 대통령 후보되었네' 하고 자랑하고 다니니, 만나는 사람들이 누군지는 몰라도 환영의 도를 넘어 미친 사람처럼 날뛴다.

권력자의 배려로 나만 잘되면 그만이라는 생각뿐인 것 같다.

국민들이 대통령 후보들과 만나면 좋아만 할 것이 아니라 내가 빚진 것을 말하고, 집은 팔리지 않고 경매로 날아갈 판이고, 자식들 공부도 못 시키게 되어 아무런 희망이 없다는 말을 해야 할 것이다. 먹고 살 방법이 없다고 말해야 한다.

그러나 이런 정도는 이미 들어서 알고 있어야 한다.

그래서 후보를 만나면 집과 빚 문제를 어떻게 해결하고 교육개혁을 어떻게 해서 고통을 풀어 드리겠다는 약속을 받아내야 하는데, 별볼일 없는 손 한 번 잡는 것만 대단한 것처럼 생각한다.

하기야 약속을 받아내도 안 지키니 받아낼 필요가 없다. 지금까지 약속은 빈 약속, 거짓말뿐이었다.

있다면 선거 때 표를 얻기 위해 국민세금으로 인심 쓰는 선심 정책뿐이다.

'선거 때 표를 얻기 위해 무슨 말인들 못하겠는가'라는 말에, 국민들은 '그렇다'라고 했다.

이 말은 선거에 이기기 위해서는 거짓말을 해도 된다는 뜻이다.

지난 6월 말까지 반년 사이에 공공 부문 빚이 59조 원이 늘었다.

금년 말까지는 얼마나 더 늘어날지 알 수가 없다.

2분기 중 금융부채 총액은 3,542조 6,000억 원

금융자산 총액 5,041조 7,000억 원

남은 자산 총액은 1,499조 1,000억 원밖에 안된다.

누가 대통령이 되어도 돈 나올 곳은 없고 돈 들어갈 구멍만

크게 뚫려 가도가도 고생길이다.

그래서 가난한 사람들의 복지가 일차적으로 차단되어 생존을 위협받고 있다.

이 모든 문제를 해결하려면 정치가 어떻게 되어야 할 것인가.

지금 새누리당이 하는 것을 보면 후보 한 사람을 위한 독재체제로 구태 정치에서 맴돌고 있는 실정이다.

이미 민생문제는 어떻게 해야 하겠다는 설계와 계획이 세워져서 이의 실현을 위한 방법을 밀해야 하는데, 홍수해로 고난당한 일부 지방의 한두 가정 찾아가 카메라 앞에서 앞치마 두르고 일해 보았자 쇼밖에 안된다.

보이기 위한 쇼 정치가 바로 구태정치이다.

지금은 그런 시대가 아닌데 새누리당 따라서 흉내 내는 야권후보의 행보는 필패로 가는 지름길이다. 좀 속시원한 정치를 할 수 없는가.

국민의 고통이 어디에 있는가를 확실히 알고 어떻게 풀어야 하겠다는 방법을 서로 비교 판단해서 이를 실현하는 것만이 구태에서 벗어나는 길이다.

새로운 후보가 나타나면 모든 수단 방법 동원해서 혹독한 검증으로 사람 못 살게 만드는 정치는 고쳐야 한다.

이런 검증을 여권의 승리로 이끌 호재로 이용해서는 오히려 실패할 것이다. 검증은 국정 능력이 있는가, 민주주의를 할 능력이 있는가, 경제를 바로 잡을 능력이 있는가, 고위층의 불법 행위 속시원히 처리하겠는가, 교육개혁 할 능력이 있는가, 대북관계 올바르게 할 방법이 있는가를 검증해야 할 것이다. 다른 인신공격, 흑색선전, 사람 만신창이 만드는 짓은 아예 버려야 한다. 서로 비방 난타전을 벌이는 것에 이제 진저리가 났다. 이런 싸움은 꼴보기 싫다.

어느 지역 특정인을 위한 행위는 그 후보의 시야를 의심케 한다.

같이 모여 지고지선의 국정지표를 하나로 만들어 실현하는 것만이 이 나라를 바른 길로 가게 할 것이다. 사람 죽이는 못된 짓 그만두고 서로 존경하는 풍토를 만들어야 한다. 서로 존경하는 것이 신뢰를 만드는 것이다. 이것이 정치 지도자의 상이 아니겠는가. 사람이 하는 정치 말이다. 국민들이 신이 나서 같이 하고 싶은 마음이 생기도록 정치 한 번 해보라는 것이다. 이 나라의 국정 목표를 세우는 데 같이 동참해야 한다.

이것조차 거부한다면 그는 실력이 없는 정치인으로, 구태로 가는 사람으로 전락할 것이다.

여태까지 정치에서 소외되고, 소외시킨 정치인에게 순응하기만 했던 가난한 사람들이 이제 눈을 부릅뜨고 내가 왜 이렇게 되었는가를 깊이 생각해서 제대로 된 투표를 해야 한다.

올바른 투표가 빚에서, 가난에서, 불안에서 해방시킬 것이다.

이들이 행복하면 국민 모두가 행복해지지 않겠는가.

결국 정치의 궁극적 목표는 전국민의 행복이다.

이 길을 같이 가자는데 누가 외면하겠는가, 누가 반대하겠는가!

패거리들을 과감히 물리치고 몰아내라! 그 자리에 국민들을 모셔라!

소외되었던 서민대중이 웃도록 우리 한 번 해보자.

너도 나도 다 같이 한 번 해봅시다!

(2012년 10월 3일)

넘어지지 않는 나무처럼

바람이 한편으로만 불면 나무들이 넘어지지 않는다. 하지만 반대 방향에서 갑자기 부는 바람에는 많은 나무들이 넘어진다. 태풍이나 돌풍은 훨씬 더 많은 나무들이 뿌리째 뽑히고 농작물의 피해가 커진다.

수확을 앞둔 시기에 일어나는 천재지변은 농어민들의 가슴에 깊은 상처를 준다. 복구하기 힘든 지경에 이르면 재기가 힘들 정도로 망하기도 하고 순간의 잘못된 판단으로 죽음까지 생각한다.

그러나 제발 죽지는 말아야 한다. 이럴 때는 아무것도 하지 않는 사람들이 아무런 피해도 입지 않으니까 고통도 없다. 하지만 사람에게는 이런 고통이 있더라도 농사를 짓고 고기를 잡고 가축을 기르는 일을 하는 것이 더 행복한 삶을 사는 길이 된다.

아무것도 하지 않는 자의 시간들이야말로 불행한 일생이다. 무엇을 하다가 겪는 고통은 힘겹지만 그 고통에서 다시 일어설 수 있다. 사람은 아무리 힘들어도 일을 하면 살기 마련이다.

적은 돈이라도 모이고 모이면 큰돈이 되겠지만 빈손으로만 하는 걱정이나 위로는 농어민들의 상처를 더 아프게 한다. 피해 농어민 풍수해의 의연금은 빨리 모아서 빨리 보내져야 한다. 날이 가고 달이 가버리면 위로가 되지 못한다. 그런데 이런 의연금까지 도둑이 붙어 다닌다는 소리는 우리를 슬프게 하고 선한 일을 망치고 국민의 마음을 닫아 버린다.

돈이 잘 안 모이는 것은 피해자가 너무 많아서인지 돈이 없어서인지 모르지만 잘못된 것만은 틀림없다. 정부가 너무 무성의해서 국민들에게 감동을 못 준 것이 큰 문제라는 말이 많다.

보육문제 6개월 만에 취한 정부의 조치로 보아 정부가 돈이 없는 것은 확실한 것 같다. 분명한 것은 지금도 정치권의 권력자들한테 돈이 오고 가는 사례가 많은 것 같다. 그런 돈이 피해 농어민에게 간다면 얼마나 좋겠는가. 그러나 실상은 정반대이다.

권력이 한 사람에게 집중되면 나머지 정치인은 허수아비가 된다. 할 일이 하나도 없게 된다. 일을 해놓으면 허사가 되고 안 하는 것만 못하다.

모두들 권력자 그 한 사람만 쳐다본다. 그 사람만을 높이고, 위하고, 따른다. 당신은 내 모든 것이라고 아부한다.

문제는 권력자를 따르는 자들은 다 자기 볼일 때문에 함께한다는 것이다. 무슨 재미로 보람도 없는 일에 열을 올리고 전력하겠는가.

그들이 추구하는 건 바로 돈과 명예와 호화생활이다. 여기까지 못 가고 중도에서 교도소 행을 하는 경우도 더러 있지만 이들에게도 후속 조치가 아름답게 이루어진다. 검사 판사님들의 하는 짓이 볼만하다. 그래서 검찰 개혁, 사법권 중립 외치면 고생만하고 표는 다 잃는다. 그런데 야당은 이걸 하겠다고 야단이다. 아울러 경제민주화까지 한다고 한다.

이런 정치 제도는 패거리 정치가 되어 나라를 상대로 이익을 추구하는 이익 집단 정치가 되기 쉽다. 그 과정에서 죽어나는 것은 서민들이다. 가난한 사람은 또다시 가난의 굴레를 매고, 이런 정치인에게 순응하고 표도 주고 운명을 그들에게 맡기고 나중에는 좌절한다.

이제 정치는 내 문제 내 고장의 문제가 아니다. 내 동네 사람들의 문제가 아니다. 내 지역발전에만 머물면서 내가 좋아하는 사람들과 한패가 되는 것이 중요한 것이 아니다.

국가라는 것이 문제가 된 시점이다. 국가를 위한다는 패거리 정치가 국가를 망치는 길로 갔기 때문이다. 자기들끼리 해먹는 패거리 정치는 이미 심판을 받았기 때문에, 이제는 상식에 어긋나는 말과 행동이 지지율에 민감하게 반영된다.

지지율에 모든 것을 걸고 있는 후보들은 먼저 자기가 가는 길을 다시 점검해서 거짓을 속히 버리고 양심을 되찾아야 될 것이다.

문제는 설문조사의 지지율에 반영되지 못한 국민의 뜻이다.

전우 좌우를 분간하지 못하는 사람들이 있는데, 이들의 마음을 움직이도록 하는 정치가 되어야 한다. 이들에게 관심 갖는 정치가 바로 국민들 위한 정치, 국민이 바라는 정치가 아니겠는가.

이런 정치는 패거리 부패 정치를 청산했을 때만이 가능하다. 패거리 정당정치가 아니라 약자인 국민을 위한 정치는 정치의 놀라운 개혁이다. 섬겨야 할 대상자가 바뀌었기 때문이다.

힘없는 약자는 자기가 살아가기도 힘든데 윗사람까지 섬겨야 하는 제도는 이제 마감해야 할 시점이다.

힘 있는 자가 섬기는 세상으로 바뀌어야만 무한경쟁의 고통에서 해방되고 신자유주의의 파고를 뛰어넘을 수 있다. 잘못된 교육도 바로잡혀진다. 사회문제도 풀린다.

내 것 나 먹고 산다는 실리주의는 약자의 대량 양산으로 이어져, 먹고 살 만한 사람까지 살기 힘든 세상이 되고 만다. 섬김을 받아야 할 대상이 약자가 된다면 약자는 줄어들고 힘 있는 자의 행복도 길어질 것이다.

바람이 어느 쪽에서 불든지 넘어지지 않고 꿋꿋이 서 있는 나무처럼 이 나라도 어떤 비바람이 불고 폭풍우가 몰아쳐도 넘어지지 않는 나라, 기초가 튼튼한 나라를 건설해야 한다. 그런 나라여야 국민에게 행복을 가져올 것이다.

왜 모든 국민이 불안에 떨고 살아야 하는가.

삶의 방향이 약자를 섬기는 쪽으로 바뀌면 불안은 물러갈 것이다.

모두 마음을 합해 이 길을 함께 가보자!

(2012년 10월 3일)

무엇이 통합을 가로막는가

나라를 빼앗기고 다시 찾기란 참으로 힘든 일이다.

3 · 1운동은 빼앗긴 나라를 다시 찾는 운동이었다. 얼마나 많은 사람들이 죽고 감옥에 가고 불구가 되고, 외국을 떠돌며 고생했는가는 우리 모두가 알고 있다.

나라를 망해먹은 건 당시에 힘깨나 쓰는 놈들인데 망한 나라 찾기에는 힘없는 국민들이 나섰다. 많은 희생자가 생겼다.

나라가 망하기 전에 지도층 인사들이 정신 차리지 않으면 국민이 고통받고 죽어간다는 것이 역사의 교훈이다.

전쟁을 일으켰다가 원자탄 세례 받고 망한 나라가 일본이다. 전쟁으로 망한 나라가 전쟁을 하지 않은 67년 동안 세계 2, 3위의 경제 강국이 되었다.

일본은 기억해야 한다. 전쟁을 하면 망하고 전쟁을 하지 않을 때 부자 나라가 되었다는 것을!

독일 같은 나라는 아예 전쟁을 안 하기로 작정한 나라이다. 모든 나라들이 이를 본받아야 할 것인데 일본은 전쟁을 못해서 안달이 난 나라 같다.

이 나라는 동족끼리 싸움하는 것을 보통으로 생각하고 대북 강경정책으로 전쟁을 부채질하고 있는 것 같다. 이런 정책은 경제적으로 엄청난 손실을 가져올 뿐이다.

요즘 우리 사회에서 묻지마 살인, 즉 불특정 다수를 상대로 살인을 저지르는 일이 빈번하게 일어나고 있다. 그 무엇으로도 이런 행위는 정당화될 수 없다. 호된 욕설과 미움을 받아도 할 말이 없을 것이다.

심지어 어떤 이는 범인이 옆에 있으면 죽일 것 같은 분노를 연출한다. 그럴 만한 사건이다. 그런데 사실은 이런 잘못된 사회현상은 그 원인이 정치인의 부패, 권력 실세들의 부정과 연관이 있다. 또 기업인의 잘못된 기업 경영과도 연관이 있다.

정치인이든 기업인이든 지도적인 위치에 있는 사람들이 하는 행동은 그 파급력의 규모가 커서 상상을 초월한다. 그런데도 큰 도적들한테는 그들의 잘못에 눈을 감고 입을 닫는다.

국가의 돈이 국민의 돈이고 국민의 돈은 너와 나, 모두의 돈이기 때문에 별 관심이 없다. 확실한 내 것이 아니면 관심이 없는 것이다.

높은 양반들이 불법으로 돈을 축적하는 데는 관대하고 유치장이나 교도소에서조차 여전히 높은 양반 대접을 한다. 감옥에 있어도 고생하지 않고 여차하면 병을 핑계로 병원으로 피신한다.

대기업 횡포에는 그 편에 힘을 실어주고 노동자가 쫓겨나서 생사의 기로를 헤매어도 그들을 두 번 죽이는 칼날 같은 말을 거침없이 쏟아낸다. 한마디로 힘이 없는 사람은 조금이라도 잘못하면 죽일 기세로 사람을 코너로 몰아간다.

그런데 권력 있는 자가 돈 먹는 것에는 왜 그리 자비롭고 마음들이 넓으신 걸까.

이들의 범법 행위는 국민들의 생활에 미치는 영향이 크다. 많은 사람을 망하게도 하고 고통의 구렁텅이로 몰아넣고 나라의 존망까지 위협한다. 언제까지 이들의 잘못을 말하지 않을 것인가?

작은 도둑에게는 가혹한 처벌을 요구하고 큰 도둑에게는 온갖 구실을 들어 자비를 베풀고, 마지막에는 대가성 운운하면서 죄는 차츰 없어져 간다. 그런 이 나라에서 무엇을 보고 사회정의를 말할 수 있을 것인가! 사회정의가 실현되지 않으면 무엇으로 국민대통합을 이룰 것인가.

아무리 지위가 높아도 부정한 돈을 먹으면 큰 도둑놈으로 취급을 해야 한다. 돈 먹은 것 자체가 큰 죄인이기 때문이다. 결국은 아무 말 하지 말고 그들이 하자는 대로 하나가 되는 것이 대통합이라면 이것은 구시대 패거리들이나 하는 통합이다.

우리가 무엇을 목표로 할 것인가가 중요하다.

사회 정의를 실현하는 대통합인가, 더 잘살기 위해 재벌의 횡포에 눈 감자는 통합인가. 경제 민주화 없이 빈익빈으로 가도 하나로 통합만 할 것인가.

지지자 확보를 위해 국민을 둘로 셋으로 쪼개놓고 우리 모두 하나가 되자고 하면 바보가 아닌 이상 누가 하나가 되겠는가. 무엇을 위해서 하나가 되어야 하는가를 생각해야 한다. 사회정의가 전제되지 않는 대통합은 불량배패거리의 소통합밖에 안 될 것이다.

위정자의 잘못, 권력 실세들의 부패, 지금까지 그칠 줄 모르는 정치인의 부정에 철퇴가 가해지지 않는 한 하나 되기는 어려울 것이다. 꼭 해야 될 일이기에 어렵다고 포기할 수도 없는 일이다.

자본주의의 적은 특혜이다. 특혜가 있는 곳에 자본주의가 멍든다. 특혜를 못 받는 자는 자유경쟁에서 필패하기 때문이다. 자본주의의 적은 기회 균등을 가로막는 불평등이다. 일직선상에서 출발해도 자본을 무한정 소유한 기업과는 경쟁이 불가능하기 때문에 제도적 장치도 필요하다.

신자유주의와 FTA의 파고를 넘으려면 하나된 대통합이 요청된다. 이 파도에 희생양이 된 국민을 어떻게 할 것인가가 관건이다.

최소한 먹고 살면서 자식 교육은 시킬 수 있어야 기본권이 보장된 나라다. 그래야 현재의 고통을 견디는 희망으로 살아간다.

앞으로는 살기가 점점 힘들어질 것이다. 기후 변화로 인한 흉작으로 먹거리의 감소, 곡물을 매점 매석하는 국제 브로커들의 횡포로 곡물값은 높아질 것이다. 살기 힘든 서민들은 더욱 고통받을 것이다. 그래서 식량자급률이 중요하다.

좋은 땅을 방치하지 말자. 먹거리 생산이 가능한 땅을 귀하게 생각하고 자기가 먹을 것을 자기가 생산한다는 소규모 농사짓기는 위대한 일자리 창출이 될 것이다. 도시에서 새 일자리를 만드는 데 들어간 돈과는 비교가 안 되는 적은 액수로 새 일자리를 창출하는 효과가 있다.

국가가 교육만 책임지면 서민들은 저임금에도 희망을 잃지 않고 살아갈 것이다.

교육개혁 바로하기 위해 모두가 하나 되자고 하면 기꺼이 하나가 될 것이다.

이런 일로 통합을 이끌어라. 썩은 정치인으로는 통합 못한다.

국공립대 운영을 명실공히 국가가 책임진다면 그것으로 교육개혁의 시발점이 될 것이다.

실상은 돈도 얼마 안 들어가고, 국가가 국민을 위하는 정치를 한다는 크나큰 효과를 거둘 수 있고, 국가에 크게 이바지할 인재가 생길 것이다.

현재의 교육으로는 부정부패 막지 못할 것이다. 교육비 본전 빼기가 부정부패로 이어지는 구조이기 때문이다.

현재의 정치제도로는 사회 불안 요소는 점증되기만 하고 막지 못할 것이다.

마음놓고 편안하게 살고 싶은 것이 국민의 바람이다.

이제 국민 위하는 정치만이 통합으로 가는 길이다.

(2012년 10월 10일)

지지율을 올리려면

박근혜 새누리당 대통령 후보는 정치개혁으로 이 나라를 살리는 새 정치를 펼칠 수 있는 좋은 기회를 만났다. 새누리당 현직 대통령과 150여 명의 훌륭한 국회의원을 거느리고 있는 박근혜 새누리당 후보는 지금 당장 새 정치를 실천해 보일 수 있는 길에 있어서 무엇보다도 지지율 끌어올리기에 너무나도 좋은 기회이다.

새 정치를 하려면 우선 말썽 많은 인권위원장을 바꿔야 한다. 그리고 MBC 사장도 바꿔야 한다. 이 두 사람을 정치개혁으로 새 정치 차원에서 바꾼다는 것은 이미 버렸던 구태 정치인 수백 명을 영입하는 것보다 훨씬 효과적이다.

사람들은 이것을 새 정치의 시작으로 볼 것이다. 이들의 활약이 박 후보에게 우선 이익이 될 것인데 이들을 바꾼다는 것은 손해 나는 일이기 때문에 손해를 감수하고 이를 실행해 옮긴다는 것은 위대한 정치 개혁으로 확실한 신뢰를 받을 수 있다.

만약의 경우 눈앞의 이익이나 지지 때문에 이대로 넘어간다면 국민의 뜻에는 역행하게 된다. 인권이 보장되고 언론이 정상화된다는 것은 위대한 정치개혁이다. 투표하기 전에 잘못된 정치를 바로잡을 때 지지율은 기하급수적으로 올라갈 것이다.

이런 토대 위에 계속되는 죽음이 이어지는 쌍용차 문제를 해결한다면 수많은 노동자의 지지는 말할 것도 없이 높아질 것이다. 잘못된 것을 고칠 수 있는데 이런 일을 하지 않고 앞으로 잘하겠다고 말하면 믿을 사람이 없다.

현재의 권력자가 반대해서 할 수 없다면 새누리당과는 같이 갈 수 없을 것이다. 새누리당은 이명박 대통령과는 다르다는 것을 보여주어야 할 것이다. 백 마디 말보다 한 가지 실행이 중요하다. 정치 개혁을 한꺼번에 할 수 있다면 그것은 혁명에 가깝다. 또한 할 수 없는 것을 한다고 해놓고는 나중에 감당 못하면 큰일이다.

가령 국공립대 등록금을 국가가 부담토록 하기 위해 통합이 필요하다고 하면 가능하다. 이런 일을 하려면 재벌들의 참여가 꼭 필요하고 모든 국민들이 함께할 것이다. 그러면 자연스럽게 경제민주화가 시작되고 교육개혁도 이루어질 것이다. 개혁은 작은 것에서부터 시작하면 될 것이다. 너와 나의 꿈이 이루어지는 세상은 바로 이런 사회가 아니겠는가. 한 번 깊이 생각해

주었으면 좋겠다.

서민들을 위한 복지를 여러 가지를 산발적으로 실행하면 큰 효과는 없을 것이다. 선심성이라는 비판밖에 나올 것이 없다. 여태까지 해왔던 대로 하기 때문이다. 무엇이든지 과거와 다르고 큰 틀에서 한 가지만이라도 해 보이면 국민들은 믿음을 가질 것이다. 그러면 통합도 되고 지지율도 크게 올라갈 것이다. 야당이 대통령이 된 다음에 하겠다고 하는 것을 지금 해보이면 된다. 세 후보가 다 영남이기 때문에 영남표를 한꺼번에 받게는 안 될 것이다. 그러나 투표를 하기 전에 이런 일들을 시행하면 당연히 표를 얻게 되는 것이다.

또 쌍용차 문제 해결도 지금 해결할 수 있을 것이다. 야당은 대통령이 된 다음에 한다는데, 나중에 보자는 놈은 무섭지 않다. 지금 해 보여야만 박 후보에게 노동자들의 표가 쏟아질 것이다.

지지율 문제는 야당에게도 중요할 것이다. 문 후보와 안 후보는 둘이 아닌 하나이다. 멀어지면 죽고 가까워지면 살 것이다. 두 사람이 싸우는 것은 국민과 싸우는 꼴이 된다. 국민들의 희망을 짓밟는 행위이기 때문이다. 두 사람이 하나 되지 못하면 통일은 물 건너가고 모든 것이 거짓이 되기 때문이다. 열심히 이 나라를 살리는 정책으로 싸우는 것이 바람직하다. 서로 감정을 자극하는 일은 하지 않는 것이 좋다.

문, 안 후보는 당신 없이는 나도 없다는 정신으로 나아가야 한다. 오랜 세월 특혜로 패거리 정치로 부패 정치를 일삼는 자들은 모두가 깨어나서 하나가 되어 기득권 수호에 안간힘을 쓰면서 선거에 임하고 있다. 부자도 권력 있는 정치인도 국민이 주인으로 있어야 할 자리에서 주인 노릇 제대로 하는 나라! 그런 세상을 만들어야 모든 문제가 풀릴 것이다.

권력 실세들의 부정 부패를 막아야 한다. 부채의 지배와 고통에서 풀려나는 정치가 필요하다. 0.1%의 돈벌이 세상에서 서민들이 살아갈 수 있도록 만들어야 한다. 노동자가 사람 대접 받는 세상으로 만들어야 한다. 가난해도 자식 교육은 시킬 수 있어야 한다.

이런 일을 해줄 아무도 사람은 없다. 너와 내가 하도록 만들어야 한다. 이런 세상을 만들기 위해서는 잘못된 정치로 서민을 무시하고 표만 가져갔던 그들을 위한 투표가 이번에는 나라의 주인인 나를 위해서 던지는 한 표가 될 때, 정치인들의 정신을 차리고 이 나라를 바로 세우게 될 것이다.

정치도 나 하기 나름이다. 내 한 표가 중요하다. 내 한 표 가볍게 여겨 여태까지 해왔던 대로 해버리면 그 투표는 나를 위한 투표는 아닌 것이다. 나를 무섭게 보게 되고, 여태까지 해왔던 대로는 안 된다는 것을 확실하게 보여주는 한 표 행사만이 나를 살리고 나라를 살릴 것이다.

로마가 하느님나라가 아니라는 예수의 가르침은 지금도 옳은 가르침이다.

(2012년 10월 22일)

팔순 노인의 애타는 호소

아무리 살아보려고 발버둥을 쳐보았자 살길이 없어 죽음을 택한 사람들이 너무 많다. 아무리 살기가 힘들어도 살아야 한다는 교훈이 많은데도 불구하고 사람이 자살을 한다는 것은 너무나 비참하다. 제발 이런 일만은 하지 않았으면 얼마나 좋겠다.

이 나라에서 스스로 목숨을 끊는 사람이 하루에 42.6명이라고 하니 1년간 죽는 사람의 수는 15,000명이 훨씬 넘는다. 2010년 정부 통계에 의하면 10만 명당 자살자 수가 31.2명, OECD 국가 가운데 단연 1등이다. 특히 아까운 청소년이 그중 13명이라고 한다. 노인들은 81.9명으로 일본은 17.9명, 미국은 14.5명으로 한국이 4배에서 6배가 더 많다.

서울 임대 아파트에서 지난 100일 동안 6명이 자살했다.

수출이 늘어나고 국민 소득이 2만 달러가 넘는 나라, 지난 5년 동안 주가가 3배가 올라간 나라에서 말이다.

2011년에는 수출이 1조 달러를 달성했다고 하더니 그럼에도 불구하고 1조 달러 1,100조 원이 넘는 돈이 들어왔다는데 모든 분야에서 빚은 엄청나게 늘어났고 사람 살기는 더욱 팍팍해졌다.

사람이 늙어서 기운이 다해서 자식들한테 축복을 하고 세상을 떠나야 하는데 지금 자살하는 노인들을 생각해보라. 세상을 원망하고 자식들을 원망하면서 이를 갈고 죽어가는 그 모습을 한 번 생각해보면 좋은 세상을 기대하기 어려울 것 같다. 노인들의 수난시대인가?

그래서 묻지마 살인, 성폭력, 남을 괴롭히는 사회병리 현상은 안심하고 살 수 없는 세상이 되었다. 병원에는 병자가 초만원이고 이를 갈고 죽어가는 자살자, 빈익빈으로 가는 가난한 사람들이 이대로 가기를 바라는가. 무엇인가 다르게 되어야 할 것이다.

요사이 대선을 앞두고 후보들의 소리는 자기가 대통령이 되면 지상천국을 만들 것처럼 들린다. 지금 고칠 수 있는 것은 고쳐야 한다. 새누리당은 지금 그렇게 할 수 있는 조건이 갖추어져 있다.

새누리당의 대통령, 새누리당의 대통령 후보, 의원수의 반이 넘는 150여 명의 새누리당 국회의원, 이렇게 조건이 좋은데 지금 할 수 있는 일을 하지 않고 뒤로 미루는 것은 좋은 정치는 기대할 수 없다는 것이다. 최소한 자살자는 없애면 좋지만 줄여야 한다. 자살자 1명이 새누리당 지지자 수백 명을 없앤다. 제발 자살자 양산하는 정책을 그만두고 사람 살리는 정책으로 지금 속히 바꾸어야 한다.

정치 민주화, 경제 민주화 지금 실현하면 새누리당 대통령 당선은 확실하다. 뒤에 한다는 말을 거짓말이다. 무엇이 부족해서 뒤로 미루는가. 지금 안 하면 못한다.

지금 하고 있는 처사로는 누가 지지하겠는가.

반성하는 척하더니 요사이 국회에서 하는 것을 보니 주고 싶은 표가 너무 아까워 줄 수가 없다고 한다.

제발 사람 죽는 일 그만두고 살려보면 얼마나 좋을까. 말로만 하지 말고 제도를 만들라는 말이다. 지금, 선거 전에!

고양이 목에 방울 달기! 쥐들이 우리도 우리의 대표를 뽑아 고양이 밥 신세에서 벗어나자는 회의였다. 고양이가 쥐들을 엿보고 있다가 쥐들에게 말한다. 이제는 우리에게 쥐 말고 먹잇감이 너무 많다. 너희들 안 잡아먹을 것이니 너희들 대표로 나를 뽑아라. 온갖 감언이설로 쥐들의 대표로 고양이가 당선이 됐다는 이야기다.

고양이 밥은 언제나 쥐다. 쥐는 안 잡아먹는다는 고양이의 말에 속았다. 쥐떼들의 슬픈 이야기이다.

아니 이 나라 국민들의 슬픈 정치 현실인지도 모른다.

이런 현실을 박차고 일어나서 국민들을 위한 정치로 바꾸어야 한다. 오는 대선에서는 국민을 이 나라의 주인이 되도록 해야 한다. 거짓에 속는 것은 자유다. 그 자유 뒤에는 고통과 죽음이 있을 것이다.

글깨나 배웠다는 양반들, 친일파 식민지배의 앞잡이들, 독재자 지배, 이들의 특혜로 돈 버는 세력들 이 모두가 국민을 주인 자리에서 내쫓고 주인 행세한 고양이들이다. 고양이 뽑지 말고 사람을 대통령으로 뽑아야 국민들이 주인으로 똑바로 설 것이다. 이렇게 되어야 권력자의 먹잇감에서 벗어나 주인 노릇 제대로 하는 나라가 된다. 국민은 주인이다. 얻어먹는 시혜 대상이 아니다.

정치인들은 국민을 위하는 정치를 하면 먹을 돈이 없어진다. 국민 모르게 뒤에서 숨어서 하는 정치는 돈이 생기는 모양이다. 패거리들끼리 단결해서 돈 되는 일을 하게 된다. 이것이 부정 부패다. 부정 부패는 돈 먹는 놈들에게는 달콤하지만 그 돈을 부담하는 일은 국민들의 세금으로 한다. 그래서 살기가 힘들다.

앞으로 돈 들어갈 곳은 많은데 들어올 돈은 줄어든다. 빚은 늘어나고 갚을 길이 없다. 대책이 있다면 알짜 공기업 팔고 정부가 돈 들여 해야 할 사업 민자로 돌리는 것이다. 이 모든 것이 국민 부담을 가중시키는 것이다.

우리 세대뿐 아니라 자손대대로 고통을 짐 지우는 것이다. 온갖 고생 다해서 자식들을 공부시켰으니 자식들의 공부가 헛되지 않도록 노인들이 생각을 바꾸어서 고양이 같은 놈들 물리치고 노인들도 자살하지 않고 살 수 있는 세상을 만들자는 것이다.

여태까지 노인들의 표가 고양이 같은 놈들에게 갔다고 하면 이제는 서민을 위한 정치로 스스로 죽는 길을 가지 말자는 것이다.

어르신들이 바로 서야 세상이 바로 서고, 그래야 줄 서서 밥 얻어먹는 일이 없어질 것이다.

(2012년 10월 25일)

제4부

가던 길에서 돌아서라

가던 길에서 돌아서라

"우리는 당신들이 빚진 것을 못 갚겠소."(디폴트)

그리스 국민들의 성난 목소리입니다.

"그러면 절반이라도 갚아라."(채권자의 말인가?)

어떻게 갚으란 말입니까?

허리띠 졸라매고 등짝에 소금꽃이 서리도록 열심히 일하라는 것입니다.

"그리고 빚진 죄인이란 소리 듣지도 못했나? 시위는 무슨 시위야!"

"허리띠 졸라매면 없는 돈이 나옵니까? 빚은 빚을 얻어온 놈이 갚고 빚지게 만든 돈 있는 놈이 갚아야 되는 것 아니오?

왜 정치를 이따위로 하는 것이오?

우리가 언제 빚 얻어서 삶의 질을 높이라고 했소? 빚으로 생활수준 높여달라고 했소?

당신네들이 인기 얻어 당신들 정치생명 연장하려고 한 것 아니오?"

99%의 국민들이 1%의 고귀한 분들께 외치는 소리입니다.

"이 독사의 자식들아!"

맘보는 안 고치고 죄만 용서받으려는 자에게 던지는 폭탄선언입니다.

"너희들이 어떻게 우리를 이 지경으로 내몰았는지 깊이 생각하고 반성하라"는 소리입니다.

"너희들을 향한 분노는 이미 도끼가 뿌리에 놓였다!"라는 것입니다.

시간이 급박하다는 뜻입니다.

세례자 요한이 입은 옷은 낙타털 옷!

먹은 것은 메뚜기와 석청이었습니다.

누가 주는 것은 먹지도 않았고 입지도 않았습니다. 그래서 사람을 살리는 광야의 목소리가 나온 것입니다.

탐욕과 독기 서린 지도자란 놈들에게 '독사의 자식들!'이라고 할 수 있었던 것입니다.

이 말은 오늘 우리에게 사회정의를 실현할 수 있는 원동력이요 가던 길에서 돌아서라는 말입니다. 독사의 자식들은 독사의 길을 갈 뿐입니다. 대개 지도자란 자들이 나라를 망치고 국민을 고통 속으로 몰아넣기에 지도자의 죄는 더 무겁습니다.

오늘날 한국 교회의 종교 권력자들은 대기업이나 정치 지도자들이 아무리 잘못해도 입을 다물고, 오직 사랑과 자비만이 풍성할 뿐입니다.

자비롭고 부드러운 그들은 세례 요한에게도 이렇게 말할 것입니다.

"요한 선생, 당신의 말은 너무 과격하오. 지도자들에게 독사의 자식이라고 해서야 되겠습니까? '독사의 자식들'보다는 '뱀의 아드님이시어!'라고 말하면 같은 뜻이라도 얼마나 부드럽겠소. 또 '이미 도끼가 나무뿌리에 놓였다'느니 하면서 공포 분위기를 조성해서 지도자들을 벌벌 떨게 만드는 것도 너무 살벌하오. 그것보다는 이런 지도자들을 도끼로 내리찍으려는 손을 비틀어서라도 찍지 못하게 그 손을 붙잡겠다고 해야 세상이 편안하게 돌아가지 않겠소!"

우리나라의 종교 권력자들은 자기들이 선생이 되어 세례 요한을 가르치려 합니다. 요한은 바로 그런 권력자들의 손에 의해 형장의 이슬로 사라졌습니다.

세상은 옳은 일을 하는 사람을 죽입니다. 그래서 예수도 죽임을 당한 것입니다.

악인에게 넘치는 사랑을 베푼 것 같이 권력 실세에게 줄 돈이 넘쳐납니다. 이것이 기독교입니다. 썩어도 너무 썩었습니다.

어떤 환자에게 "어디가 아프십니까?" 하고 물었더니 "전국적으로 아픕니다."라고 대답하더라는데, 이 나라야말로 전국적으로 병들었습니다.

병의 원인은 권력 실세의 부정부패입니다.

권력 실세에게 수억 원의 돈을 줬다는 이국철 회장, 안 받았다는 신재민 전 차관, 받고 안 받았다고 말하기는 쉬워도 안 주고 줬다고 하기는 어렵습니다.

처음에는 안받았다, 조금 있다가는 조금 받았다, 그 다음은 받았지만 대가성은 없었다로 말을 조금씩 바꾸어 갑니다.

핵심은 받았느냐 안 받았느냐에 있는데, 그 핵심이 어느 틈엔가 대가성이 있느냐 없느냐로 옮겨가고, 대가성은 입증이 어렵기 때문에 사건이 흐지부지 꼬리를 감춥니다.

하기야 국민 세금 절감 차원에서 교도소에 집어넣는 것보다 풀어주는 것이 훨씬 좋은 것인지도 모릅니다.

권력 실세에게는 돈줄이 차고 넘칩니다. 이권을 챙겨야 할 기업들이 현금은 물론이고 마음대로 쓸 수 있는 법인카드까지 마구 갖다 바칩니다.

그렇다면 마땅히 지불해야 할 체불임금을 줄 돈은 다 어디로 간 것입니까. 대기업의 보유금으로 쌓여 있는 것입니까, 초국적 돈놀이꾼의 주머니로 들어간 것입니까.

은행이자와 138가지의 수수료로 남긴 이익의 절반이 국외의 탐욕자들에게 빠져나갑니다. 노동자들에게 당연히 주어야 할 돈은 안주고, 권력 실세들에게는 더 많이 퍼주지 못해 안달입니다.

왜 그렇겠습니까. 일단 주고나면 돌아오는 것이 있어서 그런 거겠지요. 그래서 대가성보다는 받았느냐 안 받았느냐가 더 중요하다고 생각합니다.

입이 하는 일은 먹는 것과 말하는 것입니다. 사람의 말은 누구의 것을 먹느냐에 따라 달라집니다. 돈을 받은 놈은 그 돈을 준 놈 편에서 말하고 행동하게 되어 있는 것입니다. 이것이 부정부패의 고리입니다.

그래서 세례 요한은 누가 주는 것을 먹지도 않고 입지도 않은 것입니다. 자연에서 얻은 낙타털 옷을 입고 가죽띠를 띠고 메뚜기와 석청을 먹었으니 높은 놈, 낮은 사람 가릴 것 없이 모든 사람 앞에서 자유인이었던 것입니다. 그러니 무슨 말인들 못하겠습니까.

자유인은 행복하고 당당합니다. 요한이 부패한 지도자들에게 던진 '독사의 자식들아!' 이 말은 천추만대에 빛날 것입니다.

한 사람의 생애가 짧았든 길었든 사람이 가야 할 길을 갔다면 자신의 사명을 다한 것입니다. 삼손의 최후도 그가 해야 할 사명을 다하고 통쾌하게 자신이 간 것입니다.

(2011년 10월 27일)

두 사람 이야기에
한 사람이 끼어든 사건

어떤 두 사람이 예루살렘에서 30리쯤 떨어진 자기 동네 엠마오로 가면서 서로 이야기를 주고받고 있습니다. 그들이 나누는 이야기는 요사이 예루살렘에서 일어난 한 사건에 대한 것입니다.

"무슨 이야기를 그렇게들 하시오?"

그 두 사람의 이야기에 갑자기 한 사람이 끼어들어 묻습니다.

"대관절 무슨 이야기요?"

두 사람은 침통한 표정으로 가던 길을 멈추고 말합니다.

"요사이 예루살렘에서 큰 사건이 일어났는데 당신은 그걸 모른다는 말이오? 그분, 나사렛 사람 예수라는 이에 대한 이야기요. 우리는 그분을 말과 행동에 능력을 보인 예언자로, 이스라엘을 구원할 자로 희망을 걸고 살았소. 그런데 종교 지도자들과 장로들이 빌라도에게 그를 고소 고발해서 십자가에 못 박아 죽였소. 그런데 그가 되살아났다는 거요. 지도자들과 빌라도가 함께해서 한 젊은이를 죽였는데 그가 다시 살아났다는 말이오. 우리는 그것을 확인해 보았다오. 슬픈 일을 당해 침통한 표정을 짓고 있는 이들에게 나타나 '어리석은 자여!' 하면서 성경을 풀어 이야기하고, 율법서와 예언서가 바로 십자가 사건 즉 사람 죽인 이야기인데, 그가 바로 다시 살아났다는 것이라고 말했다고 하오. 성경을 풀어 이야기한 그 젊은이 말에 마치 힘없는 우리가 죽임을 당한 것처럼 뜨거움을 느꼈다는 거요."

두 사람의 대화에 끼어든 사람은 두 사람이 엠마오에 도착했을 때 일부러 더 가는 척했습니다. 사실 그의 길도 역시 엠마오까지였는데.

어리석은 사람들은 율법서와 예언서를 바로 이해하지 못했지만 날이 저물고 저녁때가 되었으니 자기 집에서 저녁을 먹고 묵고 가라고 했습니다.

이것은 자연스러운 인간애의 발로라고 할 수 있겠지요. 집에 들어가 세 사람이 함께 떡을 나누면서 그 두 사람은 인간으로서 만나야 할 그분을 만났습니다. 그리고 그분은 간데 없이 사라지고 그 두 사람은 예루살렘을 향합니다.

만약 그분이 사라지지 않고 빌라도나 가야바 등에게 나타났다면 그들은 기겁을 하고 혼비백산하여 쥐구멍을 찾았을 것입니다.

예수가 죽었다는 소식에 힘없이 엠마오로 내려갔던 두 사람은 용기 백배하여 예수 죽인 예루살렘으로 올라가서 "종교 지도자와 백성의 지도자들이 죽인 예수를 보았다." "그의 이야기를 들었다. 함께 떡도 먹었다." "그가 살아났다"는 것을 말하기 시작했습니다.

세상의 권력자들은 왜 예수를 십자가에 매달아 죽였을까요.

1. 그는 손 오그라든 사람의 손을 내밀게 해서 고쳐 주었다.

이것은 아주 쉬운 일 같지만 예수와 손 오그라든 자는 생명을 내거는 일이었다. 예수를 죽이려는 음모는 이때부터 시작되었다. 그날이 안식일이었기 때문이다.

2. 그는 제자들을 발을 씻어주었다.

주와 선생된 자, 지위가 높고 힘 있는 자가 섬겨야 한다. 이런 행위는 체제를 거꾸로 돌리는 행위이다. 그러니 이 일로 불이익을 당할 자들은 예수를 죽이려 하지 않겠는가.

3. 그는 나병환자를 고치셨다.

문둥병자는 천벌을 받은 것인데, 그것을 낫게 하면 안되는 것이다. 사람인 예수가 이 병을 고치면 사람이 천형을 고칠 수 있다는 교훈을 주게 된다.

4. 그는 중풍병자를 고치고 그의 죄까지 사했다.

이것은 죄를 용서하는 권한이 사람에게 있다는 것을 보여준 것이다. 우리는 우리에게 죄 지은 자를 용서하지 않는가. 너무나 당연하다.

5. 그는 귀신 들린 자, 정신병자를 고치셨다.

귀신 들린 자의 치유는 돼지떼의 희생을 가져왔다. 오늘날 돈 귀신 들린 자는 자기 동네에 예수가 못오게 막는다.

돈 되는 돼지떼가 죽을까봐서.

6. 그는 4천 명, 7천 명을 먹였다.

그는 굶주린 자를 먹였다. 사람은 먹어야 산다. 오병이어의 기적은 있는 것을 같이 나누어 먹으면 남는다는 교훈이다. 70억 지구촌 인구가 절반은 영양 부족에 시달리고, 그 중 20%는 굶어죽어 가고 있다. 기아 해방은 같이 먹으면 해결된다.

7. 그는 소경을 고치셨다.

그 소경은 소리를 지르지 않았다면 영원한 소경으로 머물렀을 것이다. 제자들의 말을 듣고 조용히 있었으면 평생 소경 신세를 못 면했다.

큰소리를 지르는 사람은 약자이다. 이들이 할 수 있는 일은 큰소리뿐이다. 눈 뜬 99%의 민중이 한 줌도 안되는 1%에게 큰소리 지른다. 1%의 소리는 조용조용 소곤소곤거린다. 거짓말이 탄로날까봐.

8. 그 대신 바라빠가 노임을 받았다.

예수를 죽이기 위해 놓아준 바라빠, 우리가 꼭 바라빠 같다. 죽일 놈은 나인데 예수가 죽임을 당했다.

9. 다 죽이는 방법

가야바는 한 사람을 죽여서 많은 사람이 망하지 않는다면 소를 희생시켜 대를 살린다는, 다 죽이는 방법을 알고 소신대로 했다.

전쟁이 아니고서는 많은 사람을 죽일 수 없다. 그러나 한 사람, 한 사람씩 죽이면 다 죽일 수 있다. 이것이 반대자를 죽이는 방법이다. 예수는 자기가 죽어 다른 사람을 살리는데, 가야바는 남을 죽여 자기 욕심을 챙기는 목적을 달성한다.

10. 제사장의 뜰

베드로에게는 제사장 뜰의 모닥불이 원수 같았을 것이다. 거기서 예수를 세 번 부인했으니 말이다. 그런데 예수는 그런 베드로에게 나를 따르라고 하셨다.

11. 빌라도

빌라도는 예수에게 내가 너를 죽일 수도 있고 살릴 수도 있다고 말했다. 그러나 예수는 말했다. "나는 네가 나를 살리게도 할 수 있고, 죽이게도 할 수 있다." 예수가 '로마 만세!'를 외치면 빌라도는 예수를 죽일 수 없다는 것이다.

12. 예수가 십자가에 달릴 때

죽음의 현장에는 사형선고를 한 놈들은 보이지 않고 그 하수인만 보인다. 제자들도 안 보이고 좌우에는 두 강도만 십자가를 지고 있다. 같이 십자가에 달린 강도들마저 예수에게 욕을 했다. 그러나 한 강도는 예수가 죄 없는 사람이란 것을 깨달았다. 인류 전체가 구원받기를 원했던 예수는 그 한 강도부터 구원했다.

최후의 순간 구원받은 한 강도를 통해 구원받는 비밀을 알아봅시다.

예수는 사람을 살리는 분이십니다. 그는 묻습니다.

"사람을 살리는 것이 옳으냐, 죽이는 것이 옳으냐?"

지금 세계는 어떠합니까. 평화를 외면하고 전쟁하는 미국, 사람 죽는 것은 생각하지 않고 이익이 되면 일으키는 전쟁, 전쟁으로 살찐 나라 전쟁으로 망합니다. 평화만이 그 나라를 살립니다.

날마다 달러를 찍어내도 미국은 빚쟁이, 세계의 1%만 채권자! 99%는 빚뿐. 99%를 가난하게 만들어 죽음으로 내몹니다. 세계의 부자들은 가난한 자들을 죽음으로 몰아넣습니다. 지금 세계는 평화는 보이지 않고 돈만 보입니다. 사람들이 죽어갑니다. 그 죽어가는 사람들을 살리는 것이 예수의 삶입니다.

예수 따른 자, 살림이들이 목숨 걸고 용기 내서 갈 길을 바로 가면 하느님의 나라는 이루어질 것입니다. 이것이 우리의 희망입니다! 이 희망을 향해 걸어가는 것이 크리스천의 삶입니다. 지금 교회는 이 희망을 찾아야 합니다. 부활한 예수, 엠마오의 예수를! 그래야 생명력을 가진 교회가 될 것입니다.

(2011년 12월 1일)

지옥에서 들리는 기도

이 나라에는 부자는 천당, 서민은 지옥이다. 하기야 옛부터 빚진 죄인이라 했으니 죄인은 지옥살이가 알맞은 것 같다. 누구를 원망한들 별수 있나. 가난은 내 운명이겠지 하고 살았다. 그런데 알고 보면 운명도 아니고 별수가 있을 것도 같다. 물가가 오르면 전국민 모두가 부담하는 물가세를 내게 된다. 공공요금이 올라도 다같이 올려서 부담한다. 부가세는 물건값을 아예 10%올려서 팔아먹는 제도다. 정부는 미분양 아파트를 높은 값에 사도록 유도한다. 아무 경험 없는 자에게 주식에 투자하도록 빚까지 주고 있다.

대학생 등록금 너무 비싸다. 내려달라고 하면 대출해 주어서 빚쟁이가 된다. 전세 값이 너무 올라서 못살겠다고 하면 전세금 대출로 이어서 빚쟁이가 된다. 살다보면 생계형 빚에 쪼들리고 높은 사교육비에 시달린다.

비정규직 월급 가지고는 살 수가 없어 맞벌이로 나서자니 아이들 걱정이다. 아마도 지옥은 걱정 많은 사람의 차지인 것 같다. 추워도 걱정, 더워도 걱정, 빚이 많아서 걱정, 한 마디로 말하면 쓸 데는 많은데 돈 나올 데가 없으니 걱정이 태산이다. 명년에는 좀 나아지겠지 하고 살아오는 세월이 너무나 길다. 그래서 이 희망마저도 접어야 했다. 절망이다. 절망의 낭떠러지에서 쉬는 한숨은 자살로 이어지니 지옥생활이다.

처음에는 싼 이자, 갈수록 신용이 떨어져서 이자는 올라가고 사람값은 떨어지니, 들어온 것은 적고 나온 것 낼 것은 이자를 비롯해서 많아지니 이것이 고통이다. 수입과 지출의 불균형이다. 돈을 더 벌든지 허리띠를 졸라매든지 해야 된다. 잘 먹던 사람이 갑자기 생활을 낮추기가 어렵다. 이것이 참 고통스런 것이다.

이 나라를 다스리는 정치인들을 한 번 살펴본다. 가만히 놓아두어도 잘 사는 부자들한테는 세금 깎아주고 아예 없애기도 해서 더 잘살게 만든다. 이것이 정치인이 말하는 친서민정책이다. 서민을 따뜻하게 한다는 것이다. 부자들한테 인심 쓰고 나니까 서민에게 돌아갈 것이 없어졌다.

대형공사로 큰 부자 더 큰 부자 만들기다. 세금 아끼는 경쟁입찰로 공사를 맡겨야 할 텐데 턴키식 공사 발주로 20%~30%까지 돈을 더 주어서 국민 세금을 눈 먼 돈으로 만든다. 1조 원

공사면 2,000억 3,000억 원을 더 준 편이다. 사실은 하도급까지 낙찰은 5,600~6,000억이면 할 수 있는 공사를 1조 원 가깝게 한다. 고속도로 건설, 경인운하, 항만시설, 신공항시설, 4대강 공사 턴키식으로 공사를 한다. 이명박 정부 때 절정에 이르고 있다. 뉴타운 사업, 보금자리 주택까지 턴키식 발주로 분양받는 자의 부담을 높인다. 무엇 때문에 그러는지 알 수가 없다. 이런 것을 보고 심증은 간다. 그런데 물증이 없다는 것일 게다.

더군다나 국가로부터 특혜를 독차지할 정도인 대기업 삼성 이건희씨를 보자.

4조 5,000억 원의 차명 재산 보유 사실이 드러나서 2조 원 이상의 세금을 내야 되는데, 시효가 지났다는 이유로 세금을 한 푼도 안내고 낸 돈도 도로 찾아가고, 이명박 대통령은 사면하고 특별검사는 삼성전자 부사장으로 가셨다고 한다. 그의 아들 이재용씨는 9조 6,000억 원의 부자다. 막 나면서부터 한 달에 118억 원씩 재산이 불어났다.

그가 납부한 세금은 16억 원 밖에 안냈다. 한 달에 전기요금이 2,472만 원어치를 사용했다. 천당생활 하는데 전기가 이렇게 필요한지 모르겠다. 앞으로 원전 건설은 국민세금으로 건설하는 것보다는 이 땅에서 천당생활 할 사람이 원전 건설을 해야 한다. 그래야 수익자 부담원칙에 맞다.

이런 사람 둘의 전기요금이 아파트 1,100세대가 내는 전기요금보다 더 많다. 이것도 가난한 사람 더 가난하게 만드는 것이다. 모든 대기업들의 경영 상태는 삼성과 대동소이 하다. 규모만 작을 뿐이다.

전두환씨의 경우 뇌물 수수죄로 2,205억 원의 추징금을 선고받고 아직도 1,672억 원의 미납금이 남아있다. 3년마다 단 1원이라도 내면 3년간 다시 유예된다. 착실한 담당검사는 추징금 내라는 것을 알려준다. 올해는 300만 원을 냈다. 검사는 친절해서 좋다. 29만 원 밖에 없는데 어디서 돈이 생겼는지 모르겠다. 그런데 경찰1개 중대가 경호를 담당해서 보호하고 있다. 그의 자녀 3남 1녀는 모두 수백억 원대의 부자란다.

낼 세금은 안내고 추징금을 안내도 대우받는 길은 일단 부자가 되고 권력자가 되어야 한다는 것이다. 법은 만민에게 평등하게 적용된다는데 가난한 사람에게도 이렇게 해주는가.

그렇지 않아도 지옥은 대만원인데 빚진 죄인까지 수용하기가 벅차다. 그런데 빚진 자가 많으니 큰일이다. 그래도 지옥친구가 많아서 다행이다. 네 설움 접고 내 설움 들어보소. 자기 하소연 뿐이다.

지옥에서 들려오는 기도,

천당생활 하는 자들 지옥맛 좀 같이 봤으면 좋겠다. 우리도 천당생활은 못할망정 맛이라도 봤으면 좋겠다. 살고 있는 처지가 바뀌었으면 얼마나 좋을까. 이런 생각은 모두 부질없는 생각이다.

바라옵기는, 자랑스런 대한민국 바로 세워서 우리 서민들도 잘 먹고 잘 자고 자식 교육시킬 수 있도록 국가가 책임지는 나라 만들라는 말이다. 빚 없이 만들라는 말이다. 못된 놈들 천당 생활할 돈이면 이런 좋은 나라 만들 수 있을 것이다. 이런 정치인이 그립다. 보고 싶다. 보면 얼싸안고 싶다.

(2011년 12월 29일)

포도원 품꾼 이야기

인간의 세상살이는 돌고 도는 행과 불행의 연속입니다. 그래서 사람들은 행복한 시간은 길게, 불행의 시간은 짧게, 아니 아예 없앴으면 좋겠다고 생각합니다. 그러나 사람이 원하는 대로 되진 않고 오히려 불행의 시간이 길어진 것 같습니다.

인간은 일을 해야만 먹고 살 수 있는 존재이므로 모든 인간은 품꾼일 수밖에 없습니다. 품꾼은 일을 해서 품삯을 받아야만 살 수 있는 한 데나리온(성서에 나오는 돈의 단위) 인생입니다. 그래서 일용할 양식을 구합니다.

한 데나리온은 일꾼의 하루 품삯으로, 온 식구가 하루에 먹고 살 수 있는 있는 돈입니다. 그러니까 꼭 있어야 할 돈입니다.

한 포도원 주인이 포도원 일을 할 수 있는 품꾼을 구하러 일찍 나갔습니다. 그리고 9시, 12시, 오후 3시에 각각 일꾼을 불러 일을 하게 했습니다. 그런데 오후 5시에 인력센터인 장터에 가보니 놀고 있는 사람들이 있었습니다. "어째서 일하지 않고 있느냐?"고 물었더니 "아무도 우리에게 일을 시켜주지 않아서 놀고 있다"고 대답했습니다. 그러자 포도원 주인은 "당신들도 우리 포도원에 가서 일하라"고 했습니다.

저녁이 되니 포도원 주인이 관리인에게 맨나중에 온 사람부터 품삯을 치르라고 했습니다. 가장 늦게 와서 한 시간밖에 일하지 않은 사람에게 한 데나리온이 주어졌습니다.

일찍 와서 일한 사람들은 자신들이 더 많이 받을 거라 생각했습니다. 그런데 주인은 똑같이 한 데나리온을 주었고, 그들은 늦게 온 사람과 일찍 온 사람의 품삯이 같은 것에 대해 불평했습니다.

그러자 주인이 말했습니다.

"나는 당신들에게 약속한 대로 품삯을 지불했습니다. 당신들은 처음부터 한 데나리온을 받고 일하기로 하지 않았습니까. 늦게 온 사람들에게 한 데나리온을 지불한 것은 내 뜻입니다. 내가 그들에게 하루를 살아갈 수 있는 돈을 지불한 것이 당신들의 눈에 거슬립니까? 나는 내 것을 가지고 내 마음대로 한 것입니다."

성서에 나오는 이 이야기를 오늘날의 기업주에 빗대어 생각해 봅니다. 당연한 것처럼 여기는 정규직, 비정규직은 똑같은 일을 하는 사람들을 나누어 놓고, 정규직에는 더 많은 보수를 주고 비정규직에게는 절반이나 3분의 1밖에 안되는 보수를 주고 있습니다.

비정규직이 받는 보수로 가족들과 함께 살아갈 수 있다고 생각하십니까. 밥먹고 사는 것이야 어찌어찌 된다지만 주거 문제, 교육 문제에 치솟는 물가들이 목을 죄는데 어떻게 희망을 가지고 살아갈 수 있겠습니까.

과학기술의 발달로 현장에서 필요한 노동자들의 수는 점점 줄어들고 그 혜택을 기업주들은 풍족하게 누리고 있는데, 불리해진 노동자들은 언제까지나 비정규직을 감수해야만 합니까.

이 포도원 주인은 사람이 살아가는 데 필요한 비용인 한 데나리온을 노동자 모두에게 지불했습니다. 세 시간 일했든 다섯 시간 일했든, 정규직이든 비정규직이든 가리지 않고 한 데나리온을 지불했습니다. 그 돈이 없으면 살 수가 없기 때문에 늦게 온 노동자부터 지불한 것입니다.

늦게 온 노동자는 일한 시간으로 따져 돈을 조금밖에 받지 못하면 어떻게 하나 걱정하고, 아침부터 5시까지는 일을 못해서 걱정을 했습니다. 그런데 제일 먼저 한 데나리온을 온전히 줌으로써 하루의 모든 걱정이 사라졌습니다. 불행의 시간이 단축되었습니다. 그에게 한 데나리온을 먼저 주었기 때문입니다.

회사의 부당해고에 반대해 목숨을 내걸고 고공농성을 강행했던 김진숙씨는 '오늘의 정규직은 내일의 비정규직 행'이라고 말했습니다. 같은 노동자의 입장에서 연대를 강조한 적절한 말입니다.

이 말은 동지를 위한 고통 속에서 깨달은 명언입니다. 오늘 자기 코앞이 뚫렸다고, 일단 나는 괜찮다고 나 몰라라 하고 나만 편안하면 된다는 생각은 결국 자기 파국으로 가게 됩니다.

같은 품꾼의 처지를 헤아리지 못해 불평하는 품꾼, 나에게 필요한 한 데나리온은 늦게 온 품꾼에게도 꼭 필요하다는 것을 왜 깨닫지 못했을까요.

늦게라도 일자리를 찾아서 온 품꾼을 격려하면서 "아침부터 오후 5시까지 일을 시켜주는 사람이 없어서 얼마나 걱정이 많았느냐"고 위로해 주었다면 얼마나 좋았겠습니까.

인간은 경쟁을 하게 되면 남이 잘 되는 것을 못보는 것 같습니다. 하지만 지금 우리가 사는 세상은 저 사람이 잘못되면 내가 돈을 내어 먹여 살려야 하는 세상이므로 서로가 잘되기를 바라야 합니다. 그런데 현실은 그렇지가 못합니다. 하지만 우리는 저 사람이 잘돼야 나도 잘 살 수 있다는 걸 깨닫는 날이 빨리 오기를 기대하고 살아가야 합니다.

사람의 불행과 행복은 누가 시킨 일을 하느냐에 따라 나누어지기도 합니다. 비서에게 불법적인 일을 시키고 검은 열매는 모두 자기가 차지하는 자는, 자기를 대신할 희생양을 만들어가서는 안될 곳으로 밀어넣고 자기는 빠져 나옵니다. 이런 자의 말을 들어서는 아무리 잘 될 것 같아도 행복하게 살 수가 없습니다.

누구의 말을 따를 것인지를 잘 생각해야 합니다. 나쁜 자의 말을 따르면 갈 곳이 뻔합니다. 그런데도 돈만 주면 사람까지 해치는 세상이 되었으니 참으로 기가 막힙니다.

포도원 주인 같은 사람의 말을 듣고 따르는 자는 행복할 것입니다. 9시, 12시, 오후 3시, 오후 5시에 온 사람들 중 누가 제일 수지맞은 사람이겠습니까. 오후 5시에 와서 가장 적게 일하고 똑같은 품삯을 받은 사람입니까?

아닙니다. 오전 9시에 일찌감치 들어와서 일한 사람이 그날 하루를 가장 행복하게 산 사람입니다. 그 사람은 포도원에 들어오는 순간 모든 근심 걱정이 사라졌습니다. 편안하고 행복한 시간을 보냈습니다.

일찍 하느님의 부르심을 받아 하느님의 일꾼이 된 사람은 행복한 시간이 영원합니다. 그런데도 그런 사람이 다른 사람들과 비교하며 불평하곤 합니다.

나를 불러주었기 때문에 행복을 누리며 살게 된 것에 감사해야 할 품꾼! 9시에 와서 일하는 순간부터 근심 걱정이 사라졌으나 자신이 누리는 행복은 기본이라 생각하고 욕심이 커져서 이런저런 불평을 하는 것이 인간의 속성인가 봅니다.

요사이 정치하는 사람들, 대통령, 국회의원, 장관, 어마어마한 이름과 명예, 그에 따른 극진한 대우, 이 얼마나 황홀한 인생입니까. 그런데 뭐가 부족해서 이건희 회장처럼 돈까지도 자기 차지로 만들려고 만행을 저지릅니까.

정치인들은 부디 행복한 줄 알고 그 행복을 다같이 누리는 세상을 만드는 데 힘써야 하지 않겠습니까. 홀아비 움막집 밥상에서 함께 먹는 한 끼 식사가, 시장통 떡볶이집에서 '나 서민 음식 먹네' 하는 것이나, 낯선 아주머니에게 목도리 걸쳐주는 쇼보다는 훨씬 선전 효과가 클 것입니다.

여당은 기왕에 새누리당으로 당명까지 바꿨으니 새로운 출발을 크게 환영해 마지않습니다. 하지만 당명 바꿨다고 이제까지 잘못한 것을 옛당의 이름과 함께 모두 덮으려는 꼼수는 버려야 할 것입니다.

오히려 지금까지 잘못한 것을 구체적으로 거론하며 조사할 것은 조사하고 다시는 이런 일을 하지 않겠다는 새로운 각오를 천명해야 합니다. 꼭 그렇게 해야 합니다.

사람 생각은 백지 한 장의 차이입니다. 못된 욕심이 발동하면 좋은 사람도 부정부패는 받아놓은 밥상입니다. 서민의 한숨 소리 높아가고, 선거 때의 선심은 선거 지나면 간 곳 없습니다.

이렇게 가다간 또다시 거짓말 공약, 공허한 말잔치만 남을까 걱정입니다. 이런 걱정을 없앨 수는 없습니까. 제도를 바꾸는

게 그렇게 힘듭니까.

품꾼들에게 긴 행복을 선사한 포도원 주인처럼 할 수 있는 정치인, 기업인이 너무도 아쉽습니다.

(2012년 2월 10일)

두 아들

성서에서는, 사람이 하느님의 말씀을 거역하고 낙원을 잃어버린 후 형 가인이 동생 아벨을 죽이는 살인 사건이 일어납니다. 그 후로도 한 집안의 형제간 싸움은 계속되어, 이삭의 아들인 에서와 야곱도 경쟁상대로 서로 빼앗고 빼앗기고 죽이려고 쫓고 쫓기는 일이 일어납니다. 형제간의 싸움이 반복되는 것입니다.

지금 이야기하려는 두 아들도 사이가 좋지 않습니다.

부자의 아들로 태어났으니 서로 사랑하고 산다면 좋으련만 그렇지 않은 것 같습니다.

어느 날 작은아들은 아버지에게 자기가 맡겨 놓지도 않은 재산을 내놓으라고 요구합니다. "아버지, 나에게 돌아올 분깃을 지금 주십시오. 나도 내 맘대로 멋지게 살렵니다."

아버지는 여러 말로 말려 보았지만 작은아들은 사생결단을 하면서 기어이 자기에 돌아올 분깃을 받아서 타국으로 떠났습니다.

작은아들은 그 돈을 마음껏 뿌리며 살았습니다. 돈 따라 친구도 생겼고 이웃도 생겨났고 아리따운 여인들도 만날 수 있었습니다. 흥겨운 노래를 부르면서 인생을 즐겼습니다. 세월이 흘러 돈이 떨어지자 친구도 떨어지고 이웃도 본체만체, 아리따운 여인들도 더 이상 만날 수가 없었습니다.

때마침 그 나라에 흉년이 들어 먹을 것조차 다 떨어지고 거의 죽게 되었습니다. 주인에게 사정사정해서 돼지농장에서 일하면서 돼지가 먹는 쥐엄나무 열매라도 먹을까 했지만 이마저도 허락되지 않았습니다. 그는 죽을 신세가 되었습니다.

사람은 죽게 되어서야 정신을 차리는 모양입니다. 먹어야 사는 사람이 먹지 못하면 죽을 것은 뻔합니다. 배가 불러야 체면도 염치도 따지지, 사흘 굶으면 담을 안 넘는 놈이 없다는 말이 있습니다. 먹기 위해서는 어떤 짓도 한다는 뜻입니다.

죽게 되어서야 정신이 든 작은아들은 아버지 집을 떠올립니다. "여기서 주려죽느니 아버지 집을 찾아가자. 아버지집의 품꾼들은 먹고 싶은 대로 먹는데 내가 여기서 주려 죽을 수는 없다."

아버지 집으로 향하는 아들, 하늘과 아버지께 죄를 지어 품꾼으로 돌아가는 거지 신세! 수치스럽고 힘 빠진 거동이었을 것입니다.

아들이 나간 후 밤잠을 설치고 걱정하는 아버지, 자기를 등진 아들의 뒷모습을 눈물로 지켜보며 울고 또 우신 아버지. 돈에 들떠 기약 없이 떠나간 아들, 언제 돌아오려는지… 날이 갈수록 가슴이 타들어갑니다. 기다리다, 기다리다 지쳐 쓰러집니다. 다시 일어나 그가 떠난 그 길을 여전히 지켜보고 있습니다. 혹시 집 떠난 아들이 돌아올까 하고. 이것이 아버지의 일상이 되었습니다. 눈물과 한숨으로 보내는 세월이었습니다. 이런 아버지를 보고도 큰아들은 한 마디 위로도 없고 동생 걱정은 아예 안한 것 같습니다.

그런데 멀리서 돌아오는 아들의 모습을 본 아버지는 먼저 달려가 목을 껴안고 입을 맞추었습니다.

아들은 말합니다.

"내가 하늘과 아버지께 죄를 지었습니다. 아버지의 아들이라 할 만한 자격이 없습니다."

그러나 아버지는 그 말에는 아랑곳하지 않고 종에게 말합니다.

"아들에게 가장 좋은 옷을 입히고 손에 반지를 끼우고 발에 신을 신겨라. 그리고 살진 송아지를 잡아라. 우리가 먹고 즐기자. 내 아들은 죽었다가 살아났고 잃었다가 되찾았다."

마당에는 성대한 잔치가 벌어졌습니다.

밭에서 돌아온 큰아들은 종을 불러 무슨 일이냐고 물었습니다. 종이 '동생이 건강한 몸으로 돌아와서 잔치마당이 벌어져 노래하고 즐기는 것'이라고 하자 형은 화가 나서 집에 들어가지 않으려 합니다.

큰아들은 말합니다. "아버지의 명을 어긴 일이 없는 나에게는 친구들과 즐기라고 염소새끼라도 잡아준 일이 있습니까? 그런데 내 가산을 탕진하고 돌아온 동생을 위해서는 살진 송아지를 잡으셨습니다. 이것이 온당한 처사입니까?"

아버지는 말합니다. "얘야, 너는 늘 나와 함께 있으니 내가 가진 모든 것이 네 것이다. 그런데 이 아우는 죽었다가 살아났고 잃었다가 되찾았으니 함께 기뻐하는 것이 마땅하다."

늙으면 기운도 떨어지고 친구도 없어집니다. 가진 돈마저 없어지면서 심리적 압박까지 받고 있는 아버지는 자식들의 불화에 속이 타 제 명에 못살 것 같습니다.

어떻게 하면 아버지 앞에서 화목하게 서로 사랑을 나누고 형제가 기쁘게 살 수 있을까요? 그것은 아버지의 마음을 읽고 형제가 아버지의 마음으로 돌아갈 때 가능한 것입니다.

우리의 아버지는 우리를 사랑하신 하느님이십니다.

지구촌의 많은 사람들이 아버지이신 하느님을 반역하여 분쟁을 일으키고 평화를 깨뜨리고 전쟁을 일으켜 같은 하느님의 자식인 형제들이 고통을 받고 있습니다.

오늘날의 세계도 사람을 사랑하신 하느님 아버지의 뜻을 깨닫고 하느님의 마음으로 돌아가는 것만이 서로 사랑하며 함께 사는 길이 될 것입니다.

(2012년 3월 23일)

한 사나이의 사색

들에 핀 백합화, 너는 너무 아름답다. 일천 비빈을 거느린 당대 최고의 영웅호걸, 호화사치의 극치 솔로몬의 입은 옷도 이 꽃 하나만 못하다.

가시밭에서 이리 찔리고 저리 찔려 향기가 진동한다. 그 향에 취해 본 자가 아니면 이런 사실을 어떻게 알겠는가.

한 송이 꽃만도 못한 솔로몬의 화려한 옷을 보고, 그 옷 한 번 입어보겠다고 설쳐대지 마소. 그 화려한 옷의 주인공은, 살아보니 모두가 '헛되고 헛되다'라는 말을 남기고 사라졌다네. 그게 별것이 아니었다네. 이 모든 것이 일장춘몽! 사람이 해 아래서 기쁘고 즐겁게 사는 것이 제일이라 했네.

백합화야, 누가 너를 돌보고 자라게 하셨느냐. 그 예쁜 옷을 누가 입혀 주시더냐.

들에 핀 백합화에게 솔로몬의 옷보다 예쁜 옷을 입혀 주신 그분이 이 꽃보다 귀한 너희를 더 좋은 것으로 입히시지 않겠느냐. 그러므로 어떻게 살까, 무엇을 입을까, 염려하지 말라 하신다. 네가 염려한다고 해서 되는 일이 없으니 염려하지 말고 백합화를 보라고 한 사나이는 말한다. 그는 한 송이 백합화를 이렇게 보았다는 것이다.

저 공중의 나는 새를 보라! 농사도 안 짓고 창고에 모아들이지도 않지만 잘 먹고 살고 있지 않느냐. 그러니 새보다 귀한 너는 먹고 살 것 때문에 근심걱정 하지 말라는 것이다.

날고 싶은 대로 날아가는 새, 얼마나 자유스러운가.

자유 잃은 새장의 새는 그들의 자유를 보았으리라.

빨랫줄에 앉아 지저귀는 새들의 소리를 들었으리라.

그 지저귀는 소리에는 그들의 슬픔과 기쁨이 들어 있고, 어디를 갔더니 위험하고, 어디서는 먹이를 얻어먹을 수 있다고 알리면서, 서로 살아가는 지혜를 말하고 알려주는 소리일지도 모른다. 그래서 하늘을 나는 새들은 먹고 살기 위해 근심걱정 안 한다는 것이다.

꽃 한 송이, 새 한 마리도 입히고 먹이시는데, 하물며 너희일까 보냐. 너희는 새보다 귀한 존재다. 왜 먹고 사는 것 때문에 근심 걱정 하느냐. 사람에게는 먹는 입이 있으니 먹게 되어 있다.

욕심쟁이들의 창고를 가득가득 채우느라 가난한 사람들이 못먹는다. 좋은 고기를 만들려고 사람 먹을 것이 소 돼지 짐승 입으로 들어간다. 굶는 것은 사람이고 짐승들은 포식한다. 사람들이 먹을 것을 짐승들이 먹어치운다.

창고 채우느라 못 먹고, 맛난 고기를 먹기 위해 짐승을 먹이느라 굶주리는 사람이 너무 많다. 탐욕의 상징인 창고, 이대로 놓아두어서도 되는가.

먹이창고 때문에 굶는 것도 문제지만 돈 창고인 은행 때문에 돈이 없는 것도 문제다. 하루 먹을 것 이상 거둔 만나는 다음 날이면 쓰레기가 되었다. 그날 거둔 것은 그날 먹고, 내일 먹을 것은 내일 거두면 된다. 욕심껏 쌓아둔 음식들이 냉장고에서 썩어나간다.

이렇게 썩히고, 버리는 것들의 저주가 경제위기다. 너와 나를 고통으로 몰아넣는 이러한 것들의 저주는 인재가 틀림없다.

"들에 핀 백합화를 보라. 공중 나는 새를 보라"고 하면, "이런 것을 못 본 사람이 있는가. 별 소리 다한다"고 투덜댄다.

그럼에도 들에 핀 백합화, 공중을 나는 새를 보라고 한다. 그리고 너희 삶을 돌아보라고 한다.

사람이 꽃보다 귀하고 아름답다. 사람이 공중을 나는 새보다 귀하다. 그러니 꽃과 새를 보고 우리의 삶을 되돌아보라는 말이다.

먹고 입는 것 때문에 사람의 귀한 본성을 잃고 꽃보다도 새보다도 못해진 군상들을 보고, 대기업의 문 앞에서 머리 조아리는 초라한 인간들을 보고, 한 사나이는 말한다.

"먹을 것, 입을 것 때문에 근심걱정하는 자들, 이제 그만 하라!"

사람이기에, 꽃보다 새보다 귀한 존재이기에, 먹을 것 입을 것 쓸 것 때문에 걱정근심 말고 살라는 것이다.

걱정근심에서 해방되어 당신이 행복해 하는 모습을 애타게 보고 싶어 하는 한 사나이가, 꽃과 새를 보고 얻은 그 지혜를 모든 사람들이 누리게 하고 싶다는 말이다.

사람을 행복으로 이끄는 한 사나이, 이 사나이를 일찍 만날수록 행복의 시간은 더 길어진다. 사람은 살아있는 동안 행복을 누리는 것이 중요하다. 천당이 목표라면 죽음이 임박했을 때 믿으면 된다.

살아있는 동안 행복할 것인가, 죽음 이후의 행복만 바라볼 것인가?

(2012년 7월 27일)

노예에서 자유인으로

사람이 자유인으로 산다는 것은 놀라운 행복이다. 그래서 강대국 로마 식민지 지배의 노예생활에서 벗어나는 길을 모색한 한 젊은이의 인생 이야기는 식민지 지배를 받고 살아온 우리에게 정말 값진 교훈이다.

지금도 강대국의 지배 하에서 살고 있는 서민대중은 살아가기가 점점 힘들어지고 있다.

로마 총독 빌라도의 식민 통치는 먹을 것, 마실 것, 입을 것을 구하는 대다수 서민 대중의 욕구를 다스리는 것이었다. 가난한 사람들은 영양 부족으로 각종 질병에 시달리고 정신병 환자들이 넘쳐났다. 권력을 가진 자의 목표는 이런 병리 현상과 자신들은 아무런 관계가 없는 것처럼 조용한 안정을 추구하는 것이었다.

그래서 로마 권력은, 쥐 죽은 듯이 가만히 있는 자는 내버려 두고 저항하는 사람들은 강도로 시국사범으로 몰아 가혹한 십자가 형으로 처단했다.

위협이 될 만한 사람은 특혜를 주어 항거할 구실을 없앴다. 당시의 지도자란 놈들은 밤에는 자기 민족을 억압하고 착취하는 로마 권력과 짝하고 낮에는 국민들의 눈에 애국애족자인 것처럼 행세하면서 살아간다. 이것이 당시의 종교 지도자들의 행태였다.

날이 갈수록 강대국의 착취 대상이 된 서민대중은 가난해서 더욱 가난해지는 삶이었다.

이들을 돌보는 이는 없다. 이리 차이고 저리 밀리고 불쌍하기 짝이 없는 신세! 그래서 목자 없는 양떼처럼 보였다.

누가, 무엇이 이들을 이렇게 만들었는가. 누가 이들을 구할 것인가.

이런 참혹한 사회상을 본 한 젊은이가 말문을 열었다. 극에 달한 억압과 착취는 더 빼앗아 갈 것이 없었다. 바로 그때 때가 찼다고 보았다. 하느님나라가 가까이 왔다는 것이다.

이러한 로마의 억압과 착취가 영원할 줄 알고 거기에 빌붙어 살아가는 사람들에게 그 길에서 돌아서라고 외쳤다. 이것이 회개다. 그리고 희망이 있는 기쁜 소식, 복음을 믿으라는 것이다. 이때 사람들은 이 말이 무슨 말인지 알아들었고 하느님나라가 어떤 나라인지도 알고 있었다.

그러나 지금 이 나라의 교회에서 하느님을 아버지라고 부르는 사람들은 하느님나라가 무슨 뜻인지 모르는 것 같다. 그저 강대국 로마가 보일 뿐이다. 그래서 이방인들처럼 먹고 입고 살아가는 것만 구하고 있는 것이 아닐까! 그들의 기도는 중언부언이다.

근본적으로 이런 문제를 해결하는 길은 강대국의 억압과 착취에서 벗어나는 것이다. 이것이 하느님나라이다. 신민지 백성의 노예 상태에서 벗어나 자유인으로의 삶을 사는 것이다. 노예 상태에서 벗어나지 못하면 자유인으로서의 삶은 불가능하다.

강대국의 억압과 착취는 당하는 그 고통을 통해 노예생활에서 자유인으로 살아가라는 신호이다. 오늘날 세계는 신민지에서 얻어지는 이익만 챙기면 되기 때문에 강대국이 약소국가의 땅을 점령하거나 총독을 파견할 필요가 없다.

갖은 방법을 동원하여 돈만 가져가면 되므로 식민지가 필요없게 되었다. 그래서 식민 지배를 받으면서도 노예로 산다는 것을 깨닫기가 어렵다.

일본 사람이 했던 것만이 식민 정책이 아니다. 돈이 많고 권력이 많고 지식이 많은 사람들의 억압과 착취는 같은 민족 안에서도 자연스럽게 자행되고 있다.

돈으로 돈 없는 사람을 지배하고, 권력으로 약자를 지배하고,

지식으로 국민대중을 지배하며 돈 없고 권력 없고 무식한 대중을 노예로 삼는 것이다. 그들은 이들에게 표를 얻을 때만 고개를 숙이고 대책 없는 거짓 약속을 한다.

여기저기서 복지가 난무한다. 이 복지는 속임수다. 방법이 잘못되면 한 편의 복지는 빈 약속이고 다른 편도 그 약속을 지켜지기가 어렵게 된다. 한 사건을 가지고 견해가 극과 극으로 달라지면 결국 한 편은 국민을 속이고 있는 것이다.

그래서 있는 사람이 가지고 있는 것으로 국민을 섬기면 민주주의가 되는 것이다. 힘이 있는 자가 섬겨야 한다.

반대로 있는 것으로 국민을 지배하면 모든 국민들이 이들의 종, 노예로 전락한다. 누구나 노예를 원치 않는다. 그러면서 노예에의 길을 걷는다.

국민 때문에 돈이 많아졌고, 국민으로부터 받은 권력, 국민들의 세금으로 세운 학교에서 직위를 얻었으니 마땅히 국민을 섬기는 자들이 되어야 국민이 주인되는 민주주의를 하는 세상이 되는 것이다.

무조건 미국 편만 들면 민주주의가 되는 것처럼 생각한다면 정신 나간 사람이다. 그것이 옳다고 떼를 지어 소리친다면 이 나라의 상태는 싹이 노랗다.

미국이 이 나라를 대하는 태도에 따라 민주주의에 도움이 되든지 해가 되든지 한다.

빚더미로 잘 살게 된 것처럼 보이는 이 나라에게 인심 좋은 높은 양반을 구슬려서 천문학적인 돈으로 무기를 사라고 하니 좋게 볼 수가 없다. 천조 원의 개인 부채로 시달리는 국민에게 부담을 더 지우는 것은 아무리 생각해도 문제가 있다. 식민지배로 감정이 좋지 못한 일본까지 이 나라의 방위에 가담시킨다면 박수 칠 놈이 있겠는가.

우리는 지금 미국에게 고마운 마음으로 평택 기지를 내주고 호텔 급 아파트를 지어 미군들에게 제공하면서 방위비를 내고 있다.

미국이 부채에 허덕이는 이 나라에 무엇을 요구한다면 국민들이 어떻게 살아가겠는가!

중국에게 조공을 바치고 일본의 식민 지배를 36년 간이나 받고 또 미국까지 상전으로 섬겨야 한다면 주인 대접 받아야 할 이 나라의 국민은 어떤 신세가 되겠는가. 그러고도 이 나라의 민주주의가 된다고 생각하겠는가. 이 나라의 주인 자리에 국민이 자리 잡아야 민주주의는 숨을 쉬고 살아날 것이다.

국민들이 주인 노릇을 제대로 할 때 주인 자리에 앉을 수 있다. 주인 노릇 제대로 하는 방법은 "힘 있는 자가 섬겨라"이다. 힘 없는 자가 섬기는 사회는 약자를 종으로 부리는 구조다.

힘 있는 자가 힘 없는 자를 지배하는 것은 하느님나라가 아니다. 힘 있는 강자가 힘 없는 약자를 섬기는 세상이 하느님나라이다.

주권 잃은 세상에서 종살이로 고통 받는 서민대중이 먹을 것,

마실 것, 입을 것을 구하는 이방인의 삶에서 분연히 떨쳐 일어나 힘 센 자의 종에서 하느님나라와 그의 의를 구하는 하느님 자녀가 되면, 우리에게 필요한 것이 무엇인가를 다 알고 계신 아버지께서 필요한 것뿐만 아니라 이 모든 것을 더해 주신다는 것이 바로 하느님의 약속이다.

이천 년 전, 모든 인간이 힘 있는 자의 종살이에서 벗어나 자유인으로 살기를 원했던 그 젊은이는 그 나라와 그의 의를 구하라고 하셨다. 그러면 모든 것을 하느님께서 해결해 주시고 그 위에 더해 주신다고 하셨다. 그는 이를 위해 생명까지 바쳤다.

자기 일생을 자유인으로 산다는 것이 얼마나 큰 행복인가!
"모두 함께 같이 이 길을 간다면 얼마나 좋겠는가!"

(2012년 8월 16일)

누구나 알고 있는 노래

1. 고루거각 비단방석 한숨만 더해간다
   작은집에 살때에는 비좁아도 웃었는데
   잘살게 된것이 이것이라면
   차라리 한숨없는 작은집이 천국

2. 빚으로 누린행복 오래가지 못하리니
   잘살게 된것이 이것이라면
   이세상 어느누가 그런일을 못할소냐
   차라리 빚없이 사는것이 큰행복인걸

3. 잘살게 될것이란 자유무역협정
   돈버는놈 따로있고 손해나면 국민세금
   세상에 손해나는 장사 누군들 못할소냐
   손해나도 상관없다 내앞길만 괜찮다면

4. 수출해서 돈벌어온다 다같이 좋아한다
손뼉치고 소리질러 하나되어 기뻐한다
살고나니 서민들은 더못살게 되었으니
기업하기 좋은나라 돈번놈은 따로있다

5. 대학가는 썩은공부 시켜봤자 소용없다
졸업하자 실업자로 좋은기회 다놓치고
가는길은 신용불량 막노동도 다해봤다
공부한 것 쓸데없다 어디에다 써먹을까

6. 대한민국 부자나라 가난한자 늘어나고
올라가는 신용등급 빚으로채운 돈곳간에
이자낼돈 충분하다 빚내거라 손짓한다
빌려온돈 못갚는다 올라간다 부채이자

7. 잃어버린 십년세월 기사회생 살아났다
살아난것 화근이다 또다시 부정부패
잘해봤자 자기동네 나랏돈 쳐바르고
자기네 패거리들 좋아졌다 웃어댄다

8. 드러났다 다보았다 눈뜬자는 말을한다
모든사람 빚쟁이로 벌어봤자 헛수고다
나가는돈 불어나고 들어올돈 없어진다
은행돈을 다먹어도 욕심곳간 못채우네

9. 사람욕심 한이없다 먹고먹고 또먹어도
그놈의 오장육보 채울길은 영영없네
잘한다는 거짓약속 몇번이고 속아왔다
따라붙은 패거리들 고칠길없는 돈먹는버릇

10 앞으로는 잘하겠다 별별약속 다하지만
여태까지 잘못한것 사과반성 전혀없다
마음좋게 찍어주면 약속한것 또안지켜
이번에는 심각하다 국가존망 달려있다

11 보장되는 시민인권 발전하는 민주주의
내한표가 이렇게 크다는것 (누가알랴) 알아내면
너도나도 얼이썩은 후회투표 안한다고
이럴때에 이나라는 네바퀴로 굴러간다